甘肃省民俗学重点学科建设基地
西北民族大学西北民族非物质文化遗产保护研究中心

回坊：共时随俗

人类学·民俗学：来自生活一线的田野报告（第十四辑）

主编：郝苏民　马忠才

撒军　等著

中央民族大学出版社

图书在版编目（CIP）数据

回坊：共时随俗/撒军等著．—北京：中央民族大学出版社，2014.1

（人类学·民俗学：来自生活一线的田野报告·第十四辑/郝苏民　马忠才主编）

ISBN 978-7-5660-0623-3

Ⅰ．①回…　Ⅱ．①撒…　Ⅲ．①回族—少数民族风俗习惯—研究—中国　Ⅳ．①K892.313

中国版本图书馆CIP数据核字（2014）第003707号

回坊：共时随俗

作　　者	撒军等
责任编辑	满福玺
封面设计	智一视觉
出 版 者	中央民族大学出版社
	北京市海淀区中关村南大街27号　邮编：100081
	电话：68472815(发行部)　传真:68932751(发行部)
	68932218(总编室)　68932447(办公室)
发 行 者	全国各地新华书店
印 刷 厂	北京宏伟双华印刷有限公司
开　　本	880×1230（毫米）　1/32　印张：9
字　　数	225千字
版　　次	2014年2月第1版　2014年2月第1次印刷
书　　号	ISBN 978-7-5660-0623-3
定　　价	28.00元

我们的学科之路，这样走来
（代总序）

1 30 年前的 1984 年，原西北民族学院（今西北民族大学）创办了西北民族研究所，动机原本出自对“十年动乱”反思后的一个学科基本建设之举。所名还是其时国家民委领导人拟定的。这个反思的主旨，是出自这样一种回顾与思考：新中国人民政权，一反千年封建王朝与国民党政府大民族主义的统治惯制，要实现各民族当家做主、一律平等的民族政策。于是开展少数民族工作，培养少数民族各类型干部成为一切首要。为此，应运而生了民族高校的创办。共和国第一所民族高校，便是西北民族学院。她的办学是强调族群性的，也突出了区域性。因此，“西北民族研究所”的关键词应是“西北”、“民族”、“研究”。毋庸置疑，民族高校的学科建设和办学特点，对全国其他普通高校而言，亦应如此看待。

2 应该说，民族学院类型高校群的产生，确系中国教育史中最崭新而灿烂的一页。然而，西北民族学院从成立伊始的 1950 年，直至 1984 年前，却未曾有过科学意义上成体系的民族学的理论研究、专业建制与教学队伍与体系的组建（这与稍后 1951 年在首都北京创办的中央民族学院的情形：有中国学界老一辈中外著名专家吴文藻等以及早已成为领军人物的费孝通、林耀华等学术大师群体的存在有别）。虽然学科建设上的这种“空缺”，责任与损失并不都来自学院本身与其时奉命而办学者个人，它与当时中国人类学/民族学、社会学学科等的境遇完全是一致的。随着中国共产党十一届三中全会之后拨乱反正思想路线的贯彻执行，的确对有志从事人类学/民族学等的学人们应是一个极大鼓舞。所以说，1984 年西北民族学院西北民族研究所的创办以及《学报》创办问世，从高等教育着眼看问题，便是当时本院民族学人与高教工作者学术心愿的首次圆梦！

3 然而，发展道路又总是曲折的。“市场经济”转型，带来所谓“全民下海”冲击，本在“意料中”的事实，而“单位”创收，导致高校捷足先登者从办班中捞取的第一桶金，诱惑本在坚守岗位的教师之力，却是令人“意料之外”！希冀重建人类学/民族学的敢想者中也出现了教学与科研比重的意见分歧，科研经费和基础建设等问题无从提上日程的迷茫，凡此直接涉及成员工作量、职称等切身利益的不平与困惑。自然，复杂的表层不能掩盖其简单的内因：历史转折关头老校如何“新生”，学校未来整体发展如何构架？对普通高校而言，民族类高校的不可替代性特点究竟何在？民族院校的时代性角色该怎样定位，哪些是实践实证了的真正“拳头”专业？应恢复、重建哪些机构？又该急速补缺扩建哪些必有的学科？哪些专业由一般普通高校去办比民族高校会更有条件……实话实说，这些本为办学内行领导所关心、研究的事情，因“文化大革命”后遗症受到了影响。

4 经过彷徨、内外沟通，几经“阵痛”，终于在 1998 年 10 月，借教育界连续改革热潮启动和校方领导的理解与支持，原西北民族研究所的我们个别人，决定以放弃原基础资料设备和经过好几个年头整合的学术队伍，以及已在全国圈子里开始产生影响的“西北民族研究所”的“品牌”名称、建制和大部分成员为“妥协”代价，重组三五个青年学术同道加个别老先生，走出原西北民研所的大门，重新组合了“社会人类学·民俗学”

系、所合一的机构，另起炉灶，重开人类学/民族学（民族志学）、民俗学的学科建设。

这个人类学、民俗学名称的出现，为“共和国首座民族高校”办学近半个世纪后首次整合，填补了社会学、人类学/民族学、民俗学专业从未有过的科研与学科空白；也在西北民院首出“系所合一”的教学形式，把科研直接引入课堂教学。在大西北人文社科学界第一次出现了人类学、民俗学的学科建制。不久，在费孝通教授力荐下，又借教育部为北京大学批办社会学人类学高级研讨班的契机，与北京大学合作在西北重镇兰州举办第六届高研班。

费孝通先生煞费苦心的目的有二：一为扶持西北民大社会学人类学专业的开创；二为开发西北研究培养专业人才。费老亲临我校为我系揭牌，并在会间主题讲演；召开来自大西北各地青年的各类型座谈会，谈到人类学/民族学、社会学培养少数民族出身的专业人才的重要和迫切意义。他语重心长、深入浅出，这给有志学科建设者们以极大精神支持和学术“扶贫”。

5 1990 年我们曾首获民间文艺学（含民俗学）硕士学位授予权（马学良、宋蜀华、钟敬文等老一辈学者唯图学术的胸怀和勇气，成了真正“助人成功”的关键），1991 年我们开始招收民俗学研究生。鉴于我们对中国西北地区各民族民间文化（民俗文化）的历史脉络和多元现状及其特征的本土理解，在组织教学与科研上，确定了重视田野作业，开辟民俗志积累，坚持多民族地域多元文化特色，从头打好学术基础建设的发展思路。再加上人类学/民族学教学点的逐步开拓与社会学教学，我们打通了三门学科的交叉，以往全国民间文艺学（民俗学）传统教学仅设在中文系（汉语系）多作为讲座课（选修课），以每位研究生入学，必经“始业课”的专业启蒙，作为来自不同专业本科生开始研究生教学的“补课”；同时，强调导师要根据研究生个人旨趣和优长（或民族或地域）为本，定其专业研究的具体方向，而不可仅仅依据导师“课题”之需确定研究生的发展方向。随着实践的延续果然局面顿开。至2012年，这个教学点（含少数民族民间文学、民间文艺学两个研究方向）共招生了10多个民族的硕士研究生147名，已毕业获得学位者132人。在毕业者中近三分之二成为民俗学、民族学、社会学的考博人员，他们分散于包括香港中文大学、北大、清华、北师大、人大、中山、复旦、南开、南京大学、中央民大、华东师大、东南大学等多所名牌大学攻博、“进站”；至今，其中有的已成长为名校硕士生、博士生导师。从2004年开始，又开始了招收攻读少数民族民间文（艺）学博士生，至2012年已有12人获博士学位。这一集中现象是西北民大创办以来其他院系、专业所未曾有过的。更重要的是，在培养人、训练队伍的同时，积累了不少以专业要求采集到的比较有质量的田野民俗志的新资料。尤其在其后以降，费孝通教授提出西部大开发中人文资源的保护利用与开发的问题后，我们在承担“西北人文资源环境基础数据库”内民俗部分的任务中，坚持了研究生在导师指导下发挥地方性知识和民族语言无障碍的优势，深入生活第一线，零距离现场考察的专业训练学风。民俗学研究生教学实践，在历练了教学骨干的同时，区域民俗志资料成果累累结枝，积累了几百万字的民俗志数据库资料。

我们这个系（所）经过第一个“五年计划”的艰苦奋斗，借助全国形势好转带来的时运，进一步发展为“社会人类学·民俗学学院”。我们把民俗学的整体学科建设、发展路子，摆脱开往昔传统上仅从“文学”上先入为主地唯以“民间文学”以带动民俗学的旧教学轨道，借鉴相近学科人类学（民族志）、社会学、民间文艺学优势，既互相交叉渗透、互促发展，又各自保持相对学科独立发展的轨迹。我们用超强的劳作先后开办出游牧、农耕、人口较少民族等民俗及其非物质文化遗产教学类型；民族、宗教、文化、家庭、妇女、影视、民间艺术（美术、工艺、歌谣、戏曲、舞蹈）等专业方向，为复合型人才的培养和学生学养的丰厚、“一国多民族”的整体性大视野提供空间，以适应转型期人才市场的多样需求。目前，我们除已有的民俗学研究生点外，人类学、社会学、社会工作和民间文艺学等的硕、博研究生都在培养之中。

6 五年来，我们有北大、北师大、中央民大等高校相关先进专业和其中名师们的协助和具体帮助，在大开局面中崎岖前进。我们的民俗田野，涉及西北各民族地区外，也借主题的需求而波及内蒙古、西藏、新疆、四川、华中及至华东，甚至东北各地以及海外。在物质条件极不足的状态下，坚持依靠业内同行办好我们的专业学刊《西北民族研究》，获得学界广泛认同，成为CSSCI刊物；也成为这三个学科硕博生和专业教师们喜爱的一块绿色学术平台。目前，《西北民族研究》已成为“国家社科基金资助期刊”；我们正努力把促进、服务于教学、科研和社会的学刊，办成“文化走出去的”学术品牌。

我们的学科基础建设和教学实践使我们体会到：虽也无法回避目前还存在于体制上的掣肘和终于常规仍存距离的艰辛事实，但各高校圈内同行认可的这个路子，亦可视为一种有益的中国地方学术实践经验。事实上，在我们之后，也在中国社会学、人类学/民族学、民俗学界大师级老一代代表人物费孝通、马学良、钟敬文等谢世之后，我们看到从北京师范大学到内蒙古师范大学，也都先后改制或创办了社会学民俗学、人类学民俗学等模式的教学建构……我们自己是欣然的。

7 高校在一阵扩招、扩办、并校、升级之后，据说出于

“冷思考”的调整把高校分类为“研究型”、“教学型”几种发展类型，又似乎学校一旦被划进某种类型后，即将在某类型框子内以行政“规范”去管理（如何有竞争）。各校内各学科、专业之间大约已有的发展水平不尽相同，是将随所属学校类型“一刀切”而去存在、发展？还是以所属行业学科实际水平去“强强联合”（如同当年之“院系调整”）去整合？还是随其各校自主“挖墙”、“流动”、“自生自灭”，以示“市场经济”在教育上的反映？抑或已有资源自主存留等市场经济范式……在如今高校领导层似皆为教育内行，大都系博士、教授的现状下，自主趋势如何发展大学，仅为普通身份的专业教授在学科建设、发展中能发挥多大作用？目前难以预测。虽说人类学、社会学、民俗学研究对象关乎群体、社会、国家认同与人类的大范围，但似乎此类学术属性在中国，往往不像办体育、办艺术那样红火而幸运；确是一种不大显露政绩的“孤独性”学问、学科，得到在意“政绩”、“指标”的领导眷顾，常常是不易的。

好在我们曾经的努力基于事实，亦曾经被其时业内所认同过；“助人成功”之说，本为各自所指各有个人的理解、界定和认可。无论如何师生风餐露宿的“田野”是为学执著的“书呆子们”汗水的播种。于是，仅仅出于其时一个教师的我们，本着曾经为师之心、师生同窗切磋，或曰“教学相长”之情，将把部分学子为攻读学位而参与的调查报告，做初步学术规范和可读性的整理后，以一种资源回报给社会群体，也为这世变方激的新世纪之际，师生们从前沿生活大潮中舀出的这一瓢瓢底层的浪花，存留给来者而感到努力过的欣慰！我们自认为这一行动对当前学术浮躁尚不能一个早晨就烟消云散的今天，于师、于生、于己、于众，更于学校之心，当年大师之良苦用心，皆心同此理吧！

8 若有幸，甚而尚存继续从业之机，我们随时准备用被边缘化了的文化行为寻求可认同的学术合作伙伴。

我们的“人类学·民俗学：来自生活一线的田野报告”系列的编辑，虽也曾得到本学界不少贤达鼓励、促成，但终因未能直接挤入本土的“工程”类和“扶持”类，不足的经费导致了它无法“满书尽披黄金甲”的华贵包装及名人作序牵衔，只能是“素面朝天”，以真人真事的朴实面孔迎接她的识者——广大学子读者了。

本系列之一，曾应方李莉女士建议配合中国艺术研究院“基础数据库”重大项目中民俗部分采集，归入另一丛书出版；本系列之第二、第三、第四共三辑经本校现民族学与社会学学院院长文化（苏依拉）教授之力得到本校资助在兰州大学出版社分别出版。之后，系列之第五、第六、第七、第八共四辑由郝苏民得到祁庆富教授支持纳入教育部人文社会科学重点研究基地中央民族大学中国少数民族研究中心丛书出版。到此，这一系列共八本书，是分别由三处支持才问世的。但是从西北民族大学初创社会人类学·民俗学专业到培养出自己的硕、博研究生和他们的成果，我们实在是得到了不少贤达和学界志士仁人在关键时刻的真诚爱护、支持和帮助才有些许作为的。在进入21世纪的今天，又逢“国学”重新被大大提倡，教育新时代青年一辈也要知恩图报，不可满城尽当“白眼狼”之际，我作为这个系列各辑成果出版的操办和见证人，深深体味了出版学术书籍的不易，不能不郑重提出下列先生和同学，因他们的关爱、辛劳，作为其时导师今日主编的我以及各辑的撰稿人在此一一向他们致以中华民族传统式的抱拳和鞠躬：真诚地谢谢你们了！除已经鸣谢之外，他们应是：费孝通、马学良、宋蜀华、祁庆富、马麒麟、谢玉杰、马戎、杨圣敏、王铭铭、金雅声、何烨、文化、沙平、马国柱等诸位先生、女士！

本系列之第五、第六、第七、第八共四辑出版后，据出版社回应，意料之外地收到良好的市场效应。那么，又是“实践是检验真理的唯一标准”。既然社会上还有人自愿阅读，任何凭空之话已无意义；就顺乎读者与学科的“民意”继续办下来了！于是，我们终于以省民俗学建设基地之资格和所获基金和“西北民族非物质文化遗产保护研究中心”支持，继续我们系列的延续，这是本系列第三批成果的出版，是继第九辑之后的延伸。

我们还可欣慰地告诉民族民间文化爱好者的是，我们的坚持不仅仅在硕士水平的田野成果的数量上；博士生的田野成果，也将与此同时以“西北民族大学民族民间文化博士论文系列”同步由民族出版社问世。我们相信这应该是一个质量上的努力。

本系列六辑（九至十四）出版受到西北民族大学学科建设基金支持，特致谢忱！

是为序。

A. 速莱蛮·郝苏民

2005 年 12 月岁末于金城沙痕书屋

2007 年元月修订

2013 年 7 月 9 日病后再修订于葵巳酷暑中

目　录

宁夏高城村回族交往民俗中的“人情”表达研究

撒　军

一、绪　论

（一）本研究的选题缘起

本文以高城村这个典型回族村落为背景，以“人情”为主线，通过对岁时节日民俗、人生仪礼、物质生产民俗、社会组织民俗的再观察，从中寻找人情在回族聚居区所形成的“人情圈”的表达内容、表达方式及运作的独特程序。

无论是公共领域的交往还是私人关系的走动，礼物都成为人际互动的基本媒介。礼物蕴含着某种观念、态度、情感与信仰。从这一意义上说，礼物是一种符号体系。通过礼物交换，有助于人们在交往互动中与他者关系的维系、创造与转化，最终使得社会运作更为有效。这也就是莫斯所说的：“要走出自我，要给予——无论是自发的还是被迫的这种原则是不会错的。”①

“人情”是人类社会普遍存在的文化现象。这种类属“世俗文化”的文化现象由于各民族文化的形成背景、发展经历等诸

① ［法］马塞尔·莫斯著：《礼物》，汲喆译，上海人民出版社2005年版，第194页。

多因素的不同而尽显差异。这些普遍存在于我国社会中的“人情”，在宁夏南部回族聚居区的个案表达独具特色。

高城村隶属于宁夏固原地区西吉县兴隆镇。在西吉县城西南偏西56公里处，隔一条葫芦河与兴隆镇相望。

西吉县位于宁夏南部山区，是全国有名的贫困地区西海固的一部分。全县总人口45.4万人，其中回族占总人口的52%，且居住集中，民族特点突出。西吉真正形成典型的回族聚居区，是在清同治年间西北回民大起义之后。当时左宗棠办理“善后”，安置劫后余生的陕甘各地回民，由于地处偏僻、宁夏南部山区的川台河谷区（现西海固地区）便成为清政府安置回族的理想之所。一方面清政府强行安插，另一方面各地回族逃难避居，陕西、甘肃、宁夏、青海各地回族纷纷落籍，这部分人是构成西吉回族的主体。在这些人中，原陕西籍的回民主要被安置于西吉县的高城村、玉桥乡等乡镇。一百多年来，尽管他们从未与陕西联系过，一直生活在远离故乡的“孤岛”上，但他们至今仍传承了很多百年前陕西关中地区的语言民俗、人生礼仪民俗、宗教习俗，与周围的原甘肃籍回民有很大的不同，这些人被称为“老陕西”，自称“老陕”。宁夏西吉县高城村作为西北少数民族回族的一个地方村落，由于其特有的地理环境、生产生活方式和历史传统等，表现于礼物交换中也必然有其独特的运作逻辑和文化规则。因此，应在新的时空背景下，从礼物交换的角度切入，探讨社会生活的文化特点。

就回族的民风民俗而言，高城村也许并不是最典型的，但个体的普通性将更有利于代表所在单元的特异性。高城村在宁夏只是一个普普通通的村落，然而，在异民族看来，它足以表征宁夏回族文化的一些基本特征。

礼物研究是透视中国文化特点的一个角度。在“礼仪之邦”的中国，人们对于礼物交换向来重视，馈赠行为普及下，馈赠物事无所不含。中国民间的礼物交换，其实也是道德世界中人们文化与人格的地方性表达。一些学者提出“关系”、“人情”、“面子”、“报答”等概念，其用意即是对中国人礼物交换观念的抽象概括，也是对中国文化一种写意式的勾勒。尽管从哲学上说，任何概括都是一种滞后性的举措，但是从实践上说，每次对礼物交换的审视和思考，都有助于我们对中国民俗文化的理解不断走向深入。

本文所涉及的“人情”表达从概念上讲，不是作为语词的一般含义，也不是包括喜、怒、哀、惧、爱、恶在内的情感表达，而实质上是村落中人们生活中相互交往的生活人情理念。这种理念规范了回族社会人们交往互动时所应遵循的准则和约定俗成的必要程序。

中国人讲人情，这是每个中国人在日常生活中均可感知并被频繁体验的行为规范。在回族生活交往中，人情表达亦是十分重要的生活内容。它是人们在交往互动中建立相互关系的重要依据和不可忽视的人际准则。尽管这种依据和准则具有明显的不确定性和模糊性，但它会依据民族文化背景、发展经历及社会环境的不同因人而异、因事而异、因时因地而异。

作为西北少数民族回族聚居区，高城村其特有的地理环境、生计方式和历史传统等，不但决定了他们十分注重“人情”表达，而且也决定了他们“人情”表达的地方特色，即表现于“人情”表达中独特的运作逻辑和文化规则。当然，这里所说的“人情”是指广义上的人情，主要包括劳务、言语、礼品和礼金。

在一个传统的老陕西回族村落中，“人情”按当地人的解释，有人说是“送礼”，有人说是“处关系”，也有人说是“接触人”，所以它的首要含义是指人与人之间或个体与群体之间参加必要的社会互动的行为。这里的社会互动交往则主要指重要社会关系成员之间发生的婚礼、丧葬、生育、成年礼、宗教性节日、办事聚会等仪式性活动，其行为表现就是用送礼的形式来体现并完成相互间的“人情”表达。这些礼物可以是食物也可以是金钱或称赞。

（二）学术界关于“人情”的研究现状

1. 国外关于“人情”及人情关系物——礼物的研究

任何一种文化或文化现象都有其发生、发展及消亡或转化的过程，人情的产生、礼物的互动，亦是如此。学者及同仁们在论及礼物起源时，都要依据法国人类学家马塞尔·莫斯的《礼物》为蓝本，并引据其中的一段话：“在原始或古代社会中，由于什么原则使得收到礼物后必须回礼？是什么力量迫使受礼者回礼呢？”马塞尔·莫斯在一种神秘的力量“hau”上找到答案，马塞尔·莫斯把这种迫使受者回礼的力量称为“礼物的精神”（the spirit of gift）。与莫斯比较相近的观点当属日本学者栗木慎一郎。他认为礼物交换的动因是人们对“外在宇宙”之“魔性”的恐惧。“魔性”会制裁并通过社会关系体现其制裁的力量，“死亡则是它带来的必然结果”。

马塞尔·莫斯的“物灵说”和栗木慎一郎的“魔性说”，本质上都在探讨礼物的起源。尽管有人说他们的探讨“带有浓重的神秘主义色彩”，但我认为这不是什么“色彩浓重”的问题，而是他们对礼物起源“神秘”的理解和认识不足。

俄国著名文艺理论家普列汉诺夫在谈到诸神起源问题时曾经论断，人类崇拜的首要对象是动物，并且明确指出人类创造神话的首选题材就是动物。在狩猎英雄能够获得动物灵魂贴身保护的同时，把兽牙、骨骼及皮毛送给同氏族的其他人，以期获得同样的保护功能，这是再自然不过的人类早期“礼物”产生的根本动因。总之，“礼物”互赠的初期动因是祝福，是保护，是祈佑，而非人类对死亡的恐惧。相反，在生产力十分低下的原始社会，由于生存物质的匮乏，到了一定年龄即便不死，人们也要举行仪式“欢送”他死亡。此后，英国功能学派代表人物马林诺夫斯基提出礼物的“互惠原则”（the principle of reciprocity）。美国人类学家萨林斯在马林诺夫斯基“互惠原则”的基础上进而提出了互惠的“类型”及互惠的重要变量；法国人类学家列维·斯特劳斯从文化意义上提出重要命题：人类社会文化的本质就是交换；其后又有许多学者在马林诺夫斯基观点的基础上阐述、扩展并深化了“互惠原则”的交换理论。

马林诺夫斯基的“互惠原则”，认为一个人给予是因为他期待回报，而一个人回报是由于害怕其伙伴中止对其给予。细究起来，他的理论缺陷很明显，那就是他过度强调人们回礼的被动性，认为每一次交换都是功利计较的结果。其实人们的许多交换行为都蕴藏着丰富的情感内容，而且在不少情境下是出于伦理道德的考虑，而不是纯经济理性的决定。

2. 中国关于“人情”、礼物的研究

在对中国社会礼物交换的研究上，也有许多学者做出了努力。杨美惠从意识形态——“权力—资源”运作的角度切入，就中国城市礼物交换与关系网络作了富有深度的剖析。但中国乡村的礼物交换未进入她的研究视野。王铭铭在《村落视野中的文化与权力》中专门用一章分析了福建侨乡美法村和塘东村的历史、人情与民间互助模式。对于中国乡村礼物交换的研究，就目前而言，阎云翔的《礼物的流动》可能是最全面、系统的。可以说他们对于中国社会礼物交换的研究都是富有创见的，但他们的研究有一共同特点，那就是考察的地点都是以汉族为主体的地区，他们的调查都是在20世纪90年代中期以前进行的。所以，他们得出的结论对于彼时彼地才更为适合。

阎云翔在对黑龙江下岬村田野调查的基础上，得出以下结论：互惠原则一方面在中国礼物交换体系中扮演重要角色，大多数交换关系由完成回礼的责任支撑。另一方面，中国的情况对马林诺夫斯基的互惠原则提出两个异议，即互惠的多样性和互惠的缺乏。与经典理论不同的是，受者即使没有回赠礼物仍获得声望。他还认为，礼物不但是可以让渡的，而且是必须被让渡的，回赠同样的礼物会被认为是拒绝和侮辱，只是通过礼物表达出来的“人情”是不可让渡的。阎云翔认为从前的礼物研究中忽视了道德和情感因素，他用“人情”、“关系”、“面子”等传统概念解释了农村传统社会的礼物交换。他认为礼物交换包含这几对互相对立的方面：利益与非利益，表达性和工具性，自愿的和受约束的。

阎云翔从下岬村的礼物馈赠策略和社会关系中发现，下岬村的礼物馈赠现象对现有人类学某些理论提出了质疑，在中国村庄的礼物交换体系中，互惠原则并非具有普遍性，仅有互惠原则事实上并不能涵盖一般性的礼物理论，中国的礼物馈赠是一种“人情”表达方式，存在着一种人情的伦理模式。渗透到礼物当中的精神同时蕴含着道德意味和情感意味；而且，在中国村庄存在着一种等级化的社会网络，而在等级情境下，礼物是沿着社会地位的阶梯单向赠送的，收礼比送礼更被视为声望的标志，这是与互惠原则相冲突的（阎云翔，2000：112）。赞同马歇尔·莫斯的“礼物之灵”以及库拉交换制的学者所提出的礼物不可让渡性，同样不能解释下岬村的礼物馈赠，中国人的礼物交换中并不具有任何超自然的力量。中国人的赠礼是一种可以而且应该消费的实物和数量不同的一笔钱，礼物是可以而且应该让渡。而且，参与礼物经济不但会培育关系网络的道德约束，使得道德原则超越了经济考虑，涉及了社会实践中的社会性、道德、意向和个人情感，也涉及创造精神联系的人情和面子。

翟学伟认为中国现实社会中的人际互动的关键在于从“个

人关系”中产生、获得和维护的“个人地位”，“个人关系指的是一个真实的个人而对这种角色规范关系原则和自己所面临的现实生活环境所发展出来的实际交往策略和亲疏状态”①。李伟民在《论人情》中所指出的人情是“建立于地缘、业缘、人缘联系基础之上的人与人的关系的冷暖炎凉则取决于人与人的社会背景身份及由此而产生的人情”②。蒋英菊在《苏村的互助——乡村互惠交换体系的人类学分析》一文中③提出了互助的概念。黄玉琴在《礼物、生命仪礼和人情圈》④一文中提出了“人情圈”和“人情债”的概念。

在民俗学中，乌丙安先生在《中国民俗学》⑤一书中在乡里社会（也称“村落社会”）的民俗中，把村落社会分为单一家族村落；亲族联合体村落；杂姓移民聚居村落三种类型。高城村应该属于一个杂姓移民聚居村落。村落社会的乡里民俗表现在以下四方面：第一，严格维护村境的惯制。第二，组织乡里社会的协同生活。村落中自古以来便传袭着一些固定的或不固定的协力组织及共同活动成为惯制。主要表现有：婚丧大事的协力互助；修建房屋的协力互助；耕种收割的换工互助。第三，管理村落的共同生活秩序。第四，开展乡里的社交往来。

顾希佳在《社会民俗学》一书中提出了“交际礼仪民俗”的概念⑥。他提出，在一些公共场所里，人与人之间的关系较为

① 翟学伟：《个人地位：一个概念及其分析框——中国日常社会的真实建构》，载《中国社会学》1999年第4期。

② 李伟民：《论人情——关于中国人社会交往的分析和探讨》，载《中山大学学报》（社会科学版）1996年第2期。

③ 蒋英菊：《苏村的互助——乡村互惠交换体系的人类学分析》，载《广西右江民族师专学报》2004年第2期。

④ 黄玉琴：《礼物、生命仪礼和人情圈》，载《社会学研究》2002年第4期。

⑤ 乌丙安著：《中国民俗学》，辽宁大学出版社1985年版。

⑥ 顾希佳主编：《社会民俗学》，黑龙江人民出版社2003年版，第229页。

疏远，不过他们还是可以交往的，而且又是必须交往的。在这样一种较为普遍而宽泛的人际交往过程中，历来也有一系列习俗惯制需要遵循，就是交际礼仪民俗。顾希佳把馈赠作为人际交往的一种手段，分为三种类型：节日馈赠、典礼馈赠和社交性馈赠。

3. 专题研究状况

在回族民俗学研究中，王正伟的专著《回族民俗学概论》系统地阐述、总结了回族民俗的来源、回族民俗的主要内容和主要特点。在以往的回族社会民俗研究中，主要研究的是民间礼仪民俗、语言民俗、婚姻民俗、丧葬民俗、卫生民俗、姓氏民俗、成为民俗等。着重点大多放在仪礼的形成、程序、功能等，或者宗教禁忌方面。如丁宏的论文《从回族的文化认同看伊斯兰教与中国社会相适应问题》，冯迎福的《回族禁忌习俗及其社会功能》等。

近年来，对回族社会民俗的论述也比较多，刘光宁的论文《西北乡村回族社区功能演变与伊斯兰教》、陈忠祥的论文《宁夏回族社区空间结构特征及其变迁》、束锡红的《宁夏回族社区类型形成的历史文化原因比较——兼与西道堂回族社区对比》等都对回族社区进行了比较详尽的分析。从本人目前收集的资料看，对回族礼物交换、"人情"方面的微观研究论述比较少。只有马宗保、高永久在《乡村回族婚姻中的聘礼与通婚圈——以宁夏南部单家集村为例》一文中提到了补偿、互惠与财产转移等聘礼和嫁妆的经济意义。

（三）本研究的目的、意义和主要范畴

"人情"是一种道德和情感的复合体，已成为一种基于中国社会中常识性知识的伦理体系，包含理性计算、道德义务和情感联系三个维度，"人情"在行动上的复杂性和弹性就源于这三个结构因素的多样组合。在特定情况下，实际的重点也可能是其中

任何一项。也就是说，一个人可能极端理性，因而为了追求个人利益而仔细计算其每个人社会交换的行为；而另一个人则可能恰恰相反，注重道德义务或主要根据人际关系中的感情因素行事。另外，个人在不同场合以不同方式行事，根据特殊情形的特殊需要而改变其行为重点也常发生。因而，在以往的礼物研究中忽视了道德和情感层面，而只将“人情”作为一种可交换资源和理性计算的结果是片面的。实际上礼物交换包含了这样几对互相对立的方面：利益与非利益，表达性和工具性，自愿的和受约束的。

“人情”的表达是人类社会生活中的社会行为，任何一种社会行为的样式及内涵都有其发生、发展、变化的普遍规律和自身特点。这些特点必然受到不同社会环境及文化背景的影响和制约。送礼是一个形式，目的是维护关系，而关系又可分为利益关系和互惠关系；从形态上最终应该归结为人与人之间的关系。这种关系最终形成了民众相互交往和社会支持网络，也就是习惯。高城村的民俗仪礼体现在“人情”方面的表达方式可作为很好的佐证。

众所周知，回族的形成期是在元末明初之际，由于回族信仰伊斯兰教，其饮食文化具有特殊性，使得回族在任何经济环境及社会环境的背景下都实行大分散小集中的居住、生活方式。这种方式在客观上增强了本民族的凝聚力，有利于民族文化资源在社会交往互动中得以延续、发展、进化、强化以及相互支撑作用。高城村的“人情”表达事项，诸如婚事、“逊乃提”、葬礼、日常生活乃至宗教活动等均在本民族内部进行——这是非常特殊的人情圈，这是一个特定历史环境下受到过创伤的俗民群体在特定民族社会历史发展的必然产物。生活在这个特殊人情圈中人与人之间相互关系形成并达成“共识”、形成凝聚力的基础是相同的：同民族、同地域、同宗教信仰。

在当地，回族的婚嫁对象重要条件是不与非穆斯林通婚；婚事进行中的“小定”通常选在穆斯林聚礼日；新娘进门要请阿訇念“尼卡哈”并庄严诵读《古兰经》；“逊乃提”（割礼）更是遵照伊斯兰教规办理的；葬礼中，从病人病危开始，要请阿訇念“讨白”，给亡者“着水”，穿“开凡”，站“者那则”。总之，此地的人生礼俗是严格按照伊斯兰教规进行的。而在纯宗教活动的“人情”表达过程中，宗教情愫则更为鲜明。在人们的日常生活中，不论人情圈内个体社会地位有多高，其“社会背景身份”与“圈”内构成之间的差异有多大，当他从踏入这个处于民族、宗教或宗族的地域网络开始就融入当地规范的社会关系之中，并从中找到属于自己的不悖情理的正确位置。

在高城村，给礼者并不比受礼者更具有优越性和声望。阿訇是必然的受礼人，他们会因为受到的邀请多，收到的“乜贴”多而增加名望。

高城村人情圈所展示的仪礼行为背后似与个人之间的“社会背景身份”来决定取向的动因不尽相同。他们建立彼此之间“人情”关系以及为维系这种关系所共同遵循的行为规范的重要动因除了基本的血缘情结之外，还有一种区别于“苏村”互助关系的重要情愫，即民族的和宗教的情结。生活在这个特殊人情圈中人与人之间相互关系形成并达成“共识”的基础是相同的：同民族、同地域、同宗教信仰。

国内外学术界对于交换理论、人情的研究已经很多，但是，对中国少数民族的人情研究却很少。本文基于对回族典型村落——高城村的俗民群体交往民俗中“人情”表达的再观察，在乡里民俗的范畴，结合在宁夏南部回族聚居区高城村所得的实证资料，通过分析和思考。试图对“人情”理论的某些方面进行重新认识和探索，期望对原有传统的“礼物”理论做出回应和补充。

（四）研究方法

费孝通说，应当“以一个村作为研究中心来考察这村居民相互间的关系，如亲属的词汇、权力的分配、经济的组织、宗教的皈依以及其他种种社会联系，并进而观察这种（种）社会关系如何相互影响，如何综合以决定这社区的合作生活。从这研究中心循着亲属系统、经济往来社会合作等路线，推广我们的研究范围到邻近村落以及市镇”①。

一般而言，农民尤其是少数民族聚居区的农民都有比较强烈的自尊心理，说话处事都比较谨小慎微，对于一个外来者（或者也该叫闯入者）一般是不会敞开心扉的。由于高城村（这里）是我的祖籍，虽然我没有在这里出生、成长，但是，我能被看作“老家人”得到认同，村民对我基本没有防范心理，因此调查进行得比较顺利。

这种村落回坊中的祈祷者、生产和生活者，他们的生命在村落中如西边的落日不断地消失又不断地重生，这种社会延续过程中形成了人生礼仪和他们的生产消费习俗。

在高城村所有的回族村民都是祷告者、救济者、生产者、闲聊者和生命的过客。他们在自己的回坊中不断地送走自己的老人和同伴又不断地迎接自己的新生婴儿，（而）在这种连绵不断的“社会延续”过程中，他们既相互帮助又相互竞争，表演自己的角色，完成自己的使命。他们的喜怒哀乐和荣辱、他们的失落、他们的使命、他们的怜悯都在回坊中被激发和熄灭。

通过对一个微型社区进行深入细致的描述与精致的记录，来探讨其社会规则。这是人类学由来已久的研究惯例。本着如此精神，我于2005年8月16日至8月23日到高城村作了田野踩点。

① 费孝通著：《江村经济》，戴可景译，商务印书馆2001年版。

回来后，我搜集、整理了有关“人情”的文献材料。在进行了分类、归纳和筛选基础上，又分别于2005年10月1日至10月9日、2006年1月8日至1月14日进行了两次田野调查。主要采用现场访谈和参与观察的调查方法。

以往，对回族交往习俗作个别描述得多，比如节日民俗、服饰民俗、器具民俗作具体描述，而对一个村落的民俗单位做专门描述得少。我在这里试图把村落中的“人情”表达习俗做一个不断的延续的整体过程来理解和描述。这更符合田野民俗的实际情况。

二、高城村的源起及“人情”关系网络

（一）高城村回族的来源

高城村位于六盘山脉西侧，西吉县境东南端，距离县城大约45公里，行政上隶属于兴隆镇。村里没有公路，仅有一条两车道的土路穿过葫芦河通往兴隆镇。由于葫芦河上没有架桥，机动车辆很难进入村落。村民的主要交通工具是牛车和农用车，这两年摩托车逐渐多了起来。一下雨，葫芦河就涨水，高城村就与世隔绝了。

高城村的来源还得从清末讲起。为反抗清朝政府残酷的民族压迫和地主团练的血腥屠杀，1862年3月，陕西渭南、大荔、华州一带爆发了回民反清起义，史称“华州起事”。起义迅速波及关中三府（西安府、同州府、凤翔府）、二州（乾州、邠州），声势浩大，数十万的起义回民几乎席卷了整个陕西。同时，宁夏、甘肃等地也爆发了反清回民起义。这次起义历时十余载，遭到了左宗棠的残酷镇压，死于被屠、病疫、饥饿者达百万之众，是中国少数民族起义史上遭受的一次最残暴的血洗。1877年底，

起义领导人白彦虎在饥寒交迫、孤立无援的情况下，为了3000名精疲力竭的部属和老弱妇孺免遭杀戮，被迫率部出走俄国，定居在秋伊河（楚河）畔托克马克附近的大营盘，后来被苏联政府确定为东干族的先民。

西北回民起义失败后，左宗棠为巩固封建统治的“百年之安”，采取了一整套孤立、削弱和限制回族群众的措施，强迫回族大迁移。为了加强对回族防范和镇压措施，左宗棠提出了强迫大批陕甘回族离开故土，强迁于新的荒僻地区，“督令安心耕种”，并酌情给种子、农具、耕畜和口粮。他认为安插的原则：（1）新的回民聚居点要选在人迹断绝的偏远地区，远离城市要冲，并不当大道“觅水草不乏，川原荒绝无主，各自成片段者，便安置”。也就是三边二稍地区（山边、河边、湖滩边和沟稍、梁稍）。（2）被迁回民不能“取一处”，而必须分散隔离，不得“私迁”“合居”或私返原籍。（3）在回村实行联甲制度，设置十家长、百家长取代阿訇“钤束”回民，借以“散回民之势，而以其权归官”。（4）严禁回民私藏枪炮军火，特别是不准回族有往来外地的自由。去附近城市探亲买物者，须得百家长允准和领取“号签”，去省内远府州县（西路及关外者不许去），须得地方官允准并领取“路票”，违者严办。（5）在回民中“复其古教”，禁绝新教，对老教要求建清真寺“例所不禁”，但规定“不得高过二丈四尺，宽不得逾十丈，墙厚不得过二尺五寸”，以防用作军事目的。①

起义被镇压后，老弱病残及妇幼643人，就地被安抚在今玉桥、下堡子、公易镇、戴段村一带，5600余人分别被安抚在今兴隆、兴平、什字乡一带。

---

① 刘伟、黑富礼主编：《固原回族》，宁夏人民出版社2000年版，第86页。

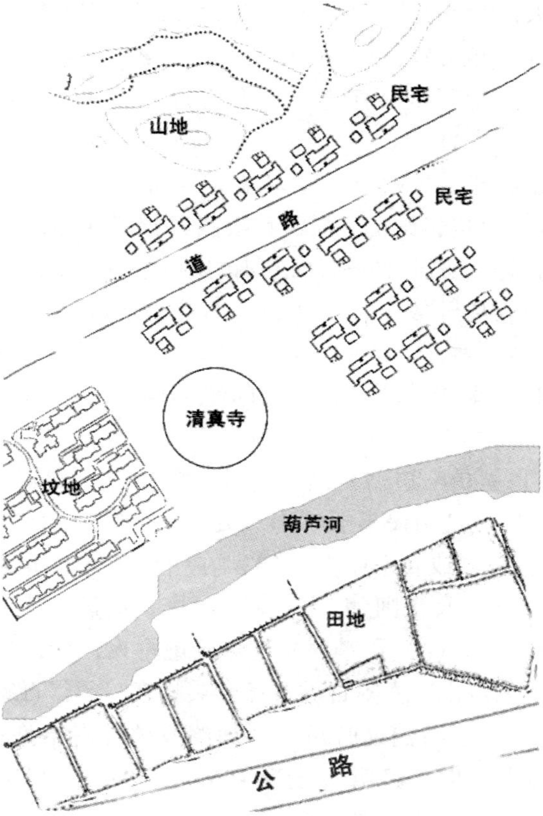

图 1　高城村回坊示意图

（二）高城村回坊

按一般规律，凡有穆斯林聚集的地方，无论是乡村还是城镇，都有规模大小不同的清真寺，以满足穆斯林精神生活与世俗生活的需要。清真寺所辖的范围，习惯上称为“回坊”，寺坊内居住的穆斯林一般称为“坊民”。

可以说，如果没有对伊斯兰教的共同信仰及生活习俗，就不可能形成聚族而居的“回坊”。相对于主体社会而言，“回坊”是一群彼此间具有共同伊斯兰文化特征的回族个体成员，依据相同的人生价值观、共同的心理素质及所承担的共同义务而聚拢在一起共同居住、生活的特定区域。

一般来说，“回坊”具备村落的构成要素，同时又具有自己的特征。第一，它是以一定的社会关系为基础而组织起来的进行共同生活的社会群体。第二，受伊斯兰文化制约。第三，每个坊中的居民都具有对坊的归属感和依赖感。第四，坊内的居民都有共同的心理素质，对内是民族共识，对外则是民族群体的自我保护。因此我们说，“回坊”是回族社会的一种典型社区，也是中国社会一种独特的社会结构。

回族社会的交往，除了各种自发的人情交往以外，主要就是“清真寺交往”。清真寺是高城村回族村落的各种信息的汇集点和交换中心，同时也是社会事务的议事中心，更重要的还是穆斯林心目中的精神家园。围寺而居的村落，构成穆斯林社会结构中的一个节点，清真寺成为这种节点中的文化核心紧固件。各个节点之间，具有某种或是比较松散或是比较紧密的内在联系，无数个类似的节点，构成了一套完整的回族穆斯林的社会网络系统。

清真寺是回族村落的中心，它起着联结穆斯林的核心作用，人们通过参加一日五次礼拜、七日一次聚礼以及在清真寺举行的宰牲、教育、婚礼等各种活动，增加了相互沟通的机会，我们都知道人情交往对于一个群体凝聚力的重要性。正是这种独特的人情交往制度，使回族群众之间彼此互动，很容易增强群体意识，有助于一致行动能力。

“清真”，原为普通的名词，在汉语里是纯洁质朴的意思。唐宋时期有名的文人墨客以“清真”入诗的不少。如唐代姚合有“不行门外地，斋戒得清真”的诗句；刘春虚有“深林度空夜，烟月资清真”的诗句；李白有“韩生信英彦，裴子含清真”和“右军本清真”、“垂衣贵清真”的诗句，赞颂裴政、王右军等人。宋代陆游以“阅尽千葩百卉春，此花风味独清真”来赞美梅花的纯洁质朴。宋代词人周邦彦以“清真”命名自己的词集。其他宗教也有以“清真”命名寺院的，如道教的“清真观”、开封犹太教堂“清真寺”等。后来伊斯兰教逐渐借“真”指真主独一至尊，永恒常存，无所比拟。简而言之，清则净也，真则不染，净而不染，就是清真。到清代以后，叫“清真寺”的逐渐多起来，清真寺便成为中国各地伊斯兰教寺院的专有名称了。

据“公元2000年高城第三次扩建清真寺本坊乜贴名单明细账目公布留念”所附“高城清真寺发展简史”记载：“公元1873年因清政府对回族的残酷剥削和压迫，逼迫回族从陕西迁移本地。据传十五年后（1889），我们的祖先成功修建了第一座清真寺，据说大殿做工精气，当时在全川上下独一无二，但好景不长，由于‘文化大革命’的影响，‘破四旧、立四新’，于1966年被迫拆毁清真寺，随着改革开放的步伐，十一届三中全会的召开，党的民族政策的落实。1980年我坊民在原寺的基础上又一次修建了清真寺。随着社会发展人民生活水平的提高，应广大坊民的需要、要求，我们于2000年第三次又成功扩建了高城清真寺，大殿宽敞明亮，艺术精气求精，深受广大穆斯林的好评。”

在宁夏南部山区老陕西回民聚居区高城村，回坊清真寺至少有以下几种职能：

一是穆斯林礼拜的场所。每日的五番乃玛孜、每周一次的主麻，每年两次的会礼等都在清真寺举行。

二是穆斯林沐浴洁身的场所，人们礼拜前或平时都可来此沐浴净身。

三是阿訇宣讲教义和宗教常识的讲坛。每逢回族的节日或重要活动，阿訇都要在寺里讲“卧尔兹”。

四是培养新一代宗教人士的经堂。招收一些学员（称作“海里凡”或“满拉”），由开学阿訇向他们讲授阿拉伯语、波斯语、《古兰经》、各种《古兰经》注、圣训和伊斯兰教义、教法、教史等知识，以造就新一代宗教人才，即人们所谓的经堂教育。学员们在寺内吃、住、学习，整日生活在寺里。

五是儿童及一些成年人接受伊斯兰教育的启蒙学校和培养回民子弟的子校。其宗旨是普及伊斯兰文化知识。

六是群众主办婚丧嫁娶和屠宰食用禽畜的服务场所。穆斯林亡故后，清真寺要为亡人“洗浑身”，人们要在寺里站“者那则”；有些回民在食用鸡鸭之前也拿到寺里请阿訇屠宰。

七是纪念亡故先贤或其他亡人集会的场所。

八是阿訇、伊玛目及乡老们处理坊内事物的办公处所。选聘阿訇、修寺、办学、过节以及事关坊民利益的大事往往习惯在寺里开会商议。

九是穆斯林群众欢度斋月和过圣纪的筵席场所。回坊群众在每年过圣纪时都习惯在寺内共同用餐；斋月期间，经济条件较好的人家还向寺里按时送去开斋饭，和“要乜帖的”（乞讨者）在寺里共同用开斋饭。

清真寺的人员一般由两部分人组成。一部分是管理教务的，一部分是管理寺务的。管理教务的都笼统地称为“阿訇”，管理寺务的负责人称为社头。一般由坊内的群众推选，由若干热心教门、较富裕而正派的人担任乡老。负责管理清真寺的行政事务，包括房产、财务、日常事务等，如负责聘请阿訇，建筑、维修和美化清真寺，管理清真寺宗教基金，筹办各种公共性宗教活动，维持清真寺收入来源等事务。此外，清真寺还有一名寺师傅，专门负责守门、烧水、管理水房子、打扫寺院等勤杂事务。寺管会替群众行使管理权。若寺管会不称职，群众有权随时撤销更换。可以说清真寺的这种管理体制是一种充分体现民主意志的管理体制。若遇重大事件，教长则要和寺管会共同商量，讨论决定。

（三）高城村中的“人情”关系网络

费孝通教授在1947年出版的《乡土中国》一书中，对传统中国社会中的社会结构和人际关系作了理论上的概括，提出了著名的“差序格局”的概念。他认为，在差序格局中，社会关系是逐渐从一个一个人推出去的，是私人联系的增加，社会范围是一根根私人联系所构成的网络。[①] 这一社会关系的网络是以亲属关系为基础而形成的，亲属关系是“根据生育和婚姻事实所发生的社会关系，从生育与婚姻所结成的网络，可以一直推出去包括无穷的人，过去的、现在的和未来的人物”[②]，“这个网络像个蜘蛛的网，有一个中心，就是自己”。“我们社会中最重要的亲属关系就是这种丢石头形成同心圆波纹的性质。”这波纹，“一圈圈推出去，愈推愈远，也愈推愈薄”。这样的“从自己推出去的和自己发生社会关系的那一群人里所发生的一轮轮波纹的差序，就是‘伦’（人伦）”。[③] 在乡土社会中，人们基本是按照男系血缘（父系家族）来决定自己和他人关系的远近和亲疏的，所谓差序格局的行为方式即是建立在这一基础上。

在高城村，有一个相对固定的人情往来圈子。所谓人情圈是指与某一家庭有人情往来的家庭的总称。之所以称之为“圈”，是因为它有相对固定的边界。哪几种关系可以被纳入人情圈，这是有讲究的。一般是以一个家庭为中心，按照血缘关系由近及远

① 费孝通著：《乡土中国生育制度》，北京大学出版社2003年版，第30页。
② 费孝通著：《乡土中国生育制度》，北京大学出版社2003年版，第26页。
③ 费孝通著：《乡土中国生育制度》，北京大学出版社2003年版，第27页。

向外推；人情圈也是分层次的，传统上也是按照血缘关系的远近来分。一般而言，高城村人情圈的参加者可以分为四个层次：第一层为直系亲属和主要家庭成员，主要建立在血亲关系上；第二层为外家、堂表亲戚以及更远的亲戚，主要建立在姻亲关系上；第三层为四方乡邻，主要以地缘关系为基础；第四层为朋友或家人所在工作单位的同事，主要建立在业缘关系上。

高城村的老陕西回民为何能如此完好地保存100多年前陕甘回族的民俗传统呢？这与他们的历史与认同有关。高城村是一个典型的老陕西回民村落，没有其他民族，民族成分比较单一，除了婚嫁原因几乎没有外来人口。另外，高城村自然环境比较封闭，由于教派差别、历史等原因，外来干扰比较少。因此，他们比较完整地传承了原陕西关中地区的一些民俗，很多民俗受到汉族儒家哲学的影响。

从宗教上看，他们继承了陕甘回族的传统。正是伊斯兰教的价值取向长期潜移默化的影响，使得他们继续保持了自己民族的生活方式和特点，从中也可看到伊斯兰文化的凝聚力。

从宗教情感看，恶劣的环境常常强化人们的宗教需要。就个人来说，宗教活动能不断稳定人的思想情绪，减轻疑惧，这是其他活动方式所不能替代的。因而，清政府安插回民地区的环境变化在客观上促进了伊斯兰教的发展。

当人们在经历多次失败和挫折之后，“不得不退却，不得不把委屈和耻辱，愤怒和绝望埋在心里，仰望茫茫苍天，希望在那里找到救星”①。伊斯兰教无疑是一种慰藉、精神支柱及情绪稳定剂。正如马林诺夫斯基所说：“宗教不是产生于推测和沉思，更不是来源于误解和幻觉，而是来源于人类生活中真正的悲剧，

① 《斯大林全集》第6卷，人民出版社1956年版，第143页。

来自人们的愿望和现实的冲突。”① 同时，对于群体来说，宗教可增强其成员间的凝聚力，并由此提高群体在地理环境变迁中的适应能力以及在社会生活中的地位。回民在“同有畏心，其势必合”② 的大形势下，自发地求助于宗教文化，从而使回族伊斯兰教的号召力和整合力大大增强。回族内在的宗教文化地位上升，回族内部的社会交往、经济文化交流加强，村落空间结构逐步向聚居转换，清真寺由少到多，由小变大，回族村落的凝聚力和归属感大大提高。从感情上讲，老陕西回民有强烈的寻根意识与强烈的认同感。

这里封闭的地理环境、恶劣的自然条件以及极度贫乏的物产，使回族群众生活极其艰难。而这种生存危机迫使他们抱团抗争，其民族凝聚力日益增强。左宗棠的安民政策又迫使回族聚族而居，不与汉民杂处，加之朝廷挑拨、疏离民族关系，原来自然结成的回汉友好的传统遭受破坏，从而在客观上影响了回汉群众之间的社会交往和文化交流。回族和汉族关系上的疏离甚至对立，严重影响了发展。内在文化活力的受挫与外在文化刺激的空缺，这些被迫迁来的移民基本上一直处于与环境不相适应的状态。

从经济因素看，由于老陕西回民人擅长种植业，属农业经济，并保持有陕甘回族“大分散、小集中”的居住习俗，因而容易完整地保存固有的传统文化。

那么，高城村的人际关系是如何构成的呢？我在 2005 年 9 月、10 月和 2006 年 1 月对高城村进行的三次田野调查中，收集了几份比较典型的“人情”账单。

---

① ［美］普洛格、贝茨著：《文化演进与人类行为》，吴爱明译，辽宁人民出版社 1988 年版。

② 白寿彝著：《回民起义》（二），上海人民出版社 1952 年版。

案例：2000年，高城村要重修清真寺，由于本坊村民经济条件不是很好，捐助的资金无法满足需要，就很自然采取了“化钱粮”的办法（向外界求助）。通过全体坊民同意，选出了十几位“能人”到各地“化钱粮”。由于各人“人情圈”大小不同，化回的“钱粮”数也各不相同（见表1）。合计从外坊化回“钱粮”总额为65864元，本坊坊民（全村按人头每人30元，多出不限）出散的乜贴总额为47895.30元。

表1　2000年高城村第三次扩建清真寺化钱粮外坊乜贴收入明细账

序号	姓名	现金	序号	姓名	现金
1	YZG	10570.00	7	YCG	440.00
2	YQW	2723.00	8	HQX	5115.00
3	SZQ	3303.00	9	LJY	2300.00
4	YYF	12500.00	10	YXZ	123.00
5	YYM	600.00	11	LFX	1330.00
6	YYZ	3710.00	12	SLQ	23150.00

经过我的访谈，由于这十几位“能人”的人情圈不同，所以化回的乜贴数量也各不相同。撒连琪、冶志贵、冶永富三人“化钱粮”的圈子都出了宁夏回族自治区，最远到了新疆伊犁的霍城县。在这个案例中，“人情”的多少是与地理距离成反比的。造成这种结果的原因是多方面的：在高城村的周围村坊的经济状况基本相同，都比较穷困。这些年，兴隆镇各个村落都在修清真寺，大家对修寺出的“人情”频率比较高，造成单次“人情”的份额就降低了；而在外地则不同，从高城村走出去的人，不管他原来在高城村的人缘、地位如何，但是他们对家乡的怀念和扯不断的那份亲情，使得他们毫不吝啬金钱的付出。

这份对外公布的账单比较独特的是，并没有标明什么地方的什么人出散的乜贴，而只是注明了是谁化回的乜贴。外地送出“人情”的人并没有在高城村获得声望，获得声望的是那些化“钱粮”的村民，村民们都夸他们能干。

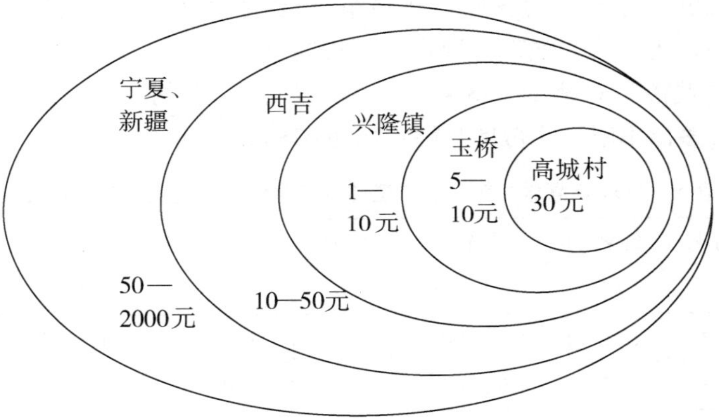

图2　高城村的人情圈

案例：我选择2006年高城村冶家三儿子婚礼的礼单，因为他家的社会关系相对比较典型。老冶50岁了，老冶的父亲是同房中的老大，没有亲生儿子。老冶本来是他叔叔的三儿子，他有一个双胞胎哥哥，就把他过继给了老大。他的叔叔全家20世纪60年代都到新疆去了，老冶在高城村还有三个姐姐。改革开放后，由新疆的亲戚资助，冶家在村子里开了一个小卖部，经济状况明显好转，他也被选为清真寺的社头。他的大儿子出外学会了厨师手艺，带着老二在新疆开了一个饭馆。老冶在村子里第一个盖起了砖瓦房。表2所展示的是礼单。

表2 冶家婚礼礼单 2006年

送“人情”者与老冶关系	5元	10元	20元	50元	100元	200元	500元	客人数	
								户数	人数
1. 亲家				1	1			2	4
2. 姐姐、姐夫					1	2		3	6
3. 外甥					5			5	12
4. 老大妻兄弟			1	2				3	8
5. 老二妻兄弟				1				1	2
6. 姑表兄弟			5	3				8	29
7. 舅表兄弟			3					3	5
8. 村里普通邻居	10	25	10					45	250
9. 村里族亲		6	13					18	50
10. 新疆的兄弟						2	1		
合计	10	31	32	7	7	4	1		366

现在我们通过冶家所收的“人情”分析一下冶家和每位送“人情”者的关系。一般而言，馈赠者和接收者的关系越接近，礼物越贵重。冶家收到的“人情”从5元到500元不等，但多数集中在5元、10元、20元。这些人大多是村里的邻居、族亲（这两类人在当地很难区分）。最多的是没有到现场的新疆的兄弟和来到现场的姐姐、姐夫（虽然一位姐姐只送了100元，但他家送的实物“人情”比较多，有毛毯、衣物等，已经远远超过了200元）、亲家。

“人情”表达与人际关系是紧密相关的。正如萨林斯所概括的："实物流动和人际关系的联系是相互的。某一特定的社会关系可以界定物品的既定运动，但某一特定的交易也同样能促进特定的社会关系。如果说朋友创造出礼物，那么礼物也创造了朋友。"① 调查资料验证了高城村的人情圈是以一个家庭为中心，按照血缘关系由近及远向外推；人情圈是分层次的，传统上也是按照血缘关系的远近来划分的。

三、高城村"人情"表达的内容

生儿育女、婚丧嫁娶是高城村的大事。除了主办的家庭之外，村中其他人家也会参与，这与该家庭的人情圈相关。"人情"交换的行为遵循一定的原则，该送什么，送多少，该怎么帮忙，他们心里一清二楚。运作程序上也有一定的组织和规则。在人生礼仪中每个环节都有专门的人员负责，例如接待来客、购物、登记等。该遵循的规则不会忘记，行事时的度和量也通常会把握得恰到好处。在长期的共同生活中他们已经形成了自己稳定的生活及交往秩序。

高城村回族的人生礼仪内容众多，主要有诞生礼、命名礼、满月礼、百日礼、割礼、婚礼、丧礼等；重大节日主要是开斋和尔德节、圣纪节等。在高城村，"人情"表达突出在人生礼仪、宗教节日和经济互助上。其象征意义大于实用价值，是当地人生命状态的物化显现，隐藏着共有的社会记忆、价值取向和文化内涵。日常生活中的"人情"虽然也比较多，但往往隐而不显。

① 阎云翔著：《礼物的流动》，上海人民出版社 2000 年版，第 95 页。

（一）生命仪礼中的“人情”表达

1. 生育习俗中的“人情”表达

（1）出生和起经名。高城村把小孩出生视为一件至关重要的大事。妇女一般有喜之后，首先要办的事就是洗大净。另外，在饮食、行为、语言方面也有诸多讲究、避讳和禁忌。在饮食上，杜绝吃对自身和孩子有损的食品，在行为上，严禁参加他人婚礼和丧事，不能送亲、迎亲，见到迎亲队伍要避开，也不能见亡人。在语言上，禁忌讥笑，讽刺别人。孕妇临产前几天，要做些准备工作。要洗大净，要物色一名自己熟悉、手艺较高的接生婆，并提前预约。

孩子出生后，首先面临的就是接受洗礼。洗礼一般由产妇的亲人（妯娌或姐妹）协助接生婆完成。7 天以后，产妇“下炕”活动，这时邻居乡亲、亲戚朋友（女同胞为主）前来探望、祝贺，并带来一些滋补食品或小米等礼品，或给孩子枕头下压几元钱，称“瞌睡钱”。共祝母子平安幸福，或帮助产妇干一些力所能及的体力活。

婴儿出生 7 天之内还要接受一项特有的命名仪式，方式有几种：一是请阿訇或年老的长辈给婴儿起经名，这是主要取名方式。首先由婴儿的父亲或母亲将孩子抱在怀里，站在门槛之内，取名者站在门外，小心翼翼地掀起门帘，先对着孩子的右耳低念“邦克”词，再对着左耳低念“尕麦体”招呼词。念毕，依据男左女右的原则，若男孩在左耳朵里象征性地轻轻吹口气，女孩在右耳朵里。之后，便从伊斯兰教众多先贤中选出一个名字，冠之于婴儿，并告之家长。男孩一般有“穆罕默德”、“易司马仪”、“易司哈格”、“穆萨”、“尔里”、“达吾代”、“尤素夫”、“叶尔古白”、“尔萨”、“阿有白”等，女孩一般有“阿希燕”、“苏代”、“阿依舍”、“法图麦”、“赛里麦”、“索菲燕”、“海撒”、

“赫比白”等。孩子的亲人此后的日子里均以经名称呼之。据说，这种念吹结合的起名方式，带有召唤之意。二是以生日定名，比例较小。这就要坚持一条原则，孩子必须出生在吉祥贵重的日子或月份，如在贵重的斋月（莱麦丹月），就可命名为“莱麦丹”；出生在“尔德节”，即命名为“尔德”；出生在礼拜五，即命名为“主麻”；出生在礼拜四，即命名为“潘舍尔巴”。若女孩出生在法图麦太太的纪念日，就可命名为“法图麦”。三是按其他传统的习惯命名，这种情况更少见。有采用次序或排行命名的，如三娃子、四姐儿等；有以牛羊命名的，如牛娃子、羊娃子等；有以祖父母的年龄命名的，如五十儿、六十儿、八十儿等，这种方法一般适用于长子嫡孙。当地回族除小名之外，到上学的时候，由老师或家长还要起大名，即官名或学名，个别在小名前冠以父姓，即为大名。

（2）出满月和抓岁。出满月和抓岁是当地回族人民给孩子成长1月和1周年之时举行的庆贺仪式，较为简单。

小孩降世1月后，为“满月”，要举行庆贺仪式，叫“做满月”或“出满月”。这天要做以下几件事：一要给孩子剃掉头发；二要请阿訇写“杜哇”；三要炸油香，准备饭菜，款待阿訇、亲朋好友和前来祝贺的乡亲。众亲友前来祝贺母子平安。这时，大家送的“人情”大多是产妇与小孩的用品。比较特别的是，在目前大家经济条件已经比较宽裕的情况下，高城村还有人把自己家小孩穿过的旧衣服作为“人情”。据冶姓老太太讲，这是祖辈传下来的，娃娃穿了这样的衣服身体好，不生病。

孩子成长满1岁后，要过“抓岁”。在当地回族中较为流行，尤其是第一胎男孩或盼望已久而得到的男孩，过得隆重，女孩过得较少。“抓岁”这天，亲戚朋友都要准备一些具有象征意义的吉祥物品作为“人情”送给孩子。有辟邪的桃木小饰品，象征长命百岁的银锁，象征财富的钱币，象征文化的钢笔、铅笔、笔记本等。

主人家在炕上铺一条红色毯子，将亲友送的各种物件摆在上面，然后由母亲或父亲把小孩抱来，任其挑选，周围有全家老小和来宾观看，希望孩子能抓到理想的东西。据说孩子抓什么是很重要的，意味着将来的前途与此息息相关，其次要设宴款待客人，宾主共同预祝孩子岁岁平安，天天吉祥，长大成为有用之才。

2. “割礼”习俗中的“人情”表达

每个民族对于男性成熟的认定方式虽然各不相同，但是基本都有一定的仪礼作为一个男性成熟的标志。按照伊斯兰教教规，男孩到 12 岁已经懂事，开始承担宗教义务，履行宗教功课。“逊乃提”即割礼，是所有穆斯林民族所共有的男性成年礼仪，但是不同民族不同地区具体的仪式各不相同。

男孩子长到 12 岁时，按照伊斯兰教的规定，就已承担宗教义务，履行“五功”，遵守“五典”。“五功”之一就是拜功，一日五拜，均要洗小净，为了小净方便，于是 12 岁之后就实行割礼。割礼包括两项内容：一是割除阴茎部位过长的包皮，二是割断龟头下端与阴茎的连线。由清真寺的阿訇主持完成。从此就意味着男孩已逐渐成人，应该担负起相应的责任和义务。同时它也被视为父母的一项责任，届时家长都要为孩子积极操办。

在高城村，“逊乃提”被称为“做娃”，“做娃”的规模被看作一个父亲的“活人”（交际能力）和民族意识的标志。因此，在高城村，“做娃”非常讲究，气氛隆重。“做娃”这天，要给小孩换上新衣，披红绸（现也改为披被面子），还要宴请亲朋四邻。亲戚朋友也要送“人情”表示祝贺。

比较特别的是：叔伯、舅舅、姑姑必须准备几样特别的“人情”：全套衣服、毛毯、被面子、煎盘子（油炸的大饼）。

改革开放后，娘舅送全套衣服的仪礼已逐渐演化为一套固定的服饰：一套旧式军装、一顶旧式军帽、一双胶鞋或布鞋。虽然高城村经济状况比较贫困，但这套衣服也已经没有人穿了。收到衣服的人家会收藏起来，等到自家的甥侄“做娃”时再送出去。这套衣服会在一定人情圈循环流动，直至破旧不堪。在“人情”流动过程中，这套衣服已经失去了它的实用功能，成为一个“人情”的符号。

3. 婚礼习俗中的“人情”表达

婚事是高城村“人情”最重要的集中表现的场合。村民参加主家的活动而且要送贺礼或礼金。重要场合下主家都有礼单保存，主要是为了以后在别人家有事件的时候要看礼单来还人情。“人情”在当地最直观的含义是送礼，所以笔者着重几个事件，可以通过分析来反映后面所隐含的意义。

高城村人家“办事”一是秋收后，二是冬闲时节，婚嫁、建房一般选择在这时候。

高城村几个村落的回民婚姻的仪式概括起来主要有：提亲、定亲、娶亲、念尼卡哈、闹洞房、试手面、回门等。

（1）提亲。高城村的回民对婚姻条件最看重的是一般不与非穆斯林通婚。回族中有句俗语：“一家女儿百家求。”当回族姑娘长到十六七岁时，就有人上门提亲。通常情况下都是男方家通过各种途径看准女方家的姑娘后，请古瓦西（媒人）去提亲。请媒人一般要两个以上，一个代表男方家，一个代表女方家，男方家的媒人提亲时，要带上回族传统的茶（绿茶或花茶）、糖（冰糖）、核桃仁、葡萄干四色礼，并通报男方家的姓名、家庭经济状况等情况，有的还详细介绍男方家小伙子的相貌、性格、文化程度、手艺等，女方家长听后觉得大体合适，便给男方家媒人给话。然后，女方家请媒人到男方家看家道，并由男女双方媒人安排姑娘、小伙在集市或亲戚朋友家见面，主要是看男女双方的相貌人品。若双方无反对意见，男方家父母或委托家中其他人带上四色礼，小伙子还要带上见面钱，在媒人的陪同安排下与姑娘正式见面。姑娘一般由姑妈或嫂子领着当面看小伙子。媒人此时当面问双方是否同意，小伙子这时给姑娘见面钱，若同意就接收，不同意则拒绝。姑娘收了见面钱给小伙子回赠自己绣的小饰品。

（2）订定也叫小定，在高城村叫“说赛俩目”。“说赛俩目”（定亲时男女方亲属的相互道贺）一般选在星期五，这天是穆斯林的聚礼日。男方家要准备“四色礼”，还要给姑娘准备两三套衣服，男方小伙子和父母由媒人陪同送到女方家。女方设宴款待，男女双方商量聘礼数目，如无异议，双方在亲友面前，互相道“赛俩目”，这样就表示婚事定下了。

（3）定亲也叫大定。伊斯兰教经典《古兰经》指出：“你们应当把妇女的聘仪当作一份赠品交给她们。”[1] 在“说赛俩目”之后，根据女方的要求，由男方通过媒人给女方送去聘礼，并确定婚礼时间。在这时，女方还要按自家叔伯姑姨长辈的人数向男方索要一份特殊的“四色礼”，当地人叫“要包包子”。女方家的长辈如果有谁没有收到“四色礼”，就会感到“没面子”。收到四色礼的长辈，就明白自己要给姑娘准备一份陪嫁了。

结婚的当天早晨，新娘要洗“大净”、“绞脸”（先用煮熟的鸡蛋剥皮，在脸上滚，促进毛孔张开，然后用双股丝线绞去脸上的汗毛）、扎发髻，表示姑娘身份的结束。

新郎娶亲当天，长辈要给新郎“搭红”，就是给新郎披上红绸（现改为被面），搭红越多，新郎越有“光彩”（老陕西话，即越有“面子”）。中午时分，男方的娶亲队伍到达，新娘的同辈姊妹就会把新娘所在的房门锁住，不许新郎进门。新郎必须给红包后，才能进门迎娶新娘。

---

① 《古兰经》，马坚译，中国社会科学出版社1981年版，第56页。

图3　搭红

迎亲队伍回到男方家后，新郎只有给了“开箱钱”后，女方送亲的亲友才会把嫁妆交给婆家。此习俗吸收了陕西汉族人的结婚习俗，移居到这里的老陕西回民作为本民族的习俗延续至今。

新娘迎进门后，由阿訇给新人念“尼卡哈”（证婚词），诵读《古兰经》。感谢真主赐予的良缘，祝愿新人相亲相爱。也有在女方家举行此宗教婚姻仪式的。

吃宴席的参与者人数众多，一般人家结婚宴席都摆流水席。宴席大多在主人家的院落举行。以麦草铺地，一般客人多席地而坐，长辈、贵客坐八仙桌，桌子、碗筷多由村中邻家借来。席数在40—50桌（每桌坐7—10人，也就是300人左右），多的七八十桌席。客人随来随吃，随吃随走。菜肴以萝卜、土豆、牛肉为原料，但一桌宴席一定凑够九大碗。比如，萝卜丝是一道菜，萝卜块烩牛肉又是一道菜。也有人将宴席上的食物少量带回家的习俗，当地人称为“把喜气带回家”、“沾吉”。

婚事的参与者按村民说法可分为本地人、朋友（主要是本村以外的人）和亲戚。亲戚是指和结婚者的家庭因姻亲（多是外村人）和血缘（包括本村“五服”以内的家族，这种血缘关系在村子里面称为“本家子”）相关的人。在宴席入口设一账桌，由主家派专人负责收“人情”。因参与者不同，“人情”也各不相同。本村人多是5元至50元钱。也有以实物做“人情”的，如2斤油、10斤面等。亲戚因远近亲疏不同，“人情”也各不相同。比较特别是叔伯、舅舅、姑姑必须准备几样特别的“人情”：全套衣服、毛毯等。

4. 葬礼习俗中的“人情”表达

穆斯林把去世称为归真（归至真主），认为今世是短暂的，“后世”才是永恒的，归真是每个人的必然归宿，是“前定”的。因此，他们大都能视死如归，既不会轻生，也不惧怕死亡，顺其主命。

在病危之际，病人临终前如身体允许，先要给病人洗大净，要请阿訇念“讨白”（忏悔），求真主的宽恕；同时，邻里、亲朋、亲戚如与病人有过节，此时也要向病人讨要“口唤”（请求原谅）并偿还债务，乞求安拉饶恕他（她）的罪过。

病人去世前，守候者要提醒病人用阿语默念清真言：“万物非主，唯有真主，穆罕默德是真主的使者。”或提醒病人念“安拉乎”，求祈真主安拉；若病人不能念，守候者要为之代默念，使之在归真前清楚自己是穆圣的教民。

在人去世后，忌说“死”，一般称：“无常了”、“殁了”（读mo）、“归真”（大多专指德高望重者）。遗体被称为“埋体”。丧葬礼俗是严格根据伊斯兰教规，实行土葬，同时讲究薄葬和速葬。程序大致可分为五个部分：停“埋体”；“捉水”（给遗体洗大净）；穿“开凡”（以白布裹身）；站“者那则”（阿拉伯语音译，即“殡礼”)；入土。

届时，先请人到亲友家去报丧，回民讲究“入土为安”，要求速葬，埋体不过三天，不看风水，不择出殡日期或埋葬日期，不供祭品，种种规矩与汉族截然不同，均严格遵守教律的规定。埋体一般在家里只停留一个晚上，第二天一大早，“邦布达”(晨礼）之后，丧主家里的男人们则按辈分大小排成一行站在门口迎接吊唁的男人们，见面行双方握手礼，念祈祷词，以表示对亡人家属的慰问。中午之前，按规定要将埋体抬至清真寺内，请专人给埋体“着水”，然后站“者那则”，高城村回民还有传“伊斯卡提”（也称为“转经”，祈求真主恕饶亡人的罪过）的讲究。

在高城村的丧葬仪礼活动中，除了宴请宾朋需要大量劳力外，还有一些特别的礼仪限制约束着当事人（孝子）的行为。在高城村，由于回民实行土葬，首要的重活、紧活是打坟。坟墓就在清真寺旁，一般人通常是在死后打坟（也有提前打好坟的)，通常是由孝子之外的外姓人或同姓五代以外的已婚的成年男子承担，抬埋体通常最少要几十人轮流才能完成。这里就涉及当事人的行为问题，如果死者生前的品德好，受人尊敬，死后许多人会自告奋勇地为其打墓，为其抬埋体。如果孝子在村人心目中的品格好，人们也会主动为其服务

“埋体”入土前要由阿訇“开经”（念经)。墓穴自南向北，深七八尺，长六尺，宽三尺，分正堂、偏堂两部分。正堂挖至底部向西挖偏堂，高三尺，深三尺，长五尺多。在下葬封偏堂时，丧主及众亲友要听阿訇念经，接“嘟阿”（祈祷)，念“阿密乃”(求主承领)。

高城村的回族葬俗比较特别的是还保留一些陕西关中的遗俗，亡人的后代要戴孝。在举行葬礼当天，亡人的男性子孙都头戴白孝帽，这时的白孝帽与平时做礼拜时戴的白孝帽略有不同，

在白孝帽的前额部位缀一块两寸长或一寸长的与孝帽同色的布块。女性后代穿素缟土布长头巾，当地方言叫“戴吗”（“戴孝”的方言音），来送葬的女性亲朋一般都要给亡人的女儿、儿媳搭“吗”，就是把自己带来的长头巾披到女儿、儿媳身上。亡人家也要为来“送埋”（送葬）的男女亲朋准备白孝帽，这种为亲朋准备的白孝帽与平时用的相同。要给请来诵经的阿訇散“乜贴”（“施舍捐赠财物”）。

亡人入土之后，丧主家都要宰牛或宰羊，款待送葬的亲朋，叫“下土饭”。此外，亡人家要举行搭救亡人的纪念活动，按习俗，从亡人入土那天算起，在第3天和第7天时丧主家里要“捞油香”，在第5天、第30天、第40天、第100天和周年时则要请阿訇念经，过“乜帖”，以纪念亡人，之后就是每逢周年纪念一次，请阿訇念经，过“乜帖”，届时亲友则来亡人家里共同追念亡人。

亡人的衣物，生活用品，除家属自留一部分作纪念外，都施散给贫苦人或亲人使用。包括亲朋送的孝衣，因为是未裁剪的布料，一般也施散给孤苦人家做衣物了。

（二）宗教仪礼活动中的“人情”表达

高城村的“人情”表达通常与各种宗教礼仪活动联系在一起。如回族三大节日、婚丧礼仪等。从社会层面上看，这些群体性的宗教礼仪活动成为连接穆斯林群体的纽带，它强化、巩固了回族穆斯林的内部团结和认同，起到了社会整合的作用。按马林诺斯基的看法，葬礼提供了以集体手段表达个人感情的场所，同时也有维系社会内聚力，防止社会崩溃的作用。著名伊斯兰教学者刘智曾说：“聚礼者，敛众归一，以示敛性归真之义也”；“聚之义大矣哉。”这些经常性的集体活动，培养了高度的群体意识，增强了民族凝聚力。

清真寺的人员一般由两部分人组成。一部分是管理教务的，一部分是管理寺务的。管理教务的都笼统地称为“阿訇”，管理寺务的负责人称为社头。一般由坊内的群众推选，由若干热心教门、较富裕而且正派的人担任乡老。负责管理清真寺的行政事务，包括房产、财务、日常事务等，如负责聘请阿訇、建筑、维修和美化清真寺、管理清真寺宗教基金、筹办各种公共性宗教活动、维持清真寺收入来源等事务。此外，清真寺还有一名寺师傅，专门负责守门、烧水、管理水房子、打扫寺院等勤杂事务。寺管会替群众行使管理权。若寺管会不称职，群众有权随时撤销更换。可以说清真寺的这种管理体制是一种充分体现民主意志的管理体制。若遇重大事件，教长则要和寺管会共同商量，讨论决定。

在宁夏南部山区老陕西回民聚居区，“搬阿訇”是一件非常隆重的事情。一个“满拉”“穿衣”（学习伊斯兰经典的学生获得当阿訇的资格）、“搬阿訇”（阿訇从一个清真寺被请到另一个清真寺开学），相关的村落和附近的坊（以一个清真寺为中心而形成的群体）都会聚到一起进行庆祝。

案例：2005 年 10 月 2 日，高城村的冶阿訇从高城村被搬到单家集。那天，高城村清真寺举行宗教仪式之后，冶阿訇徒步穿越了整个高城村每一条街道。每经过一家大门，都要念一段祷告词。主人在大门外摆一桌果茶（以油香、油果子、干果为主），另在桌上放一些现金（1 元到上百元不等）。男主人（男主人如不在，由长子出面）站在桌后。阿訇念完祷告词后，象征性品尝一下果茶就向下一家，由随行人员收走桌上“乜贴”。各家出散的“乜贴”数量不是按人按户摊派的，而是各家自愿量力而行的。

由于果茶制作的繁复性，有相当一些人家不会也不愿自己制作果茶。高城就出现了一个有趣“果茶的流动现象”。当阿訇在甲家举行完仪式走向乙家时，丁家就会借甲家的“果茶”摆到自已家门口。如果谁家的果茶在村中转的家数多，这家媳妇就会被夸“茶饭好”。

在这个过程中，“果茶”不只是一种食品，也是一种“人情”的符号在流动。

（三）节日习俗中的“人情”表达

要“费德尔”习俗：“费德尔”原意为阿拉伯语“开斋”、“开始”。在过去，每逢开斋节的节日清晨，在天还没有亮的时候，坊上的男孩子们便早早起来，穿上新衣服，三五成群，在坊上挨家挨户地要费德尔钱：“娜娜（奶奶）巴巴（爷爷）给个费德尔。”大人们高兴地散着零钱，钱数不多，在20世纪70年代基本上是每户散给每个小孩2分、5分不等，但孩子们仍乐此不疲（在那个年代这对孩子们来说已是不小的零花钱），一直要到天亮。

节日期间，探亲访友时都要给对方家的孩子“费德尔”，“费德尔”20世纪七八十年代往往是5角、1元，现在有的给到5元、10元。这天往往是小孩子们最高兴的一天。近年来，随着回坊群众生活水平的提高，小孩子们在天亮前向没有亲戚关系的坊民要“费德尔”之俗已不多见，有淡化的趋势。但亲友之间给对方小孩儿“费德尔”的习俗依然存在。

四、高城村“人情”表达方式

在人生礼仪的具体情境中我们可以看到，仪式主体本身并没有行为主动权。在诞生礼和丧礼中，仪式主体都处于一无所知的状态，而在成年礼和婚礼中，主体的行为甚至心理都会受到一定社会规范的制约。相反，推动仪式一步步前进的，是仪式的其他参与者。正是参与者对仪式主体的认同才促成了人生礼仪中的角色变换。

透过他们多姿多彩的“人情”事象，可以真切而细微地观察到他们的性格脾性、价值观念和世俗情怀。

（一）经济互助中的“人情”表达方式

在对高城村的调查中发现，每个个体主要是以亲戚（血亲和姻亲）、朋友与邻居为人情交往的圈子，在一定的场合中形成互动关系。

回族向来具有互助互济的传统习俗。在其他村落已热衷于花钱雇人干活时，高城村人还坚持着互助的传统。尽管雇人干活省事，但高城人执著地恪守互帮互助的习俗。如农忙季节，对于劳动力少的家庭，总有村民或者亲族过来帮忙。以劳务形式进行的互助，在高城村的重要仪式性场合体现得更为明显。无论红白喜事，亲族或亲朋都要比其他客人先来，台前幕后地张罗各种事情。可以说，操办的那人，真正忙的不是主人自己，而是帮工者。这是为何？究其原因，主要有两个：一是帮工习俗流传已久，人们对之已无特别的感动和激动；一是这种帮工并不总是单向地施与受。以这次事件为端倪，下次对方办喜事时。双方的权利和义务分配，已在这时彼此的心中作了预设。

传统的宁夏南部山区回族聚居区盖房，一般是用黏土打墙或土坯砌墙这种上木结构的房屋，三四十年总要更新一次，因此，一个人一辈子总要经历一两次盖房。而盖房，劳力又大多是通过长期的换工积攒起来的。对高城村村民来说，一辈接一辈，不停地相互帮忙，形成了传统，成为一种礼仪，即谁家盖房去帮忙是礼仪上应有的事。这种“帮忙”的形成，减少了当事人的房屋造价，因为帮工不付工钱，这就减轻了农民的经济压力，体现了合作办事的原则。但是，这样一来，就把每个村民圈入了无限循环的人情圈中，使你无法逃匿。假如你违背了这种风俗礼仪，那么，当你盖房时，就没有劳动力为你帮工。如果你出钱雇人从事本属于帮忙人干的工作，你便会激起村民的反感，这是因为你破坏了规矩，让别人以后无法按规矩行事，这种“人情”仪礼维护了村民个人间相互换工的传统做法，对每个人的行为都有制约作用。

盖房是一种劳动密集型活动。村民们在盖房子的时候，需要请大量的人来帮忙。帮忙的人一般都是建筑经验比较丰富的男性村民。当然，也包括堂亲和关系比较好的朋友。在盖房过程中，主人不仅要拿出好饭好菜。在盖房快要结束的那几天，主人还要请很多人来吃“席”（摆筵席）。由于农村地区廉价的原材料和劳动力，一次筵席的花费要比在城市饭店里的花费少得多。因此，客人们贡献给主人的通常要超过他们可能在宴席上吃回来的。实际上，在任何情况下，筵席充其量只是主人在得到帮助后马上互惠性地回报给客人的一部分而已，社会债务的其他部分必须在将来的互助活动中偿还。这种互助既有一种约定俗成的性质，同时也是一种情感上的交流。

在农业生产中，高城村的居民主要以种植土豆、小麦为主。由于地理条件所限，耕作方式主要以“二牛抬杠”和小型拖拉机混合使用。每年春天到来时，人们就开始犁地，种小麦、土豆。人们称这段时间为“第一个农忙时节”。由于这种农事需要较多的劳动力和时间，因此大部分家庭每到种植时节，必将请邻里亲戚来帮忙，时间一般为四五天。这段时间的帮忙是相互的，因为来帮忙的人自己也要种地，他们也需要大量的劳动力。为了感激来帮忙的亲戚朋友，主人必须用饭菜来招待他们。菜的质量取决于主人的经济条件。在播种、收获期间，常常会发生借牛的事情，但借牛者一般都是以其他互助形式作为回报。秋收是“第二个农忙时节”。收小麦、土豆的时候，村民们多数都要请自己的亲戚朋友来帮忙，以便可以在短短的几天之内打完。这是因为一旦下雨，收获就会受到影响。

图4

我于2004年9月曾对高城村做过一次田野调查。当时我住在高城村黄主麻家，主麻自己有一辆拖拉机，经常出远门做一些水果、蔬菜或家畜的生意，而妻子则在家种田、养牛。虽然农忙时主麻会回来，但养牛还是靠妻子。在我的田野调查结束准备返校时，由于葫芦河发大水，无法出村。每天早晨，主麻天不亮就出门，天黑才进门，回家也不吃饭。我问他干什么去了，他说帮别人挖土豆、犁地。因为我知道他平时主要用小型拖拉机贩运粮食为生，所以开玩笑："你真是个勤快人，出不了村子都能挣钱。"他媳妇说："一毛都挣不着，就混了个肚子，给家里省了一口粮。"我很诧异，他给我解释，平时他在外面跑得多，自己家地里的零碎活都是关系不错的亲戚邻居帮着干的，从来都不说钱的事。只有到这样的农忙时间，他用拖拉机帮别人犁几天地。

从这个事例，我们可以看出，"人情"是相互的，它把当事人双方纳入一个具有共同特征的生产劳动过程中，并在此基础上实现个体难以完成的社会劳动。在高城村，村民们相互间借用物品是一种很普遍的现象。如借牛、拖拉机、犁、耙、镰刀、锄头、喷雾器等，几乎每天都有可能发生。在高城村，有少数家庭自己不养牛，每到春耕时，他们都是向别人借牛来犁田的。还有一些家庭由于把牛卖了，因此犁田、耙田也要向别人借牛。但是，他们不说谁欠谁“人情”，而是说他们和借给他们物品的人关系不错。

（二）人际交往中的“人情”表达方式

“人情”表达是伴随人类社会产生和发展过程的一种特殊的社会传承文化现象。在俗民生活中，实物表达在某种场合发挥了语言不能发挥或不便发挥的作用，显示出其独特的功能。人生礼仪中人与人的交往离不开物。人生礼仪的过程中出现了许多物品。它们的出现，有的是因为其实用价值，有的仅仅作为一个象征符号，还有的既有实用价值又具备了象征意义。人生阶段不同，各人生礼仪中出现的物品也不尽相同，但是也有的物品在各人生礼仪中重复出现，其符号意义范围更广。

1. 现金

钱币在现实生活中作为价值尺度、流通手段、支付手段和储藏手段存在，在每个人的日常生活中都起到至关重要的作用。

人生礼仪中出现的现金，从功能上而言，有些是作为人际礼物交换的一部分，如诞生礼中的瞌睡钱、婚礼中给压轿钱、给新娘的钱、丧礼中的唁金等，还有些作为某种力量的象征，如诞生礼中舅舅给的钱等。作为“人情”交换的现金在数量上有一定的规则，根据人际间亲疏远近的关系以及交往的具体情形而定。

在访谈中，高城村的黄姓老人告诉我，在老辈子手里（泛指以前），先人们都是拿着东西（食品、生活用具）行情的，那时间拿的“情”（礼物）才是人情。现在的年轻人“皮薄了”

（感情淡漠之意），拿一点钱就把人哄了，好像欠下谁的债了。

2. 日用品

虽然在日常生活中高城村的人们大多通过金钱表达“人情”。然而在特定的场景下，金钱并不能完全替代老陕西回民传承下来的人情仪礼。

在高城村，孩子满月后，亲朋好友送来小孩的小衣小鞋及其他礼物，这些衣物多是自制的，如虎头鞋、绣花的枕套等。比较独特的是，伊斯兰教忌讳动物崇拜和偶像崇拜，屋内一般不装饰动物图饰，也很少悬挂人像。

高城村成年礼俗中比较独特的工具主要表现在叔伯、舅舅、姑姑必须准备几样特别的“人情”：全套衣服、毛毯、被面子、煎盘子。

婚恋礼俗中的表达工具最为独特有趣和丰富多彩。在高城村，年轻人谈恋爱，还有互相送信物的民俗存在，高城村女孩子很多还流传着简单的剪纸、刺绣的技艺，确定关系的女方多爱给男方送刺绣的鞋垫、手绢之类的东西。男方多爱送女方小件的首饰。

（三）宗教活动中的“人情”表达方式

施散“乜贴”是在高城村回族“人情”表达的一个重要方式之一。施散“乜贴”是伊斯兰教重要的社会和伦理道德主张，目的在于让人们尽道德的义务救济穷人，帮助弱势群体，防止社会贫富差距悬殊。“乜贴”是阿拉伯文 Niyyh 的音意合译，意为“心愿”、“决心”、“意念”、“动机”等，经堂语为“举意”。指穆斯林在礼拜、斋戒、朝觐、施舍、宰牲等宗教活动和礼仪之前，通过内心或口头表达的意愿。旨在纯正内心，祈祷安拉佑助。其根据来自“一切功课维系于意念”的圣训。“乜贴”一般有三种形式：举“乜贴”、过“乜贴”和散“乜贴”。举“乜贴”指回族在举行或参加宗教活动和礼仪之前，或者在做一些事情之前，通过内心或口头表达的意愿，它与“乜贴”的本意相近；过“乜贴”实际上是一种宗教仪式活动，指穆斯林在亡人的忌日、出行归来或乔迁新居时举行的纪念活动。一般都要请阿訇诵经、设宴待客并向阿訇和到场的人施散数额不等的钱财；散“乜贴”是穆斯林因各种原因施舍或捐赠财物。

图5 散“乜贴”

散“乜贴”作为一种有意念的“人情”行为，一般包括“费特勒”（开斋捐）、“索得格”（随心“乜贴”）、“海迪耶”、“卧各夫”（“瓦克夫”）等。散“乜贴”的对象一般为经济条件差、生活困难的弱势群体和清真寺。施济是每个回族穆斯林的善举，他们利用本身所拥有的钱物、知识等帮助别人，无论其付出多寡，都是对真主的归顺，亦是对其同胞表示友爱、关心的行为。

施舍、济贫、缴纳天课本身就含有道义的、经济的、社会的意义。富有者常关怀并给予需求者一定的钱财和物品，形成一种社会性保险，有助于施予者与受益者之间的协调与平等。这在经济上缓解了由于机会不均等因素而形成的少数人集中拥有社会财富的矛盾。

五、高城村“人情”表达中民俗角色特征及认同过程

在高城村俗民群体交往中，每个民俗角色的配置和分工似乎是自觉的，他们源于群体角色的自发性分工。对于具体的“人情”表达，其形式的变异和内容的变化都是由角色观念的变通引起的。在高城村，举行婚礼，家长是当然的主办人角色。仪礼的执事人角色，如宗教仪礼的执事人阿訇、记账、厨师等各个分工较细的民俗角色。

“民俗角色”指：“在民俗养成的各项活动中，始终活跃着许许多多承载民俗的人。他们以各种各样的身份交流民俗、传习民俗、操作民俗、积累民俗，甚至编制或创造民俗。这些人其实并不是少数人。而是俗民群体中的所有的人。他们在民俗活动中都有自己恰当的民俗角色。”① 民俗角色是民俗养成的必然结果。民俗角色越多，民俗的普遍性与稳固性就越强。

（一）高城村民俗角色的多维特征

在回族传统的场合，每个人的民俗角色都是多维的。角色关系中“人情”的介入，使人们应对人际关系时多了一个维面，在角色规范之外又有“人情”义务的约束。在平衡角色规范和“人情”义务的矛盾中，宁夏南部回族村落高城村的人际关系和交往形成了独特的行为模式。

作为一个社会人，在对外的场合中他可能由于拥有政治地

① 乌丙安著：《民俗学原理》，辽教育出版社2001年版。

位、经济基础而处于社会的上层，但当他处于民族、宗族、宗教这些场合时，他可能处于群体的底层，在这个群体中他没有话语权。而重新融入当地规范的社会关系之中，并从中找到属于自己的不悖情理的正确位置。

（二）高城村民俗角色的认同过程

民俗角色在现实生活展演时，会因为不同的时间和空间发生相应的转换，俗民角色定位也随之弹性认同。

案例：2006年1月13日，是我的三奶奶三周年的忌日。我的三爷爷去世很早，三奶奶含辛茹苦独自拉扯大了三个儿子、两个姑娘，村子很多人都帮助过她。现在她的三个儿子都比较有出息，老三在银川开建筑公司，两个哥哥在新疆做运输生意，经济情况都比较好。三个弟兄商量一下要回老家给母亲好好过个乜贴，答谢一下村里曾经帮助过自己家里的乡亲。

2005年12月，曾经在高城村居住时间比较长的老大先回到高城村，拜访了村里的老人、清真寺的乡老并征询意见，大家都说这是孝行，都很支持。老大就说我们家现在村里已经没有直系老人了，人口也少，办事还需要大家帮衬一下。经过与冶、腊、黄、刘各家（这几家互相都有亲缘关系）老人商量，就把日子定了。关于外地回来的亲戚住在谁家，大家商量的结果是，刘万明家给二儿子盖的新院子刚落成，铺盖都是新的，就给亲戚住。给刘家一说，立刻就答应了。

接着商议这个乜贴要过多大，宰几个牛。老大说我们弟兄每人出一个牛，姊妹出一个羊，（出散的）乜贴另算。乡老们说这是大乜贴，商定了把川道里（葫芦河流域）陕西面上（老陕西回民）所有坊阿訇都请上，好好过个事（老陕西话：所有婚丧嫁娶仪礼的统称过事）。由社头（寺管会主任）冶存喜负责请阿訇，比较年轻的乡老冶主麻负责采购……

2006 年 1 月 11 日下午，我（作为长房的代表）到达高城村。刚放下行李，就有人请我们刚到的几位外地亲戚去吃饭。由于没有预约，同时有几家都准备好了饭菜，结果这天的晚饭我吃了五家，往往在这家的炕头还没吃几口，下一家请人的已经站到门口了。

1 月 12 日，中午时分，村里的一个冶姓老人带了几个年轻人就从五里外的兴隆镇（西吉县有名的集市）把牛羊赶回来了。请阿訇把牛羊宰了（牛羊皮就施散给清真寺），乡老冶主麻就组织了十几个小伙子煮肉、切菜；组织了几个年轻媳妇炸油香、蒸馒头。我们本家的人要去帮忙，他们说我们是远路上来的，辛苦了，让我们歇着。

图 6

晚上，清真寺里的乡老（寺管会）宰了一只羊，请我们外地回来的人吃饭。给我们通报前面的准备情况，问我们明天的事怎么过法（老陕西话：仪礼如何举行）。老大说，除去前面购买牛羊、米面菜油的花费，还准备了一万元的乜贴。

1 月 13 日，这天是主麻日，早晨各家小孩就把自家的炕桌、菜盘（一种端菜的木质方盘）拿到了清真寺，把炕桌在院子里排列整齐。主麻礼拜结束后，各个坊上的阿訇陆续到达，共来了37坊，每个阿訇都带了几个满拉。

下午三点，宗教仪式开始。由兴隆南大寺的阿訇讲话，他说：“我们首先为同治年间从陕西面上出来的一切众亡人做个‘嘟哇’”；“我们为埋在这块地面上的一切亡人做个‘嘟哇’”（祈祷之意）；“我们最后为三年前去世的‘八一’、‘十’、‘西拉知’弟兄的母亲做个‘嘟哇’”。接着，是转经仪礼（祈求真主恕饶亡人的罪过）。然后，所有的念经人共同诵读《古兰经》，赞圣。宗教结束以后，先请阿訇、外村的亲友入席。菜肴是老陕西回民传统的九碗，即用一个方盘放着九个蓝边瓷碗，每个碗里盛一种菜，直接把方盘放到桌上。一席客人吃完以后，再用方盘把剩菜端走，下一轮客人再入席。把所有的客人都接待完，自己村子的人再按男女分别入席。这时，社头经过与事主家商议，宣布：“主家把没有出散完的乜贴5000元出散给清真寺了。寺里准备用这些钱给大殿铺木地板，我代表寺里感谢主家。”

通过访谈了解了这个仪礼的举办动机：三奶奶家的老大说：“我妈把我们拉扯大不容易。老人家去世时，我们经济不宽裕，把老人没有埋好。现在情况好些了，我们要补一下这个亏欠。”村里的老人说：“这弟兄几个有孝心，没忘本。”

举办这样一次大规模的活动，在村里的每一个人都有自己特定的角色，都有明确的分工：坊上的乡老（寺管会）是这次事件当然的组织者、领导者、决策者。这个机构决定了这次仪礼是否可以举办；何时、何地举办；举办这次仪礼需要花费多少钱；角色的分配；村里的年轻人：充当的都是劳力，负责采购蔬菜、牛羊；架灶煮肉；年轻妇女负责蒸馒头、炸油香。举办筵席时，小伙子又是当然的服务员；老年人：负责接待外地的亲朋，给客人提供食宿；小孩子：担当的是给客人领路、搬运桌子等力所能及的体力活。

从这个例子我们可以看出，在回族村落，“人情”也是一种角色规范，指向明确的责任、义务。“人情”所唤起的是血缘亲情和由此而来的道德责任。民俗角色关系中“人情”的介入使人与人之间多了点温情，彼此承担了相互关心、体恤的道义责任。在人生礼仪的具体情境中我们可以看到，参与者对仪式主体的认同促成了人生礼仪中的角色变换。

六、高城村“人情”表达的功能

高城村人生礼仪中出现的“人情”表达方式，其象征意义大于实用价值。无论是自然物与非自然物，都是当地常见的、与当地人的日常生活密切相关的。象征物以最简单的形式代表了复杂的事物或情感，并且不同的现象和理念能够统一于同一个象征物中。在人生礼仪中的象征物连接了人际间的关系，潜藏着当地回族人民共有的社会记忆、价值取向和文化内涵。

人际交往中的“人情”表达克服了语言在时间上的即逝性和空间上的狭小性。语言对于人们传情达意、交流思想的功能是众所周知的，它被公认为人类最重要的交际工具和思维工具。然而，语言又受到时间与空间的限制。在缺乏现代通信设备的宁夏南部回民聚居区地区，这种限制性就更为明显。为了克服语言在时间上的即逝性和空间上的狭小性，用实物传情达意、交流思想、向他人表示爱慕或不中意、表示友好或敌对、表示愉快或悲哀等。

（一）加强凝聚和维系功能

回族凝聚力的形成原因，即伊斯兰教的阐释和生存压力。说具体点，就是凝聚力，是在伊斯兰教及其宗教社会制度的影响和回族产生以来，在特殊生存环境和压力作用下形成的。伊斯兰教始终是回族凝聚力的重要来源。对此，几乎每一个论及回族凝聚力的研究者都有共识。以教坊制而言，清真寺的掌教者具有极大的权力，不仅是宗教职业者和宗教活动主持者，一定历史时期也是教民的婚姻、钱粮、词讼等民政事务的掌管者，因此无形中起着“一方”领袖之作用，具有很强的号召能力，保证了回民社会的团结、向心。

施舍是穆斯林的基本义务。回族穆斯林不仅鼓励散“乜贴”，同时还对散“乜贴”的动机、方式方法、施舍物的质量等提出了许多要求。首先，无论是法定的天课（“则卡提”），还是自愿的施舍（“索得格”），都要求施者施舍自己的心爱之物。《古兰经》云：“你们当分舍自己所获得的美品，和我为你们从地下出产的物品；不要择取那些除非闭着眼睛，连你们自己也不愿意收受的劣质物品，用心施舍。”这就对施舍的质量提出了明确的要求：施舍自己的心爱之物，而不是自己不愿意要的劣质物品，即所谓“己所不欲，勿施于人”。其次，施舍者不能责备、损害、侮辱受施人。如果将财物施给人之后，又以各种形式责备、损害，甚至侮辱受施舍的人，或刻意营造一种恩赐的气氛，以增加受施者的心理负担，这些做法在伊斯兰教看来都是恶行，这种施舍是完全无效的。因此，散“乜贴”不仅缩小了人与人之间在物质上、经济上的差距，而且消除了他们彼此之间心理上的不满，从而形成了一种民族凝聚力和向心力，更重要的是维系着群体的文化心理。

（二）人性情感的分享

马林诺斯基认为，文化不仅应该满足整个社会的需要，还必须适应与满足个人生理和心理的各种需要。一个以宗教信仰指导人们生产、生活的民族，它的社会生活、经济行为不能仅从物质生产的角度去理解，还须从它的精神生活角度去考察。无论什么样的生活方式、经济行为，其背后都存在着与之相联系的物质基础上的精神因素的制约和影响。回族的“人情”，不只是一种普通意义上的施舍、捐献或赞助，更是穆斯林内涵丰富的精神投资。

就社会需求而言，聚会、“人情”能给处于封闭环境中的人们提供社会交往的需求，能不断稳定处于恶劣环境下的人们的思想情绪，使之失衡的心理状态恢复平衡。“人情”虽使财富有所减少，但他们却是心甘情愿的。因为在他们看来，只有将更多的钱财舍散给他人，才会创造更多的财富。因此，物质上的减少换回的是心理上巨大的满足和安慰。从这个方面讲，散“乜贴”的行为就像一座桥梁，连接了今世与后世生活，使人们在今世生活中，因救助他人而获得内心的满足，从而达到精神上的慰藉，同时又使其深信在后世能入天堂，享受美好生活。

（三）维持社会资本功能

在高城村，比较封闭的环境之中，村民作为近邻紧密生活在一起，几乎没有隐私可言。“人情”回报的期望与个人利益的追求很难不被觉察到，以至于以功利为目的运作逻辑的交往，常会为情感的游戏规则所遮掩，乃至会被人为地加以替换。

仪礼形式上是一次聚会。通过互相参与仪礼人们之间增进了联系，分别成为对方潜在的社会支持网络的一个部分。农民将这些关系纳入人情圈，意在扩大自己的社会支持网络。

人情圈在一定时期内是相对稳定的，但从家庭整个生命周期来看却是变动的。据笔者在高城村村所了解的情况，大部分家庭的人情圈自家庭建立以来都发生过变化，少数家庭建立没有几年，孩子还比较小的情况除外。人情圈的变化与家庭生命周期有密切的关系。刚刚建立起来的小家庭应付各种事务的能力还比较弱，所以不管是姻亲还是血亲，被选进人情圈的比较多。尤其是对姻亲的选择，女方可能会出于一种寻找更多的依靠的心理，选择的亲戚比较多，除了父母和兄弟姐妹外，有时把叔、姑、舅、姨也选上。随着生命周期的变化，家庭会考虑终止与一部分不十分亲近的家庭的“人情”往来。

阎云翔描写的下岬村，主人对没参加仪式的亲戚要求有个解释，若确实不知道消息的，有个补礼即可，但若是知道消息未来的，会造成不愉快。在高城村，人们能推测出对方是否能知道消息。人们领会这种暗示，双方达成一种默契。并且，人们把不来参加仪式理解为一种希望终止人情关系的暗示。

七、结　论

民俗是俗民个体社会化的一种重要途径，每个社会成员个体无时不在这种过程中力图建立自我认同和社会认同。人们参与民俗种种仪式，并在民俗活动中确认社会的关系和秩序，确认与其他人共享的观念和信念。民俗文化是代代传承沿袭的，具有稳定性。只要归属于一个民众共同体，只要归属于一种文化心理，便有了遵守民俗的前提。在传统社会的高城村里，人们就是通过各种各样繁芜的人生礼仪和节庆年俗中完成着个人社会化和自我塑造。

通过以上几个部分的解析，我们可以得出以下几个结论：

（1）高城村的“人情”表达是关系网中的“人情”表达；它是通过高城村的人生仪礼、宗教活动和节日习俗体现出来的；高城村的“人情”表达是以一个家庭为中心，按照血缘关系由近及远向外扩散而形成“人情”表达的各种层次圈。

（2）高城村的“人情”表达方式可分为三种形式：有经济互助中的“人情”表达方式、人际交往中的“人情”表达方式和宗教活动中的“人情”表达方式。

（3）高城村的“人情”表达中的民俗角色是多维的，并且随着时空的变化而变换，俗民角色定位也随之弹性认同。

（4）高城村的“人情”表达至少有三个功能：加强凝聚功能、人性情感的分享和维持社会资本功能。

国内外学术界对“人情表达”的侧重点放在了“礼物”的交换，着重探讨“回礼”问题以及中国农民礼物交换与建构社会支持网络之间的关系和交换原则等内容。本文从分析中国少数民族群体——回族人的人情表达研究入手，旨在探究中国少数民族乡里社会中的生产生活习俗（包括礼物的交换）上相互交往的传承内容、方式及其功能。通过宁夏高城村——“老陕西”村回族人的人情表达研究发现：回族人的人情表达，除了具有中国乡里社会共有的互助习俗特征之外，还具有其独特性。

笔者通过对宁夏南部回族聚居区高城村的“人情”表达习俗考察，领会其礼物交换行为的伦理逻辑与文化规则，进一步探索出宁夏南部山区回族村落“人情”表达的普遍性特点。

在回族村落中，即使有目的的“人情”投资，或一般性的送礼，也并不出于对等原则，要求对方等值地回个礼，因为这个意思就是不想欠对方人情。人情表达并非西方式的契约行为，而是双方的权利无明确规定和合理约束。凭个人的良心和双方的默契来决定关系的建立与维持，无论其中感情成分多与少，人情交往都带有一定“礼仪”色彩。

“人情”在回族村落中不是物类的相互机械交换，而是人的情感获此中介渠道得以抒发和沟通，“人情”更多的是个人道德世界的一部分，而不是能交换的资源。回族民众认为生活中有些东西是不能以价格来计算的，只能诉诸道德或生命来解决。如果一个人在礼仪和“人情”上有所缺失，人们也不会诉诸任何形式的实物追索的方式，而是通过舆论和道德谴责让“这个无情无义的人”一辈子感到良心不安，丢一辈子的脸。

回族村落的“人情”在时代发展中发生了一定的变迁。主要体现在三个层面：一是“人情”表达观念的变通，即“人情”的观念趋于务实、坦然。村民的“人情”观念变化，主要体现在对“人情”与正常生活关系地位的调整上，即不让“人情”成为正常生活的累赘和干扰性因素，而是作为正常生活的补充和有机部分。二是“人情”表达形式的变异。科技意识的普及，自由婚姻的推崇，致使新潮礼仪的兴起。生活节奏的加快，导致原初交往程式的简化等，这些都表明回族民众“人情”表达中人文气息和时代气息日渐增强。三是“人情”表达内容的变化在礼物交换的各种要素中，变化最快的莫过于人们实际交换的各种礼物，任何时兴的物品都有可能成为年轻村民心仪的礼物，而许多在前辈看来是经典的礼物却退出历史的舞台。他们馈赠的礼物越来越具有文化性和时代色彩。

伊斯兰宗教经典中对“人情”又是如何解释的呢？伊斯兰教讲究两世吉庆，要求穆斯林今世、后世两世并重。后世能进天堂的人，在世俗的今世必须是一个合格的社会人。《古兰经》云：“你们当施舍，那是有益于你们的。”又说：“谁干一个小蚂蚁重的善功，谁将会看见善报。”圣人穆罕默德曾说：“你们最好把生活必须以外的东西奉献出来，帮助那些环境比你们欠佳的人，若保留他们，是对你们不利的。”施舍既是对现有财产的再分配行为，也是一种“人情”表达的平衡机制。有恩回报和救济贫困是穆斯林道德思想的基本主张之一。伊斯兰教将“两世说”、“善恶观”与济贫思想相结合，并将其作为评判一个人的道德准则，凡平时能够慷慨施舍财产的人，被视为善者，他们将来会得到真主加倍的报酬，后世能够进入天国的乐园；相反，吝啬者、挥霍者、聚敛财富者、放高利贷者等非正义行为的人，被视为恶者，将被判入地狱，永远遭受惩罚和磨难。

在今世的“人情的世界”里，高城村俗民如此看重“人情”表达，必然有其内在价值取向发生作用。在高城村，如果有人欠了他人的“人情”而不报答的话，必然会受到对方当事人的停止给予的反应之外，还将受到地方舆论的谴责。作为世俗的“人情世界”的高城村里，某人一味接受而不作回报，将被视为是对日常交往中的伦理规范的公然违背，由此招致村民的冷落和孤立。这种潜在的法则，对村民进行持续的“人情”交往发生作用。所以，高城村“人情的世界”里，“人情”表达跟伊斯兰宗教经典解释一样具有“法则性”。

参考文献

[1]［美］阎云翔著：《礼物的流动——一个中国村庄中的互惠原则与社会网络》，李放春、刘瑜译，上海人民出版社2000年版。

[2]［法］马塞尔·莫斯著：《礼物——古式社会中交换的形式与理由》，汲喆译，上海人民出版社2005年版。

[3] 钟敬文主编：《民俗学概论》，上海文艺出版社1998年版。

[4]［俄］普列汉诺夫著：《论艺术》，人民出版社1979年版。

[5] 乌丙安著：《中国民俗学》，辽宁大学出版社1985年版。

[6] 乌丙安著：《民俗学原理》，辽宁教育出版社2001年版。

[7] 林耀华著：《义序的宗族研究》，三联书店2000年版。

[8] 费孝通著：《江村经济》，戴可景译，商务印书馆2001年版。

[9] 费学通著：《乡土中国·生育制度》，北京大学出版社1998年版。

[10] 郑杭生主编：《社会学概论新编》，中国人民大学出版社1987年版。

[11] 翟学伟著：《人情、面子与权力的再生产》，北京大学出版社2005年版。

[12] 顾希佳主编：《社会民俗学》，黑龙江人民出版社2003年版。

[13]［美］许烺光著：《中国人与美国人》，彭凯平、刘文静译，华夏出版社1989年版。

［14］施琳著：《经济人类学》，中央民族大学出版社 2002 年版。

［15］栗木慎一郎著：《经济人类学》，王名译，商务印书馆 1997 年版。

［16］王铭铭著：《村落视野中的文化与权力》，新知三联书店 1997 年版。

［17］黄光国著：《中国人的权力游戏》，巨流图书公司 1988 年版。

［18］王正伟主编：《回族民俗学概论》，宁夏人民出版社 1999 年版。

［19］庄孔韶主编：《人类学通论》，山西教育出版社 2002 年版。

［20］［俄］克鲁泡特金著：《互助论》，李平沤译，商务印书馆 1963 年版。

［21］固原文史资料研究委员会：《固原文史资料》第一辑，1987 年版。

［22］刘伟、黑富礼主编：《固原回族》，宁夏人民出版社 2000 年版。

［23］吴万善著：《清代西北回民起义研究》，兰州大学出版社 1991 年版。

［24］刘天明著：《现代伊斯兰经济思想》，宁夏人民出版社 2001 年版。

［25］丁世良、赵放主编：《中国地方志民俗资料汇编·西北卷》，北京图书馆出版社 1997 年版。

［26］［日］濑川昌久著：《族谱：华南的风水、移居与宗族》，钱杭译，上海书店出版社 1999 年版。

［27］翟学伟：《个人地位：一个概念及其分析框——中国日常社会的真实建构》，载《中国社会科学》1999 年第 4 期。

［28］翟学伟：《中国社会中的日常权威：概念、个案及其分析》，载《浙江学刊》2002 年第 3 期。

［29］黄玉琴：《礼物、生命仪礼和人情圈》，载《社会学研究》2002 年第 4 期。

［30］李伟民：《论人情——关于中国人社会交往的分析和探讨》，载《中山大学学报》（社会科学版）1996 年第 2 期。

［31］蒋英菊：《苏村的互助——乡村互惠交换体系的人类学分析》，载《广西右江民族师专学报》2004 年第 2 期。

［32］杨威、陈红：《论人情交往的异化及其消解》，载《哈尔滨学院学报》2002 年第 3 期。

［33］杨威：《中国传统家庭中的日常交往关系论析》，载《黑龙江社会科学》2004 年第 5 期。

［34］俞军备、杜仕菊：《人情文化背景下的中国农村社会保障》，载《上海大学学报》（社会科学版）2005 年第 7 期。

［35］侯春燕：《同治回民起义后西北地区人口迁移及影响》，载《山西大学学报》（哲学社会科学版）1997 年第 3 期。

［36］束锡红、刘光宁：《回族社区变迁与回族社会现代化实践》，载《宁夏大学学报》（人文社会科学版）2002 年第 3 期。

［37］丁宏：《从回族的文化认同看伊斯兰教与中国社会相适应问题》，载《西北民族研究》2005 年第 2 期。

［38］闫国芳：《“回坊”的形成演变及功能化浅论》，载《青海民族学院学报》（社会科学版）2001 年第 1 期。

［39］［美］P. 珀尔马特：《少数民族群体的偏见》，载《国外社会科学》2004 年第 4 期。

［40］马宗保、金英花：《乡村回族社区的权力结构及其功能》，载《西北民族研究》2005 年第 4 期。

［41］陈忠祥：《宁夏回族社区空间结构特征及其变迁》，载《人文地理》2000 年第 10 期。

［42］撒军：《宁夏南部回族聚居区“人情”表达思考》，载《回族研究》2006 年第 1 期。

［43］刘光宁：《西北乡村回族社区功能演变与伊斯兰教》，载《回族研究》2001 年第 3 期。

［44］黄剑波：《乡村社区的国家在场——以一个西北村庄为例》，载《西北民族研究》2005 年第 1 期。

［45］“西海固回族社区现代化发展进程”课题组：《宁夏西吉县两个典型回族社区发展状况对比分析》，载《回族研究》1998 年第 3 期。

［46］束锡红：《宁夏回族社区类型形成的历史文化原因比较——兼与西道堂回族社区对比》，载《宁夏社会科学》1999 年第 6 期。

［47］马宗保、高永久：《乡村回族婚姻中的聘礼与通婚圈——以宁夏南部单家集村为例》，载《民族研究》2005 年第 2 期。

附录　主要访谈对象一览表

姓名	性别	民族	文化程度	年龄	职业
YCS	男	回	小学	49	农业、商业
YYH	男	回	文盲	56	农业
YSM	男	回	初中	42	农业、运输
YCL	男	回	文盲	62	农业
YHH	女	回	文盲	46	农业
MFZ	女	回	文盲	64	农业
HJG	男	回	初小	57	农业
LJY	男	回	小学	44	农业
SZX	男	回	初中	31	农业、建筑
SZG	男	回	高中	27	建筑
LFX	男	回	初中	35	农业、运输
MQS	男	回	文盲	52	农业
MWS	男	回	文盲	54	农业
MYS	男	回	小学	36	阿訇

续表

姓名	性别	民族	文化程度	年龄	职业
SLQ	男	回	初中	44	会计
HLS	男	回	小学	39	小商业
YJH	男	回	小学	49	小商业
YYX	男	回	小学	22	饮食业
LZS	男	回	文盲	70	农业
YFY	女	回	初中	40	小学教师
YFQ	女	回	高中	27	企业职工
LWC	男	回	文盲	72	农业
LBK	男	回	文盲	61	清真寺师傅
YCM	男	回	高小	67	退休干部
YFQ	男	回	小学	65	原大队书记
MZB	男	回	小学	19	清真寺满拉
YJS	男	回	私塾	82	老阿訇
MYH	女	回	文盲	38	农民
LJL	男	回	高中	27	企业职工

宁夏同心回族妇女生育习俗及其变迁研究

马　莉

一、绪　论

（一）选题缘起、目的和意义

1. 选题缘起

本文的选题源于2005年我的同心之行。当我和家人踏上这块拥有浓厚民族风情的土地时，被震撼了。同心辽阔幽远的美景让人心旷神怡，而更让人感动的是它丰富的民俗文化。一个拥有如此繁多回族风情的县城以及同心独特的人文景观，让我产生了深深的同心情结，使我下定了将同心这块美丽的土地作为田野调查地点的决心。很巧合的是那一年，亲戚中有好几个孕妇先后生产，既有同心当地的又有其他地方的，在亲戚们彼此走动看望的过程中，我意外地发现，这里的生育习俗与我所生长环境的习俗是那样的不同，由此引起了我对研究当地回族女性生育习俗的浓厚兴趣，进而更多地关注回族女性民俗的研究。

我们知道，民俗是无处不在的，它涉及老百姓们生活的方方面面，从物质生活到社会关系、精神生活，老百姓生活文化的创造与传承都在其中。从大量的民俗现象中，能够看到，女性总是以其独特的方式创造和传承着生产和生活文化。我们这里所说的女性民俗文化，是各民族的女性在自己的历史发展过程中逐渐形成、代代相习传承的文化事象。从她们的衣食住行、生产工艺、婚姻礼仪、生育习俗以及竞技等诸多方面的民俗，构成了丰富多彩的女性民俗生活。

笔者所要研究的女性生育习俗是女性民俗生活中最重要的部分之一。正如我们所看到的，生育是女性独特的生命活动。它的存在意味着个体生命的延续，血缘、亲情的连接以及种族的世代繁衍，是女性文化中一个重要的组成部分。从古到今，各地、各民族都流传各种关于怀胎、生育的民歌民谣和风俗习惯。不同民族因为所处的生存环境、文化背景有差异，会产生出各具特色的生育文化，从不同程度上折射出各族老百姓对生命、对种族繁衍、对生命与环境以及对生命价值的认识。而女性在长期的“生”和“育”的实践中，又以自己的亲身体验，总结出了许多生活经验和禁忌民俗，笔者对于这些民俗所做的深入考察，有利于当地回族老百姓的生育和繁衍。

针对上述这些情况，笔者提出了对宁夏同心回族社区妇女生育习俗进行研究这一课题，在前人已经取得的研究成果的基础上，希望通过这项调查研究，为当地回族女性在现代化社会中的全面发展，做出一些积极的探索。

2. 选题目的

生育是人们永恒的话题，“‘天地之大德曰生’像一条永恒的法则，古往今来被人们紧紧抓在手里”①。在长期的生育过程中，人们因为要适应本民族、本地域的文化生态环境，形成了属于自己的不同的生育习俗，这些生育习俗在思想上影响着人们的生育观念，在行为上左右着人们的生育结果，规定着人们的生育所遵循的准则。长期以来，人们在遵循、沿袭这些习俗的过程

① 王晓丽著：《中国民间的生育信仰》，社会科学文献出版社 1999 年版，第 156 页。

中，又不断积累、完善，积淀了丰厚的文化内涵，成为女性民俗文化中最具有代表性的一个类型。

这里，我选择了宁夏同心县作为个案，原因在于：个案的选择必须使主客观因素结合能发挥最大优势。从客观因素来说，同心县回族占全县总人口的 80% 以上，是宁夏回族最为集中的地区之一。同心县的宗教气氛浓厚，信仰虔诚，在宗教活动、生活习俗、饮食禁忌等方面都保持着较为完整的伊斯兰文化传统特色。这里的女性生育民俗在传统文化与宗教文化的长期融合、碰撞的过程中，形成了独有的民族特色，在今天，仍发挥着它约定俗成的社会功能。从主观上来说，我作为宁夏人同时作为一个回族人，相对比较熟悉当地民众的日常生活，在短短一个月的调查中，不存在语言、生活等方面的障碍，做调查的客观条件比较有利。

两年多的学习，使我认识到作为一个民俗学专业的研究生，应该努力做到主位与客位相结合，既能走进去又能走出来。在这里，笔者试图站在民俗学的学科本位，以同心回族社区妇女生育习俗作为研究的对象，正确地认识回族女性在民俗生活中地位的变化，更深层次地探讨民族文化对女性的生存和发展有何影响，以及在日益发展的现代社会中，生育民俗的主体承载者——女性，是如何体现其适应性的。

3. 选题意义

马林诺夫斯基说过："生殖作用在人类社会中已经成为一种文化体系。种族的需要绵延并不是靠单纯的生理行为及生理作用而满足的，而是一套传统的规则和一套相关的物质文化设备活动的结果。这种生殖作用的文化体系是由各种制度组成的，如标准化的求偶活动、婚姻、亲子关系及氏族组织。”① 因为不同民族所处的生存环境、文化背景有差异，从而产生出各具特色的生育文化。它折射出了民众对生命、种族的繁衍以及生命价值的诸多认识。这些认识在历史发展的过程中，又保证了各民族种族繁衍、儿童发展及人类多样化基因的遗传。

生育习俗隶属于生育文化这一完整的文化体系，是社会民俗事象中人生仪礼的重要组成部分。我国的人生仪礼与世界上其他国家和民族有许多不同之处，因为自己多民族和环境地域的复杂性呈现出了丰富多彩的形态。她的人生仪礼积存着厚重的历史蕴含，同时也随着时代的发展而发生着或已经发生了变迁。

笔者提出对同心回族社区生育习俗研究这一课题，力求在前人已经取得的研究成果的基础上，通过此项调查研究，对宁夏同心回族生育习俗产生的历史环境有一个清晰的认识，进而了解中国传统文化与妇女生育以及回族宗教文化与妇女地位变迁的关系。

（二）学术界关于生育习俗的研究现状

生育的问题，不是地域性问题，而是全球性的问题。长期以来，有许多中外学者从不同的角度去研究和探索。涉及婚姻生育文化内涵的论著主要出现在一些民族学、民俗学、人类学、人口学、社会学的调查和研究中。如费孝通的《乡土中国·生育制度》、赵国华的《生殖崇拜文化论》、陈鹏的《中国婚姻史稿》、汪玢玲的《中国婚姻史》等。

费孝通教授在他写于20世纪40年代的《生育制度》一书中写道：生育制度就是男女结合成夫妻，生出孩子来，共同把孩

① ［英］马林诺夫斯基著：《文化论》，费孝通译，中国民间文艺出版社1987年版，第27页。

子抚育成人的一整套活动。该书的内容涉及生育的生物性基础、社会基础、婚姻家庭环境、亲属制度、社会继替等，但遗憾的是在生育信仰和习俗方面着墨不多。此后，涉及生育文化内涵的论著不断出现于民族学、民俗学、社会学、人口学的调查和研究中。如李银河的《生育与村落文化·一爷之孙》、刘永聪的《中国古代的育儿》、张劲松、谢基贤编著的《古今育儿习俗》、赵国华的《生殖崇拜文化论》、张一兵的《生育文化》、杜芳琴的《生育文化的历史考察》等。这些论著从不同的角度、不同的层面论述了生育文化，为后来的学者提供了不少可资参考的资料。

由潘贵玉主编的《中国生育文化导论》（上、下）对生育文化进行了系统、全面的探索，启迪了许多有志于该领域研究的学人。2005 年初，由中国民俗通志编纂委员会齐涛主编、万建中所著的《中国民俗通志·生养志》，运用民俗志的方法，系统地梳理了我国各民族从古到今形形色色的生养民俗，可谓是生育习俗研究的一部跨时代著作，为后人的研究提供了翔实、全面的资料借鉴。

综上所述，目前对生育文化的研究主要集中在以下几个方面：（1）生育文化内涵的研究；（2）生育文化对生育行为的作用的研究；（3）生育文化传承在教育中作用的研究。

但是，在以上这些研究中，有关少数民族生育文化的研究却比较薄弱，缺乏专门研究少数民族生育文化的著述。本文的创新之处在于以宁夏同心这一典型的回族社区为个案，就回族妇女生育习俗做专门的民俗学研究。

新中国成立以来，关于回族女性生育习俗研究的文章并不多，专著几乎就没有，有的也只是在某些著作中作为一个章节笼统地提出。主要有：丁国勇、王永亮主编的《宁夏回族》（宁夏人民出版社 1993 年 9 月）、王正伟所著的《回族民俗学概论》（宁夏人民出版社）、马亚萍的《保安族女性生育文化探析》（西北第二民族学院学报 2006 年第一期）、王静的《〈古兰经〉与回族妇女》（《山东师范大学学报》1991 年增刊）、张海香的《浅析〈古兰经〉的妇女观》（《黄淮学刊》1998 年 2 月）、余贵孝的《宁夏固原地区的回族》（《宁夏社会科学》1994 年 3 月）、丁宏的《回族妇女与回族文化》（《中央民族大学学报》1998 年 2 月）、马昌中的《回族家规庭训浅析》（《回族研究》1995 年 4 月）、马亚萍的《浅谈同心县回族儿童教育发展的制约因素》（《回族研究》1997 年 4 月）、马进虎的《回族教育结构分析》（《青海社会科学》1998 年 3 月）等。

在这些学者的研究中，其中有些将生育习俗作为常识在其文章或论述中提及一些，有些是将关注点放在了对回族儿童尤其是女童的落后教育方面，对生育习俗的民俗学专业研究以及理论内涵研究方面涉及并不多。本文力求通过对同心回族妇女生育习俗的个案调查研究，探讨它更深层次的民俗学内涵。

（三）本研究主要运用的方法

本文以“田野调查”作为基本方法。田野调查或实地考察是民族学、人类学、民俗学研究的重要方法，是获取研究资料的基本途径之一，也是民俗研究中最有效的方法。对于存活于现实日常生活中极为丰富繁多的各类民俗事象，只有通过实地调查的方法才能观察到、搜集到。用这种方法得来的资料，能使我们看到活的民俗形态，看到形形色色蕴含着民俗意义的文化事象，从而使民俗学研究建筑在一个坚实的基础上。①

田野调查的基本方法是个案研究。个案研究的样本一般都很小，通常会面临没有“代表性”的难题。所以在调查中，笔者面临着双重挑战：一方面，这些个案因为其自身的特殊性需要被

① 钟敬文主编：《民俗学概论》，上海文艺出版社 1998 年版，第 483 页。

研究；但另一方面，又必须说明这些特殊的个案与大的理论还有现实问题之间有什么具体关系。所以，笔者用理论将田野调查中所获取的当地回族生育习俗的基本信息结合起来，通过较为概括性的推论，使读者对具体个案的认识变得相对深刻和丰富。

笔者在调查的过程中还运用了参与观察与访问的方法。在田野作业中，作为调查者，我与调查对象直接交谈，取得了第一手的调查材料。然而，由于种种原因，还不能保证这些材料的绝对完整性。为了提高资料的可靠程度，我又进一步采用“参与观察”的方法，深入到被调查的群众中去，于 2006 年 7 月底至 9 月初在当地生活了一个月左右，从生活方式的参与，到文化心理、民族意识的参与，搜集了大量调查资料，为文章的撰写打下坚实的田野作业基础。

笔者在研究这一课题的过程中，还运用了比较的方法。比较法是社会科学的重要研究方法之一。我们对客观事物的认识，一般是从对事物进行区分开始的，但是要区分事物，首先就要对它们进行比较，并从其中得到自己所需要的信息。单就生育习俗而言，从纵向看，是经过一定历史时期的积淀而传承下来的，并且仍然处于动态的发展中。我通过比较汉族传统生育习俗发现，这样做不仅可以使我对宁夏同心回族生育习俗产生的历史环境有一个清晰的了解，而且还有助于我去更好地理解同心回族生育文化。从横向上看，一定的生育习俗是基于一定的社会条件和自然条件而产生的，属于一定的民族。通过与汉族传统文化的比较，不仅可以发现当地生育习俗的共性和个性，而且还可以通过对同心回族生育习俗的理解和解释，获得自我文化个性的印证和文化的更新。

对于宁夏同心生育习俗的研究，离不开民俗史的研究，在本文中，笔者还运用了搜集民俗资料不可或缺的文献学研究方法。因为受客观条件的限制，许多相关资料的收集和查阅有一定困难，笔者从当地政府部门和计生委、统计局等单位收集了大量数据资料，为文章的内容做了有力的说明。

众所周知，学术研究中，不同学科间理论和方法的互相借鉴和渗透成为一种发展趋势。回族生育习俗内涵的研究，与历史学、社会学、宗教学也不同程度地发生了关系。因此，本文在研究中也运用了这些学科的一些研究方法，如文献考据、资料等。本文资料来源除实地调查获取的第一手资料以外，还将参阅地方有关部门编纂的志书、调查报告、工作总结及一些史料。

（四）田野工作地点及其相关情况简介

文化是稳定的，同时又是不断变迁着的，隶属于生育文化系统的生育习俗也不例外。长期以来，“生育习俗”这种广泛存在于民众日常生活中的社会文化现象，因地域、社会环境及与异文化的碰撞、渗透，不同地区其存在形式与运作方式亦表现出很大的差异性。

民俗文化和民俗生活的活态传承需要有一定的场域，也就是该民俗事象发生的具体地域环境。本文所研究的即是宁夏同心回族女性生育习俗，要想对当地生育习俗变迁有更深层次的认识，必须具备扎实的田野调查功夫，而这一切又必须通过了解当时当地活态的民俗发生来实现，首先我们通过调查先来了解承载这一民俗事象的生命之船——宁夏同心县基本情况及其生育现状。

本文所述的同心回族，并不是独指居住于城镇的回族群众，还包括郊区乡社的回族百姓。因同心特殊的社区经济，城乡划分并不是非常明显，所以这里所述的同心回族是一个整体的民俗事象的承载主体。

宁夏是我国最大的回族聚居区，回族人口占全区总人口的三分之一，主要集中在同心县、海原县、西吉县、泾源县、吴忠市、银川市等地。其中同心县回族占全县总人口的 80% 以上，是全区回族最为集中的地区之一，保持着较为完整的伊斯兰文化传统特色。这里的女性生育习俗在传统文化与宗教文化的长期融合、碰撞的过程中，形成了独有的文化特色，在今天，仍发挥着它约定俗成的社会功能。

带着与“生育习俗”相关的各种问题，笔者自 2006 年初，多次深入该地进行田野调查，详细了解了社区经济、宗教信仰、社会教育等各方面的情况，并在此基础上采取参与观察与深入访谈相结合的方法进行更进一步的考察，广泛收集国内外相关文献资料，通过扎实的田野调查和详细的描述性研究，试图对“女性生育习俗”的具体内容、文化内涵及其社会变迁和功能作一全面系统的考察与研究。

宁夏同心县，地处宁夏南部山区，位于东经 105°17′—106°41′，北纬 36°34′—37°32′，东临盐池县和甘肃环县，南接固原地区，西连海原、中卫县、北接中宁县、灵武市和吴忠市。总面积 7018.5 平方公里，占自治区总面积的 13.5%，是全区面积最大的县，为全国贫困县之一。①

宁夏当地回族的历史极为悠久，自唐朝以来，有不少阿拉伯和波斯商人、工匠、学者来华经商、传教，他们其中有一些在宁夏灵武等地定居的人。北宋、西夏时期又有一些人作为贡使、商人在经过宁夏时留居了下来。但总的说来，宁夏回族人口主要是在元朝时期发展起来的，历史上有“元时回回遍天下，居陕、甘、宁者尤众”的说法。到了明清时期，这一发展势头还在持续，灵州（今宁夏灵武市）和固原的各州县在明初有大批的回族群众搬至这里，形成了“宁夏至平凉千余里，尽系回庄”的局面。

① 李希、李宗植、杜发春等著：《中国少数民族现状与发展调查研究丛书·同心县回族卷》，民族出版社 1999 年版，第 15—21 页，

同心县是一个多民族的大家庭。秦汉时期的羌戎、匈奴诸部族，唐代的吐蕃、突厥、吐谷浑族，宋代的党项，元代的蒙古族以及清朝的满族，都曾长期在这里从事农牧业生产。该县的回族先民可追溯至元代，来源有两个途径：一是13世纪蒙古军队在征服中亚、西亚一带之后，被裹胁和征调来的信奉伊斯兰教的军士、工匠以及少量的学术人员等，被蒙古军队编为“探马赤军”向东迁来；二是蒙古人皈依伊斯兰教，留下并居住在这里。明朝初年，大量回族因为经商谋生，念经求学相继迁入同心当地。明朝初年入居同心城的马姓回族，是官宦世家，他们中有个家庭成员马雄曾经官至广西提督（1661），现在同心城郊的回民公墓还有马姓家族墓碑“皇清诰赠一品夫人祖母马氏之墓”等的遗迹。同心城张姓回民的祖先张行四阿訇，原籍湖南宝庆，明代后天启年间（1621—1627）从陕西咸阳渭城湾因为要传经讲学而迁入同心。据后人考证，分别兴建于明朝永乐、万历年间的同心清真大寺、预旺清真寺和韦州清真大寺，当时规模宏伟、精雕细琢，由此可见明代同心回族人口和经济的兴旺发达，同时也表明有一定人口规模的回族聚居区开始形成了。从清代晚期到民国初期，尤其是发生在清代后期的三次回民起义失败后，西北地区回族的居住格局经历了一次大的变动，这期间有一定数量的回族人口从陕甘等地移居同心，大致奠定了今天的分布格局。

同心县截至2004年底，全县总人口为370450人，其中回族人口302401人，汉族人口67926人，分别占全县总人口的81.64%和18.33%，是一个以回族为主的少数民族地方。除回族和汉族外，当地还居住着满、蒙古、土、维吾尔、哈萨克、土家、布依7个少数民族，共49人，占全县总人口的0.01%。

根据第五次人口普查的资料分析，20世纪90年代中期同心县的人口结构属年轻型。这一调查结果表明，同心县新出生的人口较多，自然增长快。20世纪80年代以来，计划生育作为一项基本国策在我国全面推行，在同心县是有一定成效的。但由于同心县是少数民族地区，生育政策相对较宽，再加上这一时期当地育龄妇女比重较大，医疗卫生事业逐步改善等客观因素，使当地人口依然保持了较快的增长。

同心县人口文化结构的总体特征是：全县人口的文化程度普遍较低，其中汉族的文化水平多数是高于回族的，男性的文化水平又高于女性，回族女性的文化水平尤其低。探究其原因，除了历史原因以外，还与回族人思想观念上相对轻视教育尤其是忽视女子教育有较大的关系。①

（五）对本选题研究范畴的界定

本文所涉及的概念范围包括：生育习俗、生育观、人生成年礼、儿童习俗化的过程等。下面先就本文所涉及概念做一些界定：

生育习俗是处于一定社会共同体的人们在长期生育实践中约定俗成的生育习惯，包括求子、孕育、分娩、命名、坐月、喂养、教化等诸多习俗。生育习俗的形成与人们的居住环境、社会生产力发展水平及人际间的互动关系有着直接或间接的联系。生育习俗往往以外在的形式表现出来，最直接地显现人们对生育问题的看法。

生育观是建立在一定社会经济运行规律基础上，经过环境因素等多方位作用、多层次传递并自我感受后形成的人们对待生育问题的相对稳定的看法，它包括人们的生育态度（对生育目的和意义的认识）、生育偏向（对生育子女性别的价值取向）、数量期望（对生育子女数的期望）、质量期望（对生育子女质量的

① 李希、李宗植、杜发春等著：《中国少数民族现状与发展调查研究丛书·同心县回族卷》，民族出版社 1999 年版，第 15—21 页。

期望）、生育年龄及间隔期望（对生育年龄和间隔的期望）以及生育方式的看法等。

人生成年礼是一定社会共同体所认定的民族中年轻一代成年时所举行的仪式。每个民族都有着与其他民族特色各异的人生成年礼，有的民族以女孩子月经来潮作为成年的标志，也有的民族以一定的年龄作为成年的标志。

婚姻是指男女两性的结合，且为一定历史时代和一个地区内社会制度和伦理道德规范所认可的夫妻关系。而家庭是由婚姻关系、血缘关系或收养关系而发生的亲属间的社会生活组织。它既是生育的遗传载体又是生育的经济与文化环境。每一个人都出自一定父母，来自一定家庭。家庭是婚姻和血缘关系的合理延伸。家庭又是人们生长发育的摇篮和开始人生历程的第一所学校。世界上的家庭千差万别，却几乎个个都有着生育职能，都承担着为社会提供生产力的重任。可以说，家庭是生育文化的发祥地。①

儿童养育也可称为儿童的习俗化过程，是培养人类适应社会的一种社会互动形式。养育还不能独立生存的孩子是人类生命活动的一大特色。与自然界其他生物不同，人类养育儿女不只为满足自己的生物性需要，延续人类自身自然的生命，更重要的是为了社会结构作用的发挥及社会文化的传承，这是由人的社会文化属性决定的。换而言之，人的生物属性和社会属性决定了人的生育既是自然生命延续的要求，也是生命存在的需要。因此，个体要在一定社会生存下去，首先就得理解、学会所处社会环境的文化，如信仰、价值观、道德规范及此种文化下许可的谋生技能等，这与延续生命的物质需要同等重要。所以，养育既是生物性的也是社会性的，这个社会性更可以理解为孩子成长的社会化

① 李姗泽：《生育文化的田野调查与教育内涵分析》，西南师范大学 2003 年博士论文。

过程。

本文所探讨的回族生育习俗是指宁夏同心回族妇女这一社会共同体的人们在长期生育实践中约定俗成的生育习惯，包括求子、孕育、分娩、命名、坐月、喂养、教化等诸多习俗。这些习俗的形成与他们的居住环境、社会生产力发展水平及人际间的社会关系有着直接或间接的联系。与其他民族一样，回族生育习俗往往也是以外在的形式表现出来，最直接地显现回族群众对生育问题的看法。

笔者认为，生育习俗包括相互联系着的两个方面：其一，是生命创造伊始，为孩子准备一对有责任心的父母以及生育这一动态过程所包含的婚礼、祈孕、孕育、诞生及围绕这些环节而派生出的种种民俗事象；其二，是指新生命出生后的养育长大及其派生出的许多带有文化意味的实际生活行为。

本文共分六部分。第一部分是绪论，主要对生育的学术背景及其研究现状进行了概述，同时也对本文的写作范畴作了界定，引出了田野调查的地点——宁夏同心县。第二部分对田野调查的地点——宁夏同心县回族妇女“生”的习俗做了描述性研究。第三部分是同心回族妇女“育”的习俗的调查。这一部分主要是通过对同心回族妇女“育”的习俗的调查，探讨了儿童习俗化的内涵。第四部分是同心回族生育习俗变迁动因的解析，从更深层次解释了同心回族生育习俗和生育观的变迁动因。第五部分是对同心回族生育习俗变迁的内容和特征以及变迁的现代启示作用进行了分析，最后引出文章的结语部分。民俗事象的发展不是固定不变的，通过对同心回族生育习俗的描述分析，我们可以了解一些生育习俗所蕴含的更深层次的民俗学内涵。

二、宁夏同心回族妇女“生”的习俗

回族是一个独具特色的、逐渐形成的人类共同体。她不仅沿袭了起源于伊斯兰教文化的各种习俗，而且由于她是在汉文化占绝对优势的中华大地的土壤和气氛中逐渐形成、崛起、成熟起来的，不可避免地会汲取、融合不少所在环境的文化因素，其生育习俗便不可避免地与汉民族在生育繁衍方面形形色色的民俗规范和仪式相互渗透、相互影响。从回族男女结婚伊始，这一套民俗习惯就开始在他们的生活中发挥着影响。那么，什么是回族“生”的习俗呢?

（一）婚姻，为孩子准备一对有责任心的父母

婚姻是孕育新生命的开始，是实现两性结合从而达到种族繁衍的文化形式，它的缔结揭开了符合一定社会规范的生育活动的序幕。婚姻缔结是与父母对子女养育责任的确立紧密联系在一起的。费孝通先生就认为婚姻是人类确立父亲与母亲双系抚育儿童的重要手段。“我们在任何社区中，都能看见双系抚育的文化手段，这就是我们普通所谓婚姻。婚姻是人为的仪式，用以结合男女为夫妇，在社会公认之下，约定以永久共处的方式来共同担负抚育子女的责任。”①

从本质上来说，婚姻是一种对子孙繁衍的期冀。首先，它是缔结婚姻双方当事人的事。婚姻使恋人们相互追逐的欲望得以实现，使相爱的青年男女的结合得到社会承认和法律保障。婚姻同时也是家庭、家族的事。男女结婚的主要目的之一也是家庭的需要，也是为了繁衍子孙和赡养老人，因此，婚姻扎根于家庭，具

① 费孝通著：《乡土中国·生育制度》，北京大学出版社1998年版，第125页。

有巩固血缘集团的内聚力。婚姻是在两个血缘集团间进行，婚姻因而又具有增强两个血缘集团亲缘感情以巩固部落内部联系的作用，即《礼记·婚义》所说的："婚礼者，将合二姓之好。上以事家庙，而下以续后世也。"总之，与婚姻联系的习俗，没有一样能与对子孙繁衍的期冀脱离。各民族的婚俗，或者是同一个民族在不同的历史时期形成的婚俗，多种多样，但都与期冀分不开。而婚礼之所以被称作喜事，就是因为婚姻包含了种族延续和家庭幸福的希望。同心回族妇女的婚礼便是如此。

同心回族群众认为，婚姻具有美德和人类社会的需要，它是对人类生存繁衍的一项重要的承诺，也是一项宗教的积极义务。婚姻对于具有婚娶能力的每个回族男女是"神圣"的天职，因为婚姻不仅是每个人的终身大事，也是组成社会细胞——家庭的重要因素。是社会生活的重要组织，既关系到社会秩序的安定，也关系到所属民族的兴盛以及世代发展和不断延续。作为父母和其他长辈对于自己的下一代"男长为之婚，女长为之嫁"，也是自己的职责。延误子女婚姻，便是父母的失职。所以青年男女一到结婚年龄，即使自己没有选择配偶，做父母的也必须去到处张罗，为子女找人说媒。当地回族称之为"卸担子"，意思也就是说父母关心儿女的婚事是义不容辞的责任。在同心回族群众对儿女婚姻责任完成的这一过程中，出现了对于婚姻繁衍后代这一功能的期冀。由此，祈祷有子、祝福有孕的习俗从新婚伊始就拉开了帷幕。

同心回族群众在婚礼举行当天，接到新娘之后，新郎须被专人带进大房屋（当地回族称正房为大房屋），由阿訇念尼卡哈（伊斯兰教宗教意义上的婚礼程序，过后即意味着承认新人结为夫妇），念完后大房屋中由跪坐在炕上的阿訇将喜果（包括核桃、桂圆、红枣、喜糖、花生等）撒向新郎，在院中则有专人站在房顶，将大量的喜果撒向院中的宾客，大家蜂拥争抢，意为祝愿新郎新娘早生贵子（枣生桂子，取其同音吉祥的寓意）。新房中，婆家已经在炕上专门用几床红褥子压上喜果，在新娘进洞房的时候，宾客早早去摸，谁摸到意味着将有大喜。这是一种回族社区朴素的撒帐习俗，为了祝愿新人早日抱到孩子。

由于历史的发展，这种习俗不但没有消失，而且逐渐被传承下来，如今还在形式上赋予了它更多的象征意义。新人结婚的当天，新娘被接进洞房，在她穿着红棉袄还未换装的时候，由家中的女性长辈（新郎的姨妈、姑妈等），用盘子托着核桃、花生、桂圆、红枣等喜果，顺着新娘的前襟撒下，边撒边念到"咕噜咕噜滚下山，儿子孙子追上前"等诸如此类的吉祥话。院中、大房屋中也同样在举行着这一仪式。这种朴素的撒帐习俗，虽然不那么隆重，但足以表达了回族群众对子孙繁衍的期冀。

（二）有喜，含蓄的喜悦与忧虑的希冀

生命的孕育，是人生命的起源，也是家族绵延和人类发展的基础。生儿育女，传宗接代，在我们这个延续了几千年的国家里，可以说是第一等的大事，因而人们常把怀孕生动地称为"有喜"。但是在医药卫生并不发达的过去，经常会出现流产儿、死产儿、畸形儿的情形，以致人们即使在喜悦欢欣之下，也有很多的担忧。因此便定出了一整套的风俗和禁忌，同心当地的回族群众也不例外。

伊斯兰教把今世看作来世的铺垫。在宗教气氛浓重的同心回族中，把出生视为一种大礼，保留着许多传统的风俗习惯。在当地回族老百姓中，通常称妇女怀孕为"有喜"。彼此互相关心询问时，一般都会问对方的母亲或婆婆："有了吗?"而不能直接对着家中的男人（丈夫或公公、小叔等，这样会认为有失体统）问："××怀孕了吗?"从这一微小的着眼点上可以看出，当地保留着传统的以男人为尊的社会观念，大部分女性是不参加工作

的专职家庭妇女，即使在城市中也不乏其例。传统儒家思想与浓重的宗教情结在当地回族群众中很好地保存了下来，女性的自然角色在出生时就被约定俗成地赋予了，只有少数知识女性因为出外上学后回来安排了工作，达到了经济上的独立，相对意义上也就有了独立的生活，但仍然难以摆脱传统赋予女性的所谓“义务”。在过去，当地大多数妇女即使家庭条件良好，因为文化知识所限，也只能作为专职的家庭妇女，没有丈夫或婆婆的允许，是不能外出工作的。现在虽然在一定意义上有所不同，因为当地回族普遍是以经商为生，大多数开明的家庭，允许妇女婚前婚后出外摆设服装摊或经营其他生意，既能贴补家用，也能排遣无地闲暇时的无聊。但是怀孕期间，家人为了母子的安全，不会允许妇女外出，认为那样会招致莫名的危险。由此可见，当地人对子孙繁衍的期冀和对怀孕期间母子的忧虑。

当地回族妇女在孕育期间还有许多避讳和禁忌，例如不能送亲、不能参加他人的婚礼、不见已亡的人、不送埋体（送葬）等。如果在行走途中遇见送亲、送埋体者，要尽快躲开。在饮食上也有一些讲究，尤其是不能让孕妇吃兔子肉。平时也不允许孕妇随便讥笑别人家的小孩，更不能嘲笑有生理缺陷的孩子。临生产的时候，不论身体原因怎样，孕妇必须要洗大净，还要尽快住进婆家为其提前准备的产房，民众俗称“占房”。当然，这是在过去当地医疗卫生还不发达、婴儿的出生完全是由接生婆操作的前提下，这样孩子的存活率是有一定折扣的。现在则不同了，产妇从怀孕初期直至分娩，都会在当地正规医院或卫生院医生的指导下，放心地生下自己的孩子，除去一些不可抵抗的客观因素，孩子都会健康顺利地产下，但老人在照顾孕妇的过程中，就有不少的担心。

个案1：在采访中有一位60多岁的妇女告诉我：“到了今天，就算住进了楼房，我还是很想以前的热炕，老是担心现在的年轻人坐月子的时候，没有热炕会不会‘作病’。就算是在医院里生孩子，那里的环境又吵，还有死人的呢，对刚出生的娃娃不好，我的小孙女一夜一夜（整夜的意思）都在哭，有伊布雷斯（伊斯兰教里对邪恶的称呼）咋办？”

可见，在当地回族的观念中，由于医院来往的人过于频繁，会带来这样那样污秽的东西，而刚出生的孩子清澈透明，身体对外界的抵御能力还很微弱，无法承受太多的纷扰，所以在孩子出生不久，一旦确定母子都顺利时，会很快将他们接回家中预先准备好的产房里，并且会在产房外的门楣上挂一块小红布，用来告诉外人家中有产妇，请他们不要冒冒失失地闯入（当地人认为有些人的进入会给孕妇和婴儿带来惊吓，导致孕妇没有奶水、婴儿不吃奶，哭闹不休）。由于同心当地回族多数是以居住平房为主，几乎家家有土炕，无炕的人家也会在床上事先铺好电褥子，用来给孕妇和婴儿取暖（盛夏除外）。因为孕妇刚刚结束分娩，身体抵抗能力很弱，婴儿也刚从母体出来不久（出生时无论多热，都会穿上棉衣棉裤保暖），需要温热的环境，所以家中提早要为他们准备好热炕。

（三）洗三，迎接新生儿的重要人生仪式

同心回族将婴儿出生伊始到吃第一口奶的这一过程中所举行的仪式，约三天的时间称为“洗三”，又叫“三洗”，汉族将其称为“三朝”。同心回族对“洗三”是比较看重的，也是他们迎接新生儿的重要人生仪式。

汉族地区“三朝”的风俗由来已久，唐人韩偓《金銮密记》中记载：“天复二年，大驾在岐，皇女生三日，赐洗儿果子。”这里的洗儿即“洗三”。《清稗类钞·风俗类·三朝》有：“俗所谓三朝有二：一儿生三日会客，设汤饼筵。一男女成婚之第三日，亦肆筵设席以娱宾。”《东京梦华录》卷五《育子》有：

“至满月则生色及绣线，贵富家金银犀玉为之，并果子，大展洗儿会。亲宾盛集，煎香汤于盆中，下果子彩钱葱蒜，用数丈彩绕之，名曰‘围盆’。以钗子搅水，谓之‘搅盆’。观者各撒钱于水中，谓之‘添盆’。盆中枣子直立者，妇人争取食之，以为生男之征。浴儿毕，落胎发，遍谢坐客，抱牙儿入他人房，谓之‘移窝’。”①

同心当地人说，过去接生婆接完婴儿后，主人要给她散5—10元的“乜帖”，也有经济条件较为富裕的人家还会给接生婆买一件衣服用以表示感谢。在婴儿出生三天也就是“洗三”的这一天（有时也不一定得三天，以母亲奶水下来为标准），要用热水洗掉婴儿身上的污垢。现在则不一样了，为了产妇和婴儿都能平安顺利，生产的过程大都是在医院或乡镇卫生院里进行的，孩子由医生们接生，并且在孩子出生后护士就会为其洗掉身上的污垢，还会用纱布包上药粉缠在孩子的肚脐处并有规律地换药，用以预防刚剪完的脐带发生感染，产妇的家里人只需要带齐产妇和孩子生产过程中所需要的衣物、尿布等物品就可以了。

孩子的外婆在“洗三”的这一天，要送上为产妇和孩子提前准备的衣服、营养品以及羊肉、鸡肉、牛奶等恭喜主人家（婆家，意即生孩子是婆家的大喜）的礼品。主人家要用羊肉臊子面盛情款待这些亲戚朋友和前来祝贺的乡亲，祈愿小孩平安无事，长命百岁。周围的乡亲和主人家的朋友则要在这天给产妇送长面、油香、肉等食品和营养品。这种习俗，当地回族又称之为“送奶”，意即为产妇催奶，忌讳亲戚中有孕妇上门，认为孕妇的出现会“夺奶”，使得产妇有很少或没有奶水来喂养新生儿。

个案2：调查中遇到一个抱着孩子的年轻妇女，她告诉我当初她刚生下孩子坐月子的时候，家中的亲戚们都来探望，其中她

① 邢莉主编：《中国女性民俗文化》，中国档案出版社1995年版，第197页。

的姑姑已经要生二胎了，正挺着大肚子，也在看望者的行列。因为是自己的亲姑姑，大家都在担心，但同时也怕姑姑多心，不好意思直接对她说不能走进产房。当亲戚们离开以后，第二天产妇就已经没有了奶水，家人急坏了，用各种各样的办法给产妇催奶。

当地回族笃信孕妇与产妇之间的冲撞。还有的产妇在坐月子期间缺少奶水，就让家人拿一只小碗去收吃七家的面，在同心当地，这种风俗被称为“修渠引水”，随着社会的发展，现在，除了有老人的家庭，这种“修渠引水”的习俗已经很少被提及了，但送奶庆祝的习俗却愈演愈烈。这其中包含了彼此之间互相关心，以及家中有喜时人与人之间的流动，同时也包含了“礼物流动”的仪式。

（四）满月，同心当地最为隆重的诞生礼俗

同心回族一般不兴过“生日”，认为那是汉族的做法，他们最为看重的是“满月”，当地又称为“做满月”，是孩子出生后最为隆重和重要的人生仪式，大多数情况下，只为头一胎出生的孩子，尤其是男孩举行这种庆祝仪式，当然，也有因为家庭经济条件较为富裕或前几胎都是女孩，好不容易得到男孩而举行的。

在孩子满月后，举行满月礼，具体时间由婴儿的祖父母与外祖父母相互商量确定。主人家在做满月的前一天，先要请剃头师剃光婴儿的头发（即胎毛），并根据头发的重量，相应地向周围要乜贴的人（贫穷以要饭为生的同胞）施舍一部分钱物，同时还要将剩下的小孩头发绾成一个小球，用线和纱布网住，连在小孩的枕头上或压在枕头底下，有为婴儿壮胆、求吉、祈福孩子健康成长的意思。有的家庭还给孩子戴银手镯和或金或银的锁片，借助于民间俗信金银可以避邪的说法，祈愿孩子长大成人。做满月时主人家也要做饭菜、炸油香、下长面、烩汤碗款待亲朋好友尤其是孩子的舅舅、外祖父母等亲戚和左邻右舍。

同心回族“做满月”的这一民俗过程，其民俗主体也就是事件的主角由孩子的外祖父母与祖父母充当。这一天，为了祝贺主人家喜得贵子，孩子的外祖父母要送上为产妇和孩子准备的衣物、童车、童床、童毯等礼物，还有为孩子的祖父母、父亲等准备的衣物，目的是感谢他们照顾产妇母子。最重要的则是送上做满月最大的礼物，如冰箱、金手镯、摩托车等，现在随着人们生活水平的提高，这些物件在结婚之初就已经拥有了，于是大多数家庭送上存折作为满月的大件（贵重礼物），具体用途由产妇小两口商议决定。当然，也并不是说所有家庭都如此，也有些是以购买诸如电脑、手机一类的大件来祝贺主人家喜得子嗣的。

同心回族对满月礼的重视，表现了当地回族群众对创造新生命的人文关怀的精神。在中国各民族的民间生活中，人们对于贺生庆典都是非常重视的。婴儿“呱呱”坠地，一个新生命的诞生给人们带来了无限的欢欣和希望。贺生风俗各种程式化的礼仪例如报喜、祈福、避邪、宴请等无不表现出对新生儿的人文关怀，而这种人文关怀又往往表现出自然环境、文化观念、宗教意识、社会制度等文化的叠合。[①] 文化叠合，又称文化累积（Cultural Accumulation），是人类社会中一个普遍存在的文化现象，一般指文化成长的一种过程，新的文化元素或物质因发明、发现及采借（borrowing）而增加到原有文化之中，导致文化元素或物质总和的增加。[②] 同心回族在满月礼仪式上对新生儿贺生的人文关怀中充满了亲情文化、吉祥文化以及回族特有的宗教文化等。

过去，由于当地医疗卫生条件落后，生活水平也比较低，养

① 徐桂兰著：《中国育俗的文化叠合》，广西民族出版社 2002 年版，第 16 页。
② 徐桂兰著：《中国育俗的文化叠合》，广西民族出版社 2002 年版，第 1 页。

育一个孩子并不容易，这就使人们尤其关注婴儿的成长，历经三天算是渡过了人生道路上的第一关，俗称“洗三”，而满月则表明婴儿已经闯过了人生道路的第二关，眼看着婴儿一天天大了起来，人们为婴儿的健康成长而欢欣，满月礼寄托了婆家和外婆家一片情深的人文关怀。在满月礼上亲朋好友所赠送的银手镯等礼物，回族群众不在言语上直接表达，但从更深的层次上寄寓了驱邪避凶、祈福祝愿的美好心愿，表达了人们求吉求福的心理，希望孩子在未来的日子里可以逢凶化吉，顺利平安地长大成人，寄托了长辈们对孩子的期望和关爱。

过去，当地也有些回族人家在孩子百天时，举行“百天礼”，而现在，到百天时，多数家庭都是下长面请外婆家的亲戚来祝福孩子，然后为孩子拍照留下美好的记忆，祝福孩子一生道路宽阔、前程远大。他们已经简化了“满月”时那样隆重的庆祝仪式。

个案3：笔者采访了当地一个60多岁的回族老太太，她介绍说像“满月”时那样隆重的仪式在“百日”上已经不办了，毕竟这样一回会花好多钱，还会惊动周围的亲戚，人家不来吧，你在办事呢，来吧，都嫌麻烦。再说了，我们都觉得“做满月”是生下娃娃的大事情，大喜事，“百天”可办可不办，好像周围也基本上没有人办了，自己家人知道就行了。

当地回族认为“满月”时已经进行了庆祝，这时简化也是很有必要的。如果再举行“百天礼”，相对耗费很多人力财力，也会惊动周围的亲戚朋友，还会招致别人笑话。因此，这一习俗在现在也基本简化到只有家人知道，自己庆祝了。

（五）命名，独特的宗教仪式

命名是人类社会特有的一种文化现象，其基本职能在于区分和标定具体的个人，以便他能以独立单元的身份参与社会活动。

同时，它以言语符号的物化形式标定于个人头上，并在社会中扩散，从而得到社会的公认。作为一种文化现象，命名习俗的存在与社会功能的发挥都不是独立完成的，它必须以某种物质基础或其他文化现象为依托，在特定的文化结构下显示其全部的社会属性，发挥其应有的社会功能。基于民族自身发展轨迹和异文化间相互交流，命名习俗从历时性和共时性看，各种文化残留和异文化影响会在不同程度上留下踪迹。就命名自身而言，其社会效果主要表现在：对孩子的祝福和期待、社会身份的指代符号、强化习俗意识、延续家庭历史等。因此，姓名这一司空见惯的言语符号，蕴涵着丰富的文化内涵。①

同心回族在婴儿出生的当天或三天之内，请一位阿訇（宗教职业人员）为婴儿举行命名礼，也就是起经名。命名礼首先由一家之主把孩子抱到门槛里，阿訇站在门口或门槛外面，先对着婴儿的右耳朵低声念“邦克”，这是在清真寺宣礼塔上召唤教民上寺礼拜的宣礼词；然后再对着婴儿的左耳朵念“尕麦体”，这是教民汇集到清真寺后准备礼拜的招呼词，也叫入拜词。之后，如果是男孩便向左耳里慢慢吹一口气，或者轻轻地咬一下孩子的耳朵；是女孩则在右耳朵里吹一口气。据当地民众介绍，念宣礼词、吹气是把一个刚生下来的婴儿从清真寺外唤到清真寺里面，使他（她）一生下来就要成为一个当然的穆斯林。当阿訇举行完这种仪式后，他便会从众多伊斯兰教圣贤人士中选出一个名字（一般都是《古兰经》中记载的圣人的名字），然后告诉家里人，用以表示吉庆、俊美。男孩子一般都会叫尔撒、努哈、易卜拉欣、尤素夫、曼苏尔、达吾德、穆萨、阿里、叶尔古伯等；女孩一般起名则是阿依莎、努姑燕、海迪彻、索菲燕、法图麦、

① 李姗泽：《生育文化的田野调查与教育内涵分析》，西南师范大学2003年博士论文，第62页。

赛里麦、阿米娜、祖不代等。

同心当地的回族群众除了用伊斯兰教经典中的圣贤人士的名字命名外，还有用以下这些命名方法的：他们中有的以婴儿出生的时间命名，例如说婴儿出生在斋月，就叫“莱麦丹”；出生在古尔邦节，则叫为“尔德”（同心回族称古尔邦节为“尔德节”）；出生在星期四，叫“杜什儿”；出生在星期五这一天，就会叫“主麻”等。还有的以出生的顺序或在家中的排行来起名，像女孩子会叫二姐儿、三姐儿、四姐儿，男孩就会叫成老娃子、老疙瘩、大虎、二虎、三娃等。还有的因为出生时祖父母期盼已久，会以祖父母的年龄命名，如八十儿、七十儿、六十儿等。有的孩子出生时先起一个经名，四五岁以后为了上学再起一个大名，同心回族把大名又叫作“官名”或“学名”。还有的在经名前加上汉姓，使汉姓与经名连在一起作为“大名”。例如说马穆萨、王优拜、黑牧杜尔、周哈里发等，也有一辈子都用经名的。当地回族的经名，有不少都是被简化了的，比如说阿不冬拉希平时又会叫作“阿不冬”，而且当地回族有的还喜欢在经名后面加一个“子”，像“主麻子”、“优拜子”、“麦燕子”等，因方言音调的关系，这样称呼既押韵又会显得亲切，叫起来也会更容易上口。

这里的回族群众在举行命名礼这天，因为新生儿诞生的喜悦，有条件的人家要宰羊，一般的人家也要炸油香、馓子、麻花等，送给左邻右舍和亲戚朋友，大家一起庆祝。同时还要请阿訇。命名礼结束后，主人家要用甘草水、红枣、白糖、红糖、冰糖水等甜食给婴儿“开口”。所谓开口也就是为给婴儿所吃的第一口母乳作准备，透去“胎里带来的东西”。

三、宁夏同心回族妇女“育”的习俗

（一）抓岁，一种强烈的期待心理

抓岁，也叫岁礼，汉族称为“抓周”，旧时又称拈周试晬，或称“试儿”。同心回族俗称“抓岁”。这是宁夏回族中比较普遍的一种礼仪，尤其是生第一胎时，或是一些没有生育能力而领养别人孩子的家庭，更加重视这种礼仪。

同心回族小孩的抓岁仪式也很受重视。当孩子满 1 周岁时，孩子的父母、爷爷奶奶、外公外婆等长辈都怀着喜悦的心情，在周岁的前一天晚上，有的还在当天早上，忙忙碌碌、有说有笑地请来周围的邻居帮忙准备岁糕。当地回族对岁糕是很讲究的，选用优质面粉、红枣、香豆粉、胡麻油等原料做成。岁糕必须做成圆形的，厚度大约有三四寸，直径一尺左右，花样很是美观，一般由六到八个三角形组成，每个三角形上的图案都必须是用面制作的牡丹、梅花、荷花等花草。每朵花的中心都会放一颗大红枣，上笼屉蒸熟。然后要请长辈或年长者担任切糕人，有条件的人家还要宰鸡、宰羊、做凉粉、烩汤碗（用粉、菜、肉汤及各种作料烩制而成）。在抓岁的这一天，外婆家人作为贵客要带上相对厚重的礼品来到主人家中，要说明是来为孩子“抓岁”的。这一天，主人家还要邀请亲戚、邻居们到家中吃岁糕、汤碗，这些客人来的时候一般都要给孩子带来玩具、衣服等礼品，以此向主人家恭喜，孩子成长顺利，已经 1 周岁了。

举行抓岁礼的时候，主人家要放一张大方桌（没有方桌的也可以在炕上），桌上放上钢笔、毛笔、笔记本、《古兰经》和用纸叠成的小飞机、小轮船、刀、剑及其他玩具，然后让孩子的父母把他（她）抱到桌子前面，任小孩随意抓拣。客人们和全家老小围着孩子一起看，希望孩子能抓到一个比较理想的东西。

据当地群众讲，如果孩子抓到了笔和本子，就意味着他（她）将来是一个能写会画、才华出众的文人、学者；如果抱上了《古兰经》，将来他会成为一个精通阿拉伯文的穆斯林；如果拿到刀剑，就想着这孩子将来一定是个要刀舞剑、好武尚勇的武士；如果既抓了纸笔又抓了刀剑，就认为这孩子会成为一个文武双全的大官；如果抓到了不起眼的小玩具，则会认为这孩子将来会是个吃喝玩乐、贪图享受，成不了大器的“榆木疙瘩”；如果孩子什么也不抓，就会说他（她）是个浑浑噩噩、一事无成的庸人。当孩子抓到了钢笔、本子、《古兰经》等，孩子的父母会欢天喜地，高高地举起孩子开心地逗笑，围观者也会跟着一齐拍手叫好。等抓岁的仪式结束后，主人就会端出之前精制的岁糕和滚烫的烩菜，和来宾一起会餐，祝贺孩子年复一年吉祥平安，健康成长。有条件的家庭，以后每年在孩子的生日这天，都要蒸个岁糕，在家族范围内庆贺、纪念，但不会再请客了，这样的仪式一直会持续到女孩子 9 岁，男孩子 12 岁为止。

抓岁，这一仪式中的预卜信仰起源于原始的征兆观念，这种观念认为自然界的各种现象，人类社会的吉凶祸福，在其发生之前是有征兆的，而这种征兆是由一种神秘力量所控制的。直到今天，人们还是没有能够完全摆脱那股神秘力量的控制。不但如此，因为受到“劳心者治人，劳力者治于人”的观念的影响，在孩子抓东西时，即使家长口中说着“孩子还小，乱抓的，大人们才不会在乎呢”，但他们充满希冀的目光中总是流露出望子成龙、光宗耀祖的由衷期待。这种传统的习惯心理，使得当地老百姓对孩子从小就有一种强烈的角色期待。在过去，同心当地的抓岁只在男孩周岁时举行，这在很大程度上说明了当时重男轻女、只靠儿子传承香火的世俗心态。现在则不同了，因为社会的发展，男孩女孩都会举行抓岁的仪式，都被父母寄寓了对未来的期待。

（二）割礼，同心当地保存较为完善的成丁礼

割礼的阿拉伯语音译出来叫作“海特乃”，同心回族群众又称“逊乃提”（圣行），也称“成丁礼”。调查中，问起了当地回族群众，为什么要割包皮呢？年长的人回答说：“因为伊斯兰教教义规定说男娃娃长到12岁，就已经算是懂事了，开始担负责任，承担宗教义务，履行‘天命’和‘逊乃’的宗教功课了。”由此可见，宗教教义上的一些规定，经过长期发展，久而久之，便在当地回族中逐渐形成了人人都恪守遵从的风俗习惯。

过去，同心回族男孩一般都会在5—9岁这期间实行割礼，也就是割除阴茎的包皮。现在也不一定限制在这个年龄段里，但肯定是在男孩婚前必须要割除。当地割包皮的习俗，从医学的角度看是讲卫生的一种表现，有一定科学道理的。同心回族对儿童进行割除包皮手术的习俗是一种良好的卫生习惯，对身体健康是极为有益的。

同心回族对小孩进行割包皮手术，过去都是请专门的宗教人员施行，当地人称他们为“逊乃巴巴”。这些人割除包皮的方法有的是用简单的冰冻麻醉，然后以专用刀具割除；有的则是用夹板将包皮夹住，打上麻药后割除。这些方法虽然在当地流行了很多年，但带来的遗患也是很多的。有些孩子在做完手术后，由于技术粗糙，血流不止，也带来了不少的麻烦。随着医学的发展，现在同心的回族老百姓一般都把孩子送到当地医院去做手术，这样既安全又卫生，伤口愈合也快，不到一个星期就可以痊愈了。

同心回族群众对举行割礼特别讲究，气氛也很隆重。割礼这一天，家庭经济条件好一些的，要给孩子换身新衣服，还要宰羊、宰鸡、炸油香，请阿訇念经，过“尔麦里”，请亲戚们吃“汤碗子”。亲戚朋友、左邻右舍都要给孩子散“乜帖”。其实这

时的“也贴”又可以理解为是另一种意义上的祝福，庆祝男孩长大可以承担宗教义务了，同时，孩子的父母也会以此衡量亲戚们对自家重视的程度，便于以后的礼尚往来。对于条件不是很好的家庭，也会过“尔麦里”，只是仪式相对简单一些，当地奉行“穷来穷过，富来富过”，但基本的仪式程序是不会被忽视的。

个案4：同心县预海镇与城关乡交界的这片社区，有后来迁至此处的一些同心籍退休老干部，加上城关乡划分出去后将这条街划归预海镇，形成了典型的城乡接合部。采访时遇到了一个回族妇女，后来才知道她是城关乡回民小学的老师。她的儿子上初中二年级，采访前几天刚刚做过割礼手术，亲戚们这几天陆陆续续都来探望。孩子的姑姑们都在吴忠住着，这不，孩子割礼这么大的事情，娘娘（当地对姑姑的叫法）们都来了，她还急着要去置办“家务”（同心回族称买菜等款待客人的东西为置办家务）。

由此可见，在同心回族社会日益发展的今天，割礼这一成年礼仪，被赋予了神圣的成丁意义。它将伊斯兰教教义与传统和现代社会的发展很好地融合到了一起，当地回族一直没有使这一习俗流失并将它传承了下来，这与其他地区的回族已经逐渐淡忘这一习俗而不去履行形成了鲜明的对比。我们还可以看到同心回族将传统与现代融合并很好地保持、传承了这一习俗。

女孩成年在过去也有一些讲究。

个案5：据打扫清真寺卫生的田奶奶介绍说：“以前吧，女娃娃们到9岁的时候就担上了法勒佐（宗教义务），有些讲究的家户人就让丫头们戴上盖头，都花哨些，不像结了婚的和老奶奶那么老气，一眼望过嗑就知道是还没嫁出去的丫头。现在么，讲究的家户人家不多咧，过去女娃都不上学，现在好歹都进个学校呢，基本再也见不着咧，就是放假的时候，学经字的娃们才戴呢。”

由此可以看出，女孩的成年礼已经随着社会文明程度的提高，发生了不同程度的变化，已经由过去的“大门不出，二门不迈”转变为受正规教育的人数量和质量都在提高，也逐渐摆脱了传统赋予她们的沉重枷锁，不能不说是一种社会的进步。

（三）儿童习俗化的过程

家庭是人生长发育的摇篮和开始人生历程的第一所学校。婴儿从出生开始就离不开双亲的养育。某种文化的民俗、习惯、生活方式，主要靠家庭世世代代传递下去，可以这样说，没有家庭，就没有生育文化的发生。家庭中的生育养育方式是一个民族文化传承的主要方式。

生育、教育以及一切可以培养个人适应社会的途径，都是由所生存社区的社会文化决定的。它们的作用不仅在于学习已经形成的既定的文化习俗，还会一直影响个人性格的形成。同心回族的习俗是该民族在长期的生产、生活实践中逐渐约定俗成的习惯，积淀了其千百年来的经验总结、价值取向、道德规则，是当地社会文化的重要组成部分。“风俗习惯对人的经验和信仰起决定性的作用，而它的形成又是如此的千差万别。每一个人，从他诞生的那一刻起，他所面临的风俗便塑造了他的经验和行为。”①作为逐渐长大的同心回族孩子，对当地回族社会习俗的习得主要是：（1）在社会角色的塑造过程中，学习掌握了回族的习俗；（2）通过受教育的方式理解和掌握了回族和其他民族的习俗。从诞生的那一刻起，他（她）就受到了回族习俗的熏陶和浸染。

家庭是民族文化传承的重要场所，对于同心的回族孩子来说，由于学校教育必须面对的以汉文化为主教学的现实困境，其

① ［美］露丝·本尼迪克特著：《文化模式》，何锡章、黄欢译，华夏出版社1987年版。

本民族文化的传承主要还是靠家庭来完成。在同心回族群众的家庭教育中，伊斯兰教基本常识和伦理道德是最主要的教育。长辈向晚辈们传承本民族的禁忌、风俗习惯等内容，有些家庭有老人健在的，利用闲暇之余，即使只是灌灌耳音，长此以往，也会让自家的孩子受到习俗的影响进而逐步习得。每当学校放假的时候，无论城乡，当地回族都会让孩子们到清真寺里学习《古兰经》等伊斯兰教基本知识，让他们逐渐学习本民族文化，使其传统文化和价值取向得以传承。孩子们回到家里背给家长们听时也是带着无限荣耀的。这种传统的回族“经堂教育”，已经在同心回族中形成了一定的规模，每年假期莫不如此。

个案6：当笔者问起为什么要送孩子们去清真寺里学习，不怕他们耽误功课时，被采访的70多岁的田万成老爷爷回答说：“现在的娃们都迷得很，知道啥呢，再不送去，恐怕以后长大连最起码的东西都丢光了。”

同心回族生育文化的传承方式是多种多样的，家庭、各种宗教聚会都是主要的教育场所，这也正是学校教育相对薄弱的地方。平时，遇到回族的三大节日，都会请阿訇来念经，过“尔麦里”，家中的男孩也必须洗完小净，随着爷爷或父亲等男性同胞到清真寺里听“瓦尔兹”，参加会礼（由教长带着集体礼拜）；女孩则在家中，帮助母亲或奶奶炸油香、油果子等物品，等到家中男人上寺回来以后，向周围邻居和亲友们赠送。这些机会和场合可以使当地回族文化保持自己的民族特色，在婚礼、诞生礼等场合也不例外。这种文化的传承凭借着回族文化自身的体系，在一个孩子生命成长过程的各个环节以及当地回族社会所要举行的各个仪式中，通过口耳相传，潜移默化地将本民族的伦理道德规范和与生命相关的内容传承给下一代。当然，我们也不得不承认，这种文化的传承，因为外在环境的差异，或多或少是存在变异性的，但我们不能忽视同心回族文化的传承与一致性的保持。

在这一过程中，孩子不仅得到了生存所需要的社会知识，更是将自己融入了这个民俗生活圈中，逐渐将自我习俗化了。

文化是一种特殊的文化符号，这种符号是被同一民族共同体的内部成员所认同的。同心回族独特的文化符号系统在同心当地代代相传的过程，也是下一代人对其民族特定文化符号的了解、识别、认同、记忆与运用的过程，也是同心回族文化传承的过程。在这一过程中，生育习俗的某些特定的社会活动、仪式等也起了很大的作用。这种作用是学校教育系统所不能承担的，尤其是在偏远地区学校教育质量不高的状态下，这种文化的传承作用更是不容忽视的。同心回族的生育习俗文化通过日常生活中普遍的具有象征意义的符号系统传递给自己的后人，不断增强了后辈的本民族文化意识。

四、同心回族妇女生育习俗变迁动因解析

（一）同心回族生育习俗的变迁动因

生育是人类繁衍和种族延续所必需的，是家庭的重要职能之一。在中国传统社会，“不孝有三，无后为大”的思想是根深蒂固的，多子多福、传宗接代在相当长的一段时期内一直是人们生育观念的主流。生男孩可以继承香火，养老送终，成为人们的共识。生育习俗不但受伊斯兰文化的影响，更多地融合了中国传统的儒家文化，生育观也以“多子多福，养儿防老”为主要内容。

生育观念、生育习俗对人们的生育结果有着直接的影响，生育习俗与生育基础、生育规范和生育取向有着密切的联系。习俗是人们在日常活动中世代沿袭与传承的习惯性行为模式，习俗的产生是人们社会存在的反映，也是人们适应环境维系生存的需要，也就是说，习俗的出现是有着特定的目的的。传统的生育观

作为一种观念、形态文化，具有传承性的特点，她对现代女性生儿育女的行为虽然仍产生着一定的影响，但已经悄然发生了变化。相对意义上男女平等的观念在一定程度上改变了原来重男轻女的观念，由原来的“多生”观念向“适度、优生”转变。

同心县若干年份人口出生率、死亡率、自然增长率变化

年份	年平均人口	出生人数	出生率(‰)	死亡人数	死亡率(‰)	自然增长	
						人数	增长率(‰)
1953	68688	3893	56.68	931	13.55	2962	43.12
1957	84207	4507	53.52	1031	12.24	3476	41.28
1958	88204	2384	27.03	918	10.41	1466	16. 62
1962	92908	1122	12.08	1175	12.65	-53	-0.57
1962	93277	5163	55.35	840	9.00	4323	46.35
1969	127304	6121	48.08	1234	9.69	4887	38.39
1970	134142	5656	42.16	930	6.93	4726	35.23
1981	201476	8172	40.56	1341	6.66	6831	33.90
1985	231068	3932	17.02	667	2.89	3265	14.13
1987	246709	6821	27.65	784	3.18	6037	24.47
1989	264614	8525	32.22	1160	4.38	7365	27.83
1990	273740	6434	23.65	1149	4.20	5285	19.30
1992	291175	7047	24.20	1363	4.68	5684	19.12
1995	309058	6064	19.62	1546	5.00	4518	14.62

资料来源：《同心县人口年鉴》第36页。其中1995年数据引自同心县计生委文件。

从新中国成立初至现在，同心回族的人口增长率基本上呈下降趋势，在一定意义上，老百姓们都遵守着计划生育政策。这种生育观念的转变有经济上的原因，也有文化上的原因，还有女性意识的觉醒。他们中，有相当一部分女性开始意识到计划生育的好处，并愿意接受这种政策。在经济因素、家庭因素以及传统习俗的作用下，同心回族群众的生育观念很有自己的特色。过去，在他们眼中，多生多福，有子便万事大吉，孩子太少长大后反而会孤立无援，没有儿子也无法抬起头来，即使生了女儿也会珍惜，但总会觉得心里空落落的。过去的生育胎次普遍是2—5胎，除了身体原因，几乎没有只生一个孩子的家庭，当然，这与宁夏回族自治区实行允许少数民族生育二胎的政策也有很大关系。现在则有它不一样的地方，在年轻人眼中，生男生女并没有多大的区别，而且只生育1—2胎，这样的生育观念与现代社会计划生育政策是相协调的。在政府推进计划生育政策的同时，这些观念又被注入新的文化内涵，从而得到了提升。今天，当地回族女性还认为：多生孩子对自身健康是不利的。

生育观念的变化同时也使得同心回族群众的出生率比过去有了大范围的降低，呈现人口老龄化状态。产生这一变化的主要原因在于当地回族百姓对于计划生育政策的认同、遵守以及当地繁荣的商业文化输送大批的生意人到大城市，还有因求学结束留在外地工作没有返回本县的外流人口。

（二）同心回族生育观的变迁动因

在哲学上，观念通常是指思维活动的结果——看法或思想。一般来说，研究者把生育观念看作“人们对生育问题的看法、态度与倾向”。

在中国传统的社会中，生育并不单纯是一种生理现象，也不是一个人的个人行为，生育往往成为家族延续的象征。“种族需要的绵延”是发生生育制度的基础。[①] 这种以“家本位”为出发点的思想，要求家族成员的行为举止、活动范围都必须从整个家族的利益出发。每个人的活动更大意义上是代表他的家族而非他个人，所以家庭成员以家的建立、存在、延续和兴旺作为毕生的追求。在这种传统的儒家思想的影响下，中国人传统的生育观念在数量上是“多子多福”、在性别偏好上是“早生贵子”。“多子”带来的不仅是经济收益，更多的是一种精神上的“福气”，可以使整个家族继续繁衍，男孩则被认为是家族繁衍的基础。

总的来说，经济发展水平、计划生育政策、传统的观念，对人口生育率有着重要的影响作用。对人类生育的抑制力量可以归纳为两大类：一类是社会经济因素；另一类是计划生育的因素。过去“多子多福，养儿防老”这样的传统观念在同心回族中是影响较为深刻的。传统的“多子多福”、“养儿防老”等生育观念，受落后生产方式制约，为增加劳动力的生育模式，在当地回族群众的思想意识中根深蒂固。现在，随着经济体制的改革以及老百姓们生活水平的提高，回族群众对于计划生育政策理解得深入，“多子多福，重男轻女”的传统观念在一定程度上被“男女平等”的思想所改变，成为新的生育观念。但由于当地回族受伊斯兰传统观念和儒家思想影响较深，它的城市化进程以及经济文化发展的速度较其他地区更为缓慢。

当地妇女主任丁少萍介绍说：“我们这里的计划生育工作比起过去做的还是比较好的，虽然比全国其他地方似乎有些差距，但是因为历史原因以及回族群众传统观念的根深蒂固，无法在短期内改变原本的生育观念。他们总是认为生一个孩子太过孤单，以后家族的兴旺是没有太多指望的。还好，自治区对于山区回族百姓的生育政策是允许生两胎，但必须间隔四年。百姓们对计划

① 费孝通著：《乡土中国·生育制度》，北京大学出版社1998年版，第101页。

生育政策还是比较认同的。”在当地做田野调查的时候我也发现，同心的老百姓是赞同国家实施的计划生育政策的，认为多生孩子不仅是违反政策，也给自己的家庭造成很大的负担。多数家庭主张现在的年轻人生两胎是最合适的。在生孩子性别偏好方面，在调查的十几户人家中，有80%以上的人认为，“虽然生男生女都一样，但最好还是有一个男孩，而且一男一女是最理想的生育方式”，但其中有相当一部分人不再因为没有儿子而不断地生养下去，这也成为现代同心回族人认可的生育观念。

同心县若干年份人口出生率、死亡率、自然增长率变化

年份	已婚育龄妇女（人）	出生人数	构成（%）			
			一孩率	二孩率	三孩率	多胎率
1995	53469	6228	38. 38	32. 69	21. 55	7. 38
2004	43065	4524	42. 74	38. 68	15. 19	3. 39

资料来源：同心县计划生育统计报表会审分析报告（1995 年、2004 年）

个案7：在调查中，丁主任也说了两件有意思的事情，使我对当地回族百姓的生育观念有了进一步的了解。丁主任说：“我们这里有个老婆子，70 多岁了，生了 8 个娃娃，6 个丫头两个儿子，听说还有两个儿子都小小就完了（夭折）。大儿子排行老六，说是生的时候他家爷将将 70 岁，起名字就叫‘七十’。她对大儿子可费了心劲呢，你望而个（现在），疼她最多的反倒是几个女儿，所以她老劝自己的孙辈们，儿女都一样，没啥关系的。”还有一件事情，“我们邻家给小儿子娶了一房媳妇，还是城里的，家里条件也好得很，可娶进门三四个月就是不见怀上，这老婆婆着急了，领上媳妇子到处找人抓药，还闹了不少偏方，还好，算是怀上了，这儿媳妇压力大呀，说是夜里做梦都想生男娃呢。命也好，真还就生了个男的，后头惹笑说还要不，想都没想就说，还得再要一个女娃才知足呢”。

生育观念的转变是受诸多因素影响的。一方面，人们生育观念的形成是在漫长的人类繁衍生息历史中继承下来的；另一方面，是来自特定社会、经济、文化、地理环境中长期的生活实践。在人们的生育观念的形成过程中，经济因素的影响是很重要的。改革开放以后，在党的富民政策和经济开发政策的指引下，同心回族群众的人均收入有了较大的提高，县里已经开设了很多家梳绒厂，兴建了几家商场，这些全都是回族群众开办的。家庭经济水平的提高，老百姓们对子女人口素质的期望值提高，加大了教育投资。还有劳动方式对纯体力消耗依赖的减弱，使当地回族妇女多育，以生男孩增加劳动力的观念发生了一些变化。计划生育政策由原来客观上约束人们的生育行为，逐渐转变为广大妇女的主观认同。实行计划生育，不超生已成为大多数妇女的自觉行为。

生育观念的变化也同时影响了家庭结构的变化。家庭是组成社会的细胞。家庭是任何个体在一生中最早接受教化的场所，因为人的本质在家庭中确立和实现。① 过去，同心回族家庭大多是三四代人同居共财的大家庭，这种家庭是以男子为中心而建立的，男子不仅具有财产的继承权，而且亦是世系计算的标志。在男子做主的家长权威下，妇女在家庭中的地位比较低，即使她们也要承担繁重的家务甚至是农田里的劳动，但仍然没有“很强的归属感”。随着改革开放后家庭经济功能的强化和计划生育政策的有效执行，传统的大家庭在逐渐减少，小家庭增多，女性在家庭中的角色发生了巨大的变化，从以前受压抑的地位中解放出来，表现出一定意义上追求男女平等的意识。这种意识也表现在孩子受教育的方面。过去，同心回族的教育文化水平十分落后，

① 彭立荣主编：《家庭教育学》，江苏教育出版社1993年版，第43页。

只有极少数的人念过书，大多数人是文盲，尤其是女性，几乎没有几个人接受过教育。而现在则不一样了，在同心当地，无论男女，只要到了上学年龄，都会送子女去读书。教育环境的改善，也给女性教育提供了良好的机会，当地考上大学的女性逐渐增多，还有很多女性已经在县以上部门担任行政职务。同心老百姓已经认识到子女受教育对改善家庭状况和提高家庭社会声望的作用，这一转变对当地的发展将产生深远的影响。

随着经济发展的城市化进程和剩余劳动力的出现，同心当地的回族年轻人已经不再满足于传统的生计模式，纷纷走出县城，到大城市寻求生存和发展的空间。有因工作和做生意举家迁出的，也有在本地没有出去而多方寻求商业契机的。回族人开始改变传统的单纯依靠土地为生的状况，生计方式出现了多样化的趋势。

马林诺夫斯基说过："生殖作用在人类社会中已经成为一种文化体系。种族的需要绵延并不是靠单纯的生理行为及生理作用而满足的，而是一套传统的规则和一套相关的物质文化设备活动的结果。这种生殖作用的文化体系是由各种制度组成的，如标准化的求偶活动、婚姻、亲子关系及氏族组织。"① 在现代社会里，科学技术、生产力的发展，居住环境的变化以及通信的进步，使同心回族家庭的生活方式、家庭结构、人们之间的交往方式等都发生着迅速而深刻的变化。教育的普及，使人们对计划生育政策的理解和支持，无疑使当地民众的生育观念发生着深刻的变化。生育观念主要体现在生育动机和目的、对子女数量和质量的选择、子女的性别偏好等方面。在生育目的上，多子多福、传宗接代的思想虽然在当地有一定的影响，但是与过去相比有很大的减

① ［英］马林诺夫斯基著：《文化论》，费孝通译，中国民间文艺出版社 1987 年版，第 27 页。

弱。女性文化水平的提高开拓了她们的视野，追求更多在社会上体现自身价值的机会。从生育质量上来说，由于要优育，花在孩子身上的精力和教育投入就会增加，这无形中提高了整个地区的文化素质。从生育性别偏好看，男女平等的意识有所提高，这也对新形势下当地回族家庭文化的构建有积极的推动作用。

（三）同心回族妇女生育禁忌的解析

在同心县，女性从怀孕到生育的整个过程中有很多禁忌。当地回族的传统观念认为，孕妇不能到人多的地方围观；不能参加别人婚礼；不能看死人入殓，即使是亲人也同样。当地传统观念认为孕妇生产忌讳在别人家中进行，也忌讳孕妇回娘家生产，认为妇女分娩是不干净的，所以要在医院或自己家中进行。过去接生时要请接生婆，同时会给接生婆一身新衣服，用以表示感谢和迎接新的生命；现在几乎是在医院里生产，家人为了大人孩子的安全，有时也是为了优生的需要。孩子出生以后，门楹上要挂红布条，客人来时便不言自明，也就不会冒失地闯入主人家中。妇女坐月子时的饮食也很有讲究。坐月子的妇女在同心被称为“月婆子”。“月婆子”在孩子刚出生的前三天，只能频繁地喝小米稀饭，偶尔也要拌点红糖。因为妇女分娩时失血过多，当地回族民众俗信红糖可以补血，小米含有丰富的营养，妇女产后身体虚弱，用这两者相伴食用既容易消化，又可以“透血”。[①] 这一做法更多的还是体现了民间流传沿袭下来的产妇坐月子饮食习俗。过了分娩前三天，“月婆子”就可以吃诸如薄面片、鸡蛋、牛肉等。生冷的食物是不能吃的，因为吃生冷的食物会闹肚子，影响婴儿的健康成长，并且会给“月婆子”留下后遗症，当地

① 透血：该地民众俗信小米稀饭可以将体内因为分娩残留下来的杂质透去，并不是只有余血。

回族俗称“做下病”。除了这些东西外，一些带刺的蔬菜也是不能吃的，当地人说吃了这些带刺的东西，孩子的肠胃会受到影响，还容易患皮肤瘙痒之类的疾病。

禁忌，是一种历史悠久且极为复杂的文化现象，是民俗学的重要学术概念。国际学术界将禁忌统称为“塔怖”。“塔怖”原是南太平洋波利尼西亚汤加岛人的土语，是神圣的、不洁的和危险的、不可接触的意思。在中国，与“塔怖”相对应的词便是禁忌。禁忌，《辞源》解释为“忌讳”。东汉许慎在《说文解字》中称：“禁，吉凶之忌也，从示林声。”“忌，憎恶也，从心曾声。”孔颖达疏称：“忌，禁也。”[①]“禁”和“忌”组成禁忌，就代表了一种约定俗成的禁约。禁忌，作为一种学术概念，它是指神圣的、不洁的、危险的、不可接触的事物以及由于人们对其所持态度而形成的某种禁制。

与男性相比较，女性的禁忌是复杂多样的，从怀孕生产到信仰祭祀，无不涉及。在男尊女卑的传统社会中，渗透着强烈的性别歧视。孕育生命、生儿育女本来应该是女性对人类社会做出的重要贡献，而在过去以男权为中心的社会中，女性的这种“贡献”，却被认为是“不洁”、“污秽”的行为，这不得不说是对女性发展的枷锁和桎梏。这种被神圣化、强制化的规范和禁忌，成为制约和阻止女性发展的内部阻力。

禁忌是社会规范中最古老的一种。从本质上说，禁忌是一种社会心理层面的民俗信仰。禁忌心理作为一种认知心态，表现在民俗事象上，或是由于畏惧灾祸的心理，或是由于敬畏和希求保佑的期望，或是由于趋同于大众社会心理和压力。禁忌心理往往带有很强的主观性、神秘性，甚至有些是迷信愚昧的，但却有很强的约束和整合力。

---

① 许慎著:《说文解字》，中华书局1963年版。

女性禁忌的传承依赖于民众的从众效应。禁忌是靠一代又一代人口耳相传而传承下来的。年老的人，从小对禁忌民俗耳濡目染，已经将禁忌作为生活习惯的一部分。年轻人以及有些知识的人，迫于老人、家人和社会的行为惯式，为了求得心理平衡，“宁可信其有，不可信其无”的心理构成了禁忌民俗得以传承的条件。它之所以得以传承，是由于人们的心理已经构成了一种思维惯式，形成了一种从众心理。当然，禁忌本身有让人们从众的心理传承性，在日常的生活中形成一种思维定式，遵从于这些禁忌准则，以求得生活的顺畅、求吉避凶。再者，禁忌也是一种希望的寄托。当人们遵从禁忌的时候，常常将消极避凶的心理与求吉祈福的心理结合起来，表达人们对未来的一种希望和对人生的一种期盼。同心的回族女性在怀孕和生产时忌冷水、冷风、忌阳光直射、忌外出等，这样的禁忌对于产妇的静卧和恢复健康是十分有利的。但是一些出于迷信的说法，如不许怀孕妇女围观、不许怀孕女性天黑以后出门等，这样的禁忌表现出对女性的某种歧视，则是缺乏科学依据的。①

习俗的变迁与社会经济的发展有着密切的关系。过去同心由于经济的落后，在生育和养育习俗上表现出一种落后性，比如一些女性禁忌，就表现出一种迷信的说法。由于经济的落后，在生育、养育孩子的问题上也受当时环境和条件的限制。过去同心的妇女生孩子多数是请接生婆接生的，刚出生的婴儿通常是喂一些甘草水喝，孩子生病了就会遵照一些懂医术的老者所说的方法，买一些药自己喂给孩子喝。同心过去盛行的一个医疗方法就是用类似拔火罐的方法燃烧艾草来驱除孩子的病痛，现在民间有些老者也还是用这种方法治疗孩子的疾病，俗称“艾灸”。过去，医

① 韦晓娟：《广西壮族妇女婚姻生育民俗及其嬗变研究》，载《广西师范大学》2005 年第 4 期，第 27 页。

院在一些老者眼中是比较忌讳去的地方，除非是得了很严重的病。这种略带保守的传统观念，一方面跟当时的经济生活条件有关；另一方面，民众们由于长期的落后观念，更相信民间的力量，同时也害怕医院会有所谓“邪气”，反而会伤着孩子。

当然，这种传统习俗现在越来越少了。现在同心的妇女们生育都选择在乡或县以上的医院，她们认为这样孩子的健康才有保障。婴儿的喂养也越来越科学，母乳、牛奶成为婴儿的主要食品，有些家庭还给孩子补充必需的钙片和维生素。婴儿还要定期到乡、镇、县级卫生院或医院去做检查或者打预防针，如果婴儿有病痛，也不会自己私自用一些土方来对付了，会到卫生院或医院去做检查治疗。

总而言之，各民族传统禁忌习俗变迁的大趋势是从蒙昧到理性，从迷信到科学。传统禁忌习俗大多起源于先民们对若干自然和社会现象幼稚虚幻的理解与认识，以及对某种神秘力量的莫名恐惧与无端敬仰。但随着人们知识与认识能力的提高，随着民族文化的理性化程度的增强，不合理的会逐渐消失，最终被理性的观念和意识所替代。

五、结　论

（一）同心回族生育习俗变迁的特征

对于任何一个民族来说，社会变迁是必然的，文化也正是在这种过程中得以不断丰富和发展的。[①] 同心县作为一个相对聚居的回族地区，在日复一日的劳动耕作中，民众遵守着循环往复的

① 黄淑娉、龚佩华著：《文化人类学理论方法研究》，广东高等教育出版社1998年版，第209页。

岁时节日，他们保持着回族传统的文化特质。然而，同心并不是偏僻、落后的角落，随着经济和民族文化的发展，越来越多的人开始关注同心。日趋繁荣的商业文化，加上学校教育的投入增加，很多同心人开始走出这里，当地老百姓的生活发生了很大的变化。

文化主体对本民族文化固有的认识和态度，在与外来文化对照和比较的过程中，还会因为行政命令的参与从而不断地发生微妙的变化。外来文化的到来，激发了文化主体对本文化的反思和再认识，从而相应产生了接纳或怀疑和抗拒的情绪，抑或是犹豫不决的行为结果。这种文化主体对自己文化固有的认识和态度，可以看作这一民族的自我意识和价值取向。民族意识是人们对自己归属于某个民族共同体的意识，在与不同民族交往的关系中，人们对民族生存、发展、权利、荣辱、得失、安危、厉害等的认识、关切和维护。[①] 简而言之，民族意识是一个民族对自己以及对自己周围关系的意识。

社会文化变迁和人的社会心理变化是相辅相成、密切联系的。社会心理是社会文化的重要组成部分，社会物质环境和人们生活习俗的变迁表现出社会文化中物质层面的变迁。政府政策的修订、改革和社会道德标准、行为规范的变化反映了社会文化中制度层面的变迁。社会文化的精神层面主要表现为社会心理，体现在价值观、思想观念等方面。因而，社会精神文化变迁从一定角度来看就是社会心理的变化。

从本质上看，同心回族的民族意识和民族观念是蕴藏在每一个族群成员之中的，是一个族群共同的心理和精神的集中体现，它是族群自产生以来不断积淀又不断变化发展的内在文化力量。

① 徐杰舜：《民族自我意识是社会文化变迁的内在动力——以广西贺县南乡壮族为例》。载《梧州师专学报》1996年第2期，第1页。

这种民族意识和民族观念将族群全体成员结合成一个统一的有机整体并确保了族群生存、发展的内在力量。它使每个当地穆斯林对族群具有强烈的认同感、归属感和荣耀感，并使每个人得以进行频繁的内外互动和认同，从而形成了本民族的一套共同的心理和精神。

外部特征主要指环境的变化和异质文化的移植、传播。文化是一种生活的形态，人类学家哈兰维认为："文化变化的原因是多种多样的。其中一个是环境发生变化，因之，文化也随之变化。"[①] 环境是人类赖以生存的基础，可以加速或妨碍社会的发展。一个族群如果具有良好的人文环境，便会对自身的发展产生不可估量的作用。环境对于人类社会所起的作用不同于其他生物界所起的作用。人类适应环境主要是积极的和主动的，环境不仅依靠自然和社会历史的条件而改变，而且随着人类社会影响而不断地改变自己的面貌。[②] 在经济、现代文明的强烈冲击下，同心回族所处的内外环境正在不可避免地发生改变，传统的社会经济形态也发生了变革，现代的生活方式和文化主体观念随着电视、电影、书刊、网络自然而然地得到了传播，并在潜移默化中影响着不同人群的思想观念和行为方式。

（二）同心回族生育习俗变迁的现代启示作用

任何一种社会文化都有一个由传统向现代的转变过程。这种变迁，是由传统的封闭、保守、被动向开放、主动、文明的转变过程，这是人们观念形成的变化，也是人的现实生存方式的变化，而且还是社会文明层次的变化。变迁是所有社会文化的特征，在现代化背景下，同心回族群众在经济生活、社会生活等方

① 石奕龙主编：《应用民俗学》，厦门大学出版社 1996 年版，第 105 页。
② 杨堃主编：《民族学调查方法》，中国社会科学出版社 1991 年版，第 15 页。

面都经历和正在经历着不同程度的变迁，同时也促进了同心回族生育习俗的变迁。从同心回族的这些变迁中可以看出：第一，变迁并不是传统文化及其内涵的全部丧失，而是传统因素和现代因素互渗、整合和文化重构，传统因素在社会生活的不同层面上发挥着重要的作用，新旧特质并存、互渗、相互适应，构成了同心回族社会文化变迁的基本走向。在婚礼、满月礼、割礼等仪式中，新的文化因素与传统得到了很好的融合。第二，在同心回族所经历的文化变迁中，物质层面的变迁速度比精神层面的变迁要快得多。在同心当地，回族民众的行为准则、价值观念并不是凝滞不变的。现代化的生活方式已经渗透了民众的生活，他们的生活方式在变迁的同时，文化内涵也在悄然地发生着变化，他们自身生存和发展的行为准则、价值观念也在发生着变化。可以看出，无论是乡土社会，还是城市社区，回族民众并不拒绝现代化，而是用自身和谐的方式在接受和适应现代化。

（三）结语

民俗文化是社会变迁和时代变化的真实反映和忠实记录。“民俗变迁是一个由外部因素带动内部因素，进而双方互动，从而改变原有文化逻辑的过程，它不是个别的、孤立的现象，而是一般的、整体的运动。”①

通过以上研究，可以看到，同心回族生育习俗的变化是民众社会生活的长期积累，无论是他们生育观念的变化，还是育俗形式、内容的变化，既有内在因素在起作用，也有外部因素在影响它们。总而言之，由于民俗文化的群众性和广泛性，每当社会发生变迁或者时代发生变化，当时的社会发展状况、历史风貌都可以从民俗文化中反映和凸现出来。“民俗文化意义的变迁与民俗

① 陶思炎主编：《中国都市民俗学》，东南大学出版社 2004 年版，第 1 页。

文化形成的变迁也通常处于异构状态，旧的民俗形式被赋予新的民俗文化意义而传承下来。”① 传统不是停滞不变的，同心回族的生育习俗也不是凝固不变的。首先，传统的生育习俗被赋予了新的时代特征，同心当地越来越多的回族群众开始接受新时代的洗礼，将传统的岁礼、割礼在保留相对完整的基础上，赋予了先进的因素，例如割礼举行的地点已经由家庭转向了医院，但这一仪式保存的还是非常完整的；其次，新的生育习俗也呈现出多样化、个性化的特征，从更深层次上也体现出文化多元化的特点。

中国传统社会是家庭维系的沃土，生育是人们永恒的话题。在生育的过程中，人们适应着本民族、本地区的文化生态环境，形成了属于自己的种种生育习俗，它在思想上影响着人们的生育观念，在行为上左右着人们的生育结果，规定着人们生育所遵循的准则。人们在遵循、沿袭生育习俗的过程中，不断积累、完善，使之积淀了丰厚的文化内涵，成为民俗文化中最具有代表性的一个类型。现代的生育观念是由原来的重男轻女变为一定意义上的男女平等，由原来的“多生”转变为“少生优生”。在同心县，我们可以看到这一观念的转变。现在的同心县，百姓们对于计划生育政策的自觉遵守，对于女性的尊重与重视，都深刻地体现出同心县的生育观念和女性意识。

同心回族的民俗文化在社会变迁的大背景中得以重构。民俗文化的一些合理因子被注入新的内容，从而得到了理性的提升这种变迁尽量保持了文化的继承性，减少了变迁所带来的文化震荡，从而最大限度地降低了文化变迁的代价。同心回族文化变迁合理的取向，说明了传统民族文化不仅有许多合理因子可以和现代性相互协调，而且还可以通过文化重构实现它与现代的相互适应。

---

① 仲富兰主编：《中国民俗文化学导》，浙江人民出版社 1998 年版，第 419 页。

参考资料

一、学术著作类

［1］钟敬文主编：《民俗学概论》，上海文艺出版社 1998 年版。

［2］高丙中主编：《民俗文化与民俗生活》，中国社会科学出版社 1994 年版。

［3］陶思炎主编：《中国都市民俗学》，东南大学出版社 2004 年版。

［4］张志立，汪玢玲主编：《中国民俗文化大观》，吉林人民出版社 1999 年版。

［5］黄淑娉，龚佩华主编：《文化人类学理论方法研究》，广东高等教育出版社 1996 年版。

［6］费孝通著：《乡土中国·生育制度》，北京大学出版社 1998 年版。

［7］高奇著：《走进中国民俗殿堂》，山东大学出版社 2005 年版。

［8］苑利著：《二十世纪中国民俗学经典·社会民俗卷》，社会科学文献出版社 2002 年版。

［9］万建中著：《中国民俗通志·生养志》，山东教育出版社 2005 年版。

［10］任骋：《中国民俗通志·禁忌志》，山东教育出版社 2005 年版。

［11］陈来生：《风俗流变——传统与风俗》，长春出版社 2004 年版。

［12］仲富兰著：《中国民俗文化学导论》，浙江人民出版社 1998 年版。

［13］王正伟著：《回族民俗学概论》，宁夏人民出版社 1999 年版。

［14］杨继国、马青著：《中国民俗大系·宁夏民俗》，甘肃人民出版社 2004 年版。

［15］杨启辰、杨华著：《中国穆斯林的礼仪礼俗文化》，宁夏人民出版社 1999 年版。

［16］秦惠彬著：《中国伊斯兰教基础知识》，宗教文化出版社 1999 年版。

［17］李希著：《中国少数民族现状与发展调查研究丛书·回族卷（同心县）》，民族出版社 1999 年版。

［18］马宗保著：《伊斯兰教在西海固》，宁夏人民出版社 2004 年版。

二、期刊论文类

［1］苏依拉:《青海蒙古族妇女的生育习俗与生育观》，载《民俗研究》1997年第1期。

［2］陈华文:《生育禁忌研究——生育文化研究之一》，载《浙江师大学报》1993年第3期。

［3］徐桂兰:《中国生育习俗的民族学解读》，载《民族研究》1998年第2期。

［4］许木柱:《男性成年礼的功能探讨》，载《民族社会学报》1977年第15期。

［5］杨万仁:《回族姓名述论》，载《西北第二民族学院学报》1999年第1期。

［6］刘晓春:《民俗与社会性别认同》，载《思想战线》2005年第2期。

［7］刁统菊:《亲属网络与性别建构》，载《西北民族研究》2005年第1期。

［8］姚远:《转变生育文化不应忽视习俗问题》，载《人口学刊》2000年第2期。

［9］李锦发:《少数民族生育习俗的文化内涵探究》，载《文山师范高等专科学校学报》2006年第6期。

［10］郑卫东:《生育文化研究述评》，载《南方人口》2005年第4期。

［11］张勃:《祈孕≠祈子说——兼及民众的生育观》，载《民俗研究》2004年第3期。

［12］徐桂兰:《中国生育风俗文化叠合论》，载《广西右江民族师专学报》2003年第4期。

［13］高梓梅:《生育禁忌文化心理阐释》，载《江西社会科学》2004年第1期。

［14］韦晓娟:《广西壮族妇女婚姻生育民俗及其嬗变研究》，载《广西师范大学》2005年第4期。

［15］李姗泽:《生育文化的田野调查与教育内涵分析》，载《西南师范大学学报》2003年第5期。

附录

田野作业重点访谈对象一览表（2006 年 7—8 月）

姓名	民族	性别	年龄	文化程度	职业
LZD	汉族	男	47	大专	同心县志办主任
YGR	回族	女	43	高中	同心县档案局资料管理员
DSP	回族	女	41	初中	同心县预海镇妇女主任
TXY	回族	女	71	文盲	同心县预海镇居民
HML	回族	女	49	小学	同心县预海镇居民
DGY	回族	男	36	小学	个体
DHX	回族	女	45	初中	退休职工
HGF	回族	女	37	小学	个体
TWC	回族	男	56	小学	同心县预海镇村民
YF	回族	女	38	初中	同心县城关回小老师
YXL	回族	女	21	初中	同心县预海镇居民
JGS	回族	男	46	初中	个体
SSM	回族	女	41	初中	个体

张家川回族婚俗新释

杨玉凤

一、绪　论

（一）选题的背景及缘起

婚姻习俗这一民俗事象在不同的地区和不同的民族中形成了多种多样的习俗惯制。婚姻的仪式、认识婚姻的态度以及选择配偶的条件方面都有鲜明的民族特色，从而引起国内外民俗学、人类学乃至社会学界的高度关注，对相关问题的研究也各具特色。在这诸多的婚俗研究中，关于回族婚俗的研究成果也颇丰。笔者作为回族知识女性的一员，自从学习了民俗学之后，对婚姻习俗产生了浓厚的兴趣，对婚姻中的一些民俗事象也产生疑问。例如，婚姻仪式中的禁忌和讲究。带着这些问题，笔者选择了张家川回族自治县作为调查地点进行大量的调查，并将女性主义视角引入研究。当然婚姻不是女性单方面构成的人生礼俗，但在婚姻的形成和婚礼的仪式中，笔者发现女性才是婚姻习俗的主要承载者，正因为这样，婚姻习俗的传承以形塑和规范女性为己任或者说是以维系和调解女性的心理平衡为生活模式的特定仪礼，所以笔者将这一研究引向对婚姻中的女性进行研究，即对女性的研究，由女性来做的研究，为女性而做的研究。

（二）选题的目的与意义

民俗是人民群众在长期的生活实践中创造、传承和享用的生活文化，就民俗本身而言，它是生活的一部分，是人们精神的源泉，它也离不开民众的参与。因此，对民俗的研究就不能仅局限于民俗事象本身，还应该关注参与民俗活动的人，即俗民。正是俗民对民俗事象的创造与传承，民俗才得以长期存在和发展。回族的婚姻也是在一定的社会环境中形成了特有的习俗。狭义的回族婚姻习俗是指男女双方相中到男女正式结婚这天之前的一段时间的各种仪式、活动等民俗事象；广义的回族婚俗还包括了从男女初长成并向以后婚姻的发展到婚后双方所遵守的习俗惯制和一切约定俗成的婚姻法则，和男女双方在整个过程中扮演的不同角色所具有的一切社会功能。对回族婚俗的研究也受到了人类学、民俗学和社会学等学科学者的关注，但大多都是对他乡民族民俗的调查研究，这种调查研究难以深入回族民间社会，触摸和透视回族社会的深层结构和民俗内涵。

笔者的童年和少年都是在传统的农村回族社区中度过的，接受了本民族文化的熏陶和洗礼，就像露丝·本尼迪格特在《文化模式》一书中所指出的："个体生活历史首先是适应由他的社区代代相传下来的生活模式和标准。从他出生之时起，他生于其中的风俗就塑造着他的经验与行为。到他能说话时，其文化的习惯就是他的习惯，其文化的信仰就是他的信仰，其文化的不可能就是他的不可能性。"① 而当我离开自己曾经生活的社区并接受民俗学专业的学习之后才感到，我所拥有的那些习惯和意识并不是关于自己民族的全部知识，但作为学习民俗学专业的回族成

① ［美］露丝·本尼迪格特著：《文化模式》，何锡章、黄欢译，华夏出版社1987年版，第2页。

员，我越来越觉得应该用自己所学的知识来研究和思考这个民族及民俗文化，作为知识女性，更应该关注自己民族女性的生活文化。

所以本文试图以张家川回族婚姻习俗为个案进行研究，试图从张家川回族的形成和历史文化背景出发，去阐释女性在婚姻中所创造和传承的民俗内涵，同时展示女性在创造文化过程中既能满足自己的需要又不会因为违背以男权为中心的社会主流意识形态而受到惩罚，在规范日常生活的同时，也为自己提供了宣泄和表达愿望的途径，从而突出女性在文化创造方面所作出的贡献，是她们的知识经验和智慧使得民族文化得以传承和发展。

随着人类学和民俗学的不断发展，对民族民俗文化的研究也越来越多。回族婚俗文化研究成果也颇多。本文将以民俗学的理论和方法为基础，从婚姻中的女性民俗重新审视这一生活习俗，关注女性和保护女性所传承的民俗事象，对婚姻习俗进行研究，从而了解整个民族地区俗民的生活现状，对民族民俗文化的保护具有重要的理论和现实意义，深厚的文化内涵及较高的学术价值。

（三）国内外研究动态

本部分主要是介绍国内外对婚姻习俗和回族婚俗研究的状况，并对各项研究成果加以评述，以对回族婚姻研究现状有个整体性的把握。

1. 对婚姻形态和亲属关系视角下的婚姻的研究

19 世纪中叶，达尔文提出生物进化学说，对婚姻形态以及婚姻礼仪研究产生了深远的影响，这种影响一直延续到 20 世纪，美国人类学鼻祖摩尔根在研究中全面引入了进化论，提出与社会形态相对应的婚姻形态进行理论。在摩尔根看来，人类的婚姻形态经历了从杂交、群婚到一夫一妻制的演化进程。

在20世纪中叶，结构功能论和结构主义理论秉承了摩尔根研究思路，将婚姻纳入亲属关系分析中，分别形成“家系论”和“联姻论”，并就社会关系的原动力问题展开学术争论。家系论的主要代表人物有拉德克利夫朗（Alfred Reginald Radeliffe - Broun）、福特（Dargall forde）等，他们主张代际关系的接续是社会组织的基础，认为婚姻家庭之间的关系，不过是社会结构的重新组合而已，而与这个理论截然相反的联姻论以婚姻交换为中心，认为乱伦禁忌让家庭之间通过婚姻结成亲属网络，然后以横向联姻为基础组建社会的框架结构，其代表人物主要是列维 - 施特劳斯（Claude Levi - Strauss）。

2. 对人生礼仪层面下的婚姻研究

凡吉纳普（Arnold van gennep）较早地对人生礼仪进行了系统研究。他通过对个体“人生危机”的分析，提出“通过礼仪”的概念。他认为一个完整的通过礼仪包括前阈限仪式，阈限仪式和后阈限仪式，通过他的解释，通过仪式的解释有两种：从社会角度看，它承认个体社会状态的过渡；从个体角度看，它经历仪式的个体对自己的社会状态有充分认识。凡吉纳普一直将过渡仪礼的思想贯穿于订婚与婚礼的始终，他认为“婚礼是一项重要的社会行动”，是一种“永久性地加入新环境的仪式”①。格尔茨（Cliford Geertz）也曾对仪式进行了深入研究，他认为：“在仪式中，生存世界与想象世界借助单独一组象征符号形式得到融合，变成同一世界。”从而“塑造一个民族的精神意识”②。利奇也注意到仪式在生存世界和想象世界中的意义，只不过在表达方式上与格尔茨略有差异。他强调仪式所表达的是，实际经历的世界与

① 吉国秀：《婚姻习俗研究的路径：评述与启示》，载《沈阳师范大学学报》2006年第2期。

② ［美］克利福德·格尔茨著：《文化的解释》，纳日碧力戈译，上海人民出版社1999年版，第129页。

抽象思维中的另一个世界之间的关系，而文化则在其中起到了交流和解释的作用。在有关通过仪礼的论述中，利奇从互表的时间和空间出发，将通过仪礼的意义总结为跨越社会界限，并且标志着社会时间流失的间断。①

3. 国外学者在中国社会背景下的婚姻习俗研究

除了以上的理论研究外，一些外国学者对中国婚姻习俗也进行了研究，这类研究集中讨论了中国的婚姻、婚礼、亲属结构等问题，其中马丁关注婚礼中婆家与娘家的地位平等，将娘家的优势地位解释为姻亲在“亲属仪式”中扮演的积极角色，认为强大的姻亲到场可以帮助姐妹的夫妇家庭完成角色转换，因而具有控制婆家的优势。② 霍姆格林（Jennifer Holmgren）研究中国北方的婚姻与亲属制度，并且就寡妇再婚，婚姻与地缘的关系，亲属关系与政治控制等问题做了深入探讨。德国的罗梅君对中国北京的生育婚姻习俗也进行了深入的研究，反映了婚姻是繁衍后代的手段，是扩大和加强亲友关系的途径，具有宗教色彩。但是除了他所描述的这些以外，婚姻习俗还与当地的社会关系和社会背景紧密相连。

20 世纪 50 年代，伴随着我国民俗学的兴起，我国学者的婚俗研究出现了一派繁荣局面。研究主要集中在婚姻的外在形态与婚礼上，或者侧重于构成程序、与六礼对比、相关民俗事象的产生、传承与演变等。在方法上强调古今对比，对婚姻习俗的起源进行历史重构。这种起源式研究强调时间因素，立足于动态视角，把古今婚俗事象放置在历史发展的不同阶段上，从而赋予婚姻研究以历史的质感。重要作品有陈鹏的《中国婚姻史稿》、鲍

---

① ［英］埃德蒙德·利奇著：《文化与交流》，郭凡译，上海人民出版社 2000 年版，第 80—82 页。

② 吉国秀：《婚姻习俗研究的路径：评述与启示》，载《沈阳师范大学学报》2006 年第 2 期。

宗豪的《婚俗文化：中国婚姻的轨迹》、祝瑞开的《中国婚姻家庭史》、尚会鹏的《闹洞房》和马之辅的《我国婚俗研究》等著作。

4. 回族婚俗研究

在我国回族婚俗研究方面也出现了一大批学者，对回族婚俗的总体和现象进行了专门研究。元末人所著《辍耕录》记载了杭州回族人婚礼的场面[①]；在清朝，回族学者刘智的《天方典礼·婚姻篇》中就谈到了回族婚姻习俗的整个过程。[②] 近几年对中国回族婚俗的研究出现了一批学者：文化教授在回族婚姻家庭研究方面颇有成就，她对回族家庭成员中的成员关系进行了详细的阐述。[③] 王正伟对回族的婚姻观和婚姻形式以及回族婚礼程序与习俗表现进行了详细的描述，反映了回族婚俗的独特性和伊斯兰文化对婚姻的影响。[④] 周传斌、马东平详细地阐述了回族婚俗在中国传统文化与伊斯兰文化的双重影响形成的特色和地域上的差异性。[⑤] 马伟华在《宁夏农村回族择偶习俗及功能探析》一文中概述了同心县河西镇农场村回族的择偶习俗和择偶习俗的社会功能，反映了当地近年来婚姻中存在的问题。[⑥] 马健君在《回族婚俗的传统与现代流变——以西安回族婚姻民俗文化为个案研究》一文中阐述了回族婚俗近几年的变化。[⑦]

---

① 白寿彝著：《中国伊斯兰史存稿》，宁夏人民出版 1983 年版。

② 刘智著：《天方典礼》第 49 卷，天津古籍出版社 1988 年版。

③ 文化著：《回族婚姻家庭面面观》，兰州大学出版社 2007 年版。

④ 王正伟著：《回族民俗学概论》，宁夏人民出版社 1999 年版。

⑤ 周传武、马东平：《回族婚俗文化论》，载《西北第二民族学院学报》2001 年第 4 期。

⑥ 马伟华：《宁夏农村回族择偶习俗及其功能分析——以同心县河西镇为例》，载《青海民族研究》2006 年第 2 期。

⑦ 马健君：《回族婚俗的传统与现代流变——以西安回族婚姻民俗文化为个案研究》，载《回族研究》2001 年第 4 期。

5. 张家川回族婚俗研究

有关张家川回族婚俗的研究有李忱的《张家川回族婚姻习俗及特征》一文，该文详细地描述了张家川回族婚姻的五大过程，即说亲、定亲、送礼、过门、回门等，并对张家川回族婚姻形成过程中必须具备的条件——做了说明，比较客观地反映了张家川婚姻的基本形式。① 他的研究可以使人们更加了解张家川回族的婚俗习惯和生活现状，但没有从根本上去挖掘其婚姻仪式的内涵。马国柱从家庭内部的关系方面论述了张家川回族中的人际关系和行为模式，反映了婆媳关系和妯娌关系，也几乎没有反映俗民个体在群体中进行角色转换上的内心的基本情况。虎有泽分析到受时代变化和地区的影响，不同民族的婚姻在形态和礼仪上表现各异，指出张家川回族婚姻习俗遵守伊斯兰教教义，同时受当地和周边汉族的影响，他重点比较了民国时期和现今婚俗形式的异同点，但并没有深刻地反映张家川回族婚俗在仪式中的基本内涵，没有解释存在于形式后面的基本内涵，没有解释存在形式后面的精神实质。②

6. 回族女性文化方面的研究

丁宏的《回族妇女与回族文化》一文从宏观上阐述了回族妇女研究的大文化背景，认为回族女性文化从属于回族的民族文化；反之，回族文化也寓于回族女性文化之中。回族女性文化比男性文化更具有回族传统文化的特征。③ 在其《谈回族研究中的性别意识》中，又最早提出回族研究中应引进性别观点，从性

① 李忱：《张家川回族婚姻习俗及特征——兼谈回族婚姻的基本条件》，载《甘肃民族研究》1992 年第 4 期。

② 虎有泽著：《张家川回族社会变迁研究》，民族出版社 2005 年版。

③ 丁宏：《回族妇女与回族文化》，载《中央民族大学学报》（社会科学版）1998 年第 2 期。

别角度分析和研究中国回族社会。[①] 骆桂花以民族社会学的理论、方法为依托，总结了回族女性研究的内涵、理论基础、面临的困境以及研究领域的拓展，并认为现阶段的回族女性研究大体可分为两类：一类是回族女性基础研究，主要是对回族女性解放、回族女性发展的基本原理、基本规律、基本原则的研究；另一类是应用理论研究，主要是对现实生活中回族女性现状和女性问题进行对策性研究，即围绕中国改革开放、经济建设为中心和平等发展的主题，研究社会生活中出现的女性问题。[②] 马忠才以分层与流动的社会学视角建构了回族女童教育的动力模式，他认为回族女童是底层社会中的弱势群体。在现代化和传统边际的回族女童，教育在一定程度上可以改变她们所处的不利地位，有助于向上层社会的流动。在三种社会流动途径中（婚嫁、外出务工、大中专升学），受教育并不是人们所期望的那样给予人以相同的回报，就业难等不利因素使回族女童只能在边缘中守望。可见，回族女童向上流动的空间是狭小的，机会是有限的，这反过来又制约了女童教育的长远发展。因此，要保证受教育机会平等，社会流动机制才会公正，才能大力提高回族女童的教育质量，帮助她们实现社会流动。[③] 长期以来，对回族妇女的研究依附于对婚姻制度的研究，换句话说，人们因为关注和研究回族婚姻制度使得回族妇女的状况被反映。马平认为回族“妇女外嫁禁忌”作为“民族内婚制”的表象之一，表达了回族的民族心

① 丁宏：《谈回族研究中的性别意识》，载《回族研究》2002 年第 3 期。

② 骆桂花：《民族社会学视野下的回族女性研究》，载《青海民族研究》2004 年第 4 期。

③ 马忠才：《分层与流动：回族女童教育的流动机制》，载《北京大学学报》（哲学社会科学版）2006 年第 S1 期。

理素质、宗教情愫和民族文化习俗等内涵。① 王晓燕认为表象上女子不外嫁是族外婚的一种表现形式，但从本质上讲，它反映了回族的民族认同。这种回汉认同不仅局限于宗教本身的认同，还应包括伊斯兰教的文化和习俗及其建立在该文化和习俗之上的心理素质的认同。② 以上关于婚姻习俗、回族婚姻习俗和回族女性与婚姻的研究颇丰，但是从女性角度进行研究的还不多，所以本文在写作方法与理论的运用上对笔者而言都是一种挑战。所以希望在前人研究成果的基础上结合自己的田野作业实际和独立思考，对回族婚俗做出民俗学学科意义上的、科学的、深入的分析研究。

（四）本选题相关的理论概念阐释与方法

1. 相关理论

（1）民俗控制论。每一种较为成熟的民俗文化，都有较强的教化功能和规范功能，对其俗民个体有着较强的控制能力。在日常生活实践中，即使经常处于循规蹈矩恪守习俗惯制的人，往往也面临民俗制裁的可能和危险。那是因为习俗本身除了一般性要遵守的规范外，还有许多强有力的约束力和制裁的手段。从这个角度来理解，任何个人的习俗化过程都是一个受民俗约束的过程，在约束当中任何人也都会感觉并意识到民俗制裁的威慑力。就像乌丙安教授在《民俗学原理》一书中提出的民俗控制论，即指："社会对个人或集团的行动所做的约束，指社会有意识或无意识对个人所施加的影响。"③ 在民俗学看来："民俗控制在习

---

① 马平：《回族婚姻择偶中的"妇女外嫁禁忌"》，载《西北民族研究》1998年第2期。

② 王晓燕：《论回族婚姻及"女子不嫁外"婚俗》，载《西北民族大学学报》2006年第4期。

③ 乌丙安著：《民俗学原理》，辽宁教育出版社2001年版，第136页。

俗环境中大致可以分为两大类：一类是俗民群体依据习俗规范来约束，有具体意向的要求俗民成员无条件遵守，如有违规越轨行为，就会受到惩罚；如能规范遵守就会受到表彰奖赏。另一类是由某些民俗事象在习俗化过程中对俗民个体施加影响，促进俗民在实践中想当然地恪守其约束，形成一种自然而然的控制力，一旦违背了这些民俗的约束，立即在俗民的心理和精神上产生巨大的压力，并把这种压力作为一种自我惩罚或超自然力的惩罚。"①民俗对俗民个体的控制类型有六种：隐喻型、奖惩型、监测型、规约型、裁判型或禁忌型民俗控制。②

（2）民俗传承论。钟敬文先生在阐述民俗的传承理论时说，民俗的"传"的特征上出现了两种"传"的特征表述：一是"民俗的传承性，是指民俗文化在时间上传衍的连续性，即历时的纵向连续性，同时也是指在民俗文化上的一种传递方式"。二是"民俗的扩布性则指民俗文化在空间伸展上的蔓延性，也是指民俗文化的横向传播过程"③。乌丙安教授的《民俗学原理》中认为："传承论的提出是从人类民俗活动的所有传的行为着眼入手的，而不是从一种形式的传的行为发生出来的。它包括民俗的一切传的形式或行动方式。它既包括由一代传给另一代，也包括由一个局面向另一个局面的传，还包括在横的方向直接或间接地传递。"④

在民俗事象的若干特征中，传承性具有法则性的本质特征。民俗学在探索传承的法则性的本质时，不得不关注俗民们的主体位置，他们是民俗文化的承载者，是民俗活动的操作者和民俗知识的集散者，他们世代相继的民俗文化和习俗惯例是规范社会的

---

① 乌丙安著：《民俗学原理》，辽宁教育出版社 2001 年版，第 138 页。

② 乌丙安著：《民俗学原理》，辽宁教育出版社 2001 年版，第 167 页。

③ 钟敬文著：《民俗学概论》，上海文艺出版社 1998 年版，第 13 页。

④ 乌丙安著：《民俗学原理》，辽宁教育出版社 2001 年版，第 284 页。

主要支配力量。

2. 相关概念的界定

（1）女性主义。女性主义（Feminism）一词，最早出现在法国，意味着妇女解放，后传到英美，逐渐流行起来。明治时期在日本一度流行，向几千年男尊女卑的传统提出质疑。“五四”时期传到中国，定为女权主义，20世纪20—30年代西方国家的妇女，基本上争取到了政治权利，但在社会生活与人们的观念中仍与男子不平等。女权主义者开始认识到这其中有一个性别关系和性别权利的问题，所以女权运动就演变分为男女为何不平等，男女的权利的架构，强调性别分析，从女权主义到女性主义并没有本质区别，而是认识的加深，女性主义是理论与实践相结合，是一种男女平等的信念和意识形态，旨在反对包括性别歧视在内的一切不平等。① 并在20世纪后半叶的发展中超越自身成为一种价值观念和进行人文社会科学、甚至自然科学研究的方法论原则，在人类思想文化领域引发一场革命。作为一种学术视角，女性主义以性别为镜头透视和分析各个学科的历史与现状，理论与实践，并在这种透视中，通过批评和建构来承载和刷新各个领域。女性主义作为社会学科的一个理论流派，学者以独特的方法论来研究社会问题。它强调身体、感情和知觉，向男女不平等提出挑战，抨击男性中心精神，理性和逻辑，提出社会科学的新观点和新方法。因此女性主义也有自己的特点，女性主义视角也有其独特之处。笔者认为女性主义除了可以概括为：可以消除性别歧视，结束对妇女的压迫为政治目标的社会运动，以及由此产生的思想和文化领域的革命以外，还可以概括为：女性主义就是指以性别视角来看待和分析问题的一种方法论原则。同时，女性主

① 刘钊：《论中国90年代“女性散文”的概念界定》，载《长春师范学院学报》2004年第3期。

义研究就是以女性为对象的研究，由女性来做的研究，为女性而做的研究。其研究的目的不至满足好奇心，而是重塑妇女在认识上的主体地位。

（2）女性民俗。几千年来，中国封建社会对女性的性别歧视，形成了全社会对女性独立存在意义的漠视。但是不可否认的是，一切民俗活动，都是由两性来共同创造和完成的。因此也能折射出女性民俗是相对男性民俗而提出的，是在男性民俗创造的活动系统中作为被要求和被规范的对象表达的。因此学界也逐渐把女性民俗作为一个独特的客观存在物来进行研究。但是，女性民俗目前并没有确切的概念界定，只是在女性主义的研究基础上涌现出的女性文化研究。邢莉教授主编的《中国女性民俗文化》是最早以女性民俗文化为研究对象的著作，具体描述了女性民俗文化存在的事实，但没有对女性民俗文化的概念做理论上的科学表达。乌丙安教授在《民俗学原理》一书中提到民俗划分为48个系列，其中就有“两性民俗”的子要素。[①] 文化教授主编的《传统与现代的语境：西北少数民族女性民俗与社会生活》一书也将女性民俗作为研究的重点对象，充分证明了女性民俗的存在。在邱国珍、李文、吴翔之的《女性民俗与社会和谐——以温州市为例》一文中，对女性民俗作了详细的阐述：“民俗作为传统的‘集体无意识’，经由历史凝聚传承下来，是千百年来人类代代相传的社会生活经历和经验的沉积物。民俗的实质表现了极自然的人性、人情，可以说民俗文化具有最彻底的真实意义。而运用社会性别的分析视角，我们看到了女性民俗在社会文化中的存在，人类学家认为基于男女两性在生理和社会方面的差异，在不同的文化规范中引起来生计分工，婚姻家庭关系和社会角色等方面的两性差异。因而，文化实际上也打上了性别色彩的文

① 乌丙安著：《民俗学原理》，辽宁教育出版社2001年版，第27页。

化，众多的民俗事象也难免映射出社会性别文化的特征。我们关注文化，关注民俗，就应当看到性别差异的存在对民俗的影响，更应该看到女性民俗所具有的个性。女性参与民俗的创造，民俗塑造了女性，要认识女性特质及真实的女性心理，对女性民俗文化的研究是必不可少的。”①

3. 研究方法

（1）文献分析法。本文参考文献资料大多是从民俗学的角度阐释回族婚姻习俗的文章，还全面搜集了有关女性主义视角所写的论文，在方法上以便借鉴。

（2）田野作业法。民俗学研究的科学性必须用田野调查的第一手资料来保证，因此，要对张家川回族婚俗进行研究，必须是理论与田野调查相结合，在调查过程中，笔者通过访谈和观察法，结合当地民族文化底蕴和民间风俗习惯，切实展现张家川回族女性在婚俗文化的创造和传承中所做的贡献。

需要着重说明的是：本文将女性主义的研究方法引入民俗文化研究中，并以张家川回族婚俗为例，探讨女性民俗在民俗文化发展中的形成和传承。女性主义本身流派纷呈，主张各异，笔者努力抛弃女性主义的门户之见，仅采用女性主义个别流派共同的内涵，即“对女性的研究，由女性来做的研究，为女性而做的研究”。②

---

① 邱国珍、李文、吴翔之：《女性民俗与社会和谐——以温州市为例》，载《民俗研究》2008 年第 1 期，第 41 页。

② 李银河著：《女性权利的崛起》，中国社会科学出版社 1997 年版，第 127 页

二、张家川回族婚俗形成的背景

（一）自然地理环境

张家川地处六盘山地槽与陇西陆台两大地质单位的过渡地带，为六盘山经向构造与秦岭纬向构造接壤处。地理坐标为北纬34°44′—35°11′，东经105°54′—106°35′，地势由东北向西南倾斜，海拔在1486—2659.4米，东北部陇山巍峨，峻岭重叠；西南部山峦起伏，沟壑纵横。源于陇山纵贯全境的六条山梁，宛如手指，自东北向西南伸展。境内地貌复杂，北部为陇山石质，土石山地，中东部红土与红砂岩黏土相间的山地，中西部为黄土梁峁沟壑山地。①

张家川县属于温带大陆性季风气候。由于地形的多样性，形成了光照充足，无霜期较少，春旱，气温起伏突出。东北部为温寒半湿润区和温寒湿润区，气候偏冷，光照较差，无霜期短，雨量充沛，霜冻、低温、冰雹、秋涝为其主要灾害。全县气候差异较大，年平均气温7.45℃，无霜期163天左右，全年日照时数2044小时，年降水量592.1毫米。其特点是：夏短而不热，冬长而严寒，雨热同季，夏润冬燥。②

虽然张家川县的自然环境欠佳，但是地理位置却很特殊。东接陕西省有陇县，南邻清水县，西连秦安县，北与华亭、庄浪县接壤，周边这些县都是汉族人居多的县，和其他县经常从事贸易活动，相互之间交流频繁。所以张家川县回族文化也受到了汉民

① 张家川回族自治县地方志编纂委员会：《张家川县志》，甘肃人民出版社1999年版，第3页。

② 张家川回族自治县地方志编纂委员会：《张家川县志》，甘肃人民出版社1999年版，第4页。

族的巨大影响。

张家川县的自然地理环境，耕地面积占1311.8平方公里总面积中的58.18万亩，山地占54.12万亩，占耕地面积的93%，粮食作物有五科20种，其中禾本科有冬小麦、玉米谷子、高粱等。茄科有洋芋（土豆）。豆科有大豆、豌豆等。经济作物有胡麻、大麻、向日葵、油菜等。①

（二）张家川回族聚居地形成的历史背景

甘肃回族的来源最早可追溯到唐代。当时唐王朝强盛，丝绸之路畅通，沿丝绸之路甘肃境内的主要干线，北线南线进入中国以经商为目的大食穆斯林中有一些人因羡慕甘肃地区的繁荣和富饶留居当地，逐渐娶汉族女子为妻妾。② 南宋末年，随蒙古军队的西征，大批回回东迁，在元朝统一全国后，他们留居各地，从事戍边、屯垦、看守仓库等工作，他们同所居地的其他民族的女子结婚，这样回族又有了新的发展，人口也不断增多。元代交通呈现繁荣的景象，西域回族进入甘肃一带，丝绸之路得到进一步的开通。据《张家川的回族与伊斯兰教》记载："张家川位于陕甘津要，是古丝绸之路必经的交汇点，安插回回军屯垦是完全可能的，同时，元代回回在西北为官的也不少，其中受命屯田斯士者，而随回回官员来的部属民众的回回人，就是张家川回族的来源之一。"③ 根据史料记载，回族先民进入张家川县是在宋元时期。"北宋真宗天禧三年（1019），遣传蒲麻勿陀婆商，副使蒲加心等入贡。先是其人贡路，繇沙洲，涉夏国，抵秦州。"④ "西

① 张家川回族自治县地方志编纂委员会：《张家川县志》，甘肃人民出版社1999年版，第4页。

② 慕寿祺著：《甘宁青史略》第3卷，华文书局版。

③ 吴钰编著：《天水回族史略》，甘肃人民出版社2000年版，第11页。

④ 《宋史》卷四百九十《大食列传》，中华书局1977年版。

域回鹘人中就有因与汉人贸易，而迁入秦陇山区者。”[①] 而张家川时为秦州属地，位居秦岭之西的关山，旧属清水县，即秦陇山区，故此，在北宋有穆斯林在张家川地区的活动是有可能的。[②] 明代洪武二年（1369），今张家川县地属陕西行省巩昌府。[③] 明洪武初设茶马司于秦州，从此，张家川在丝绸走廊之中的地位日升。

在明代，甘肃和陕西已经是回回的主要聚居区域。[④] 张家川境内已有不少回族居住。他们大多从事以农为本的农业经济，并形成了以一族一姓为基础的“大分散、小聚居”回族村庄。这些回族就是清代前期张家川回族的来源。

在长期的生产劳动中，张家川回汉民族和睦相处，建立起深厚的民族感情。回民反清斗争时，汉族群众对回族的反压迫、反歧视表示同情和支持，解衣增食，大力接济。清穆宗同治元年（1862）闰八月，陕西固关回民 1000 余人，因受清军胁迫，携眷离境，来到张家川上磨村一带，这也是张家川回民的又一来源。在回民反清斗争失败后，清政府把被迫投降的官兵安置到张家川各乡各村。（1）李德仓部队在宁夏固原投降后，一部分安插在西海固一带，3.1 万人安插在张家川：包括张家川本地人安置到原村庄定居。而部队中的礼县盐官人主要分布在渠子乡、张棉驿乡和梁山乡的各个村庄，秦安莲花城人分布在上磨瓦泉沟和龙山西沟、渠子乡、胡川乡、张良乡等乡和村。陕西固关人定居在上磨刘家、崔家村一带。（2）崔伟部的人大多是陕西凤翔籍回民军和眷属共 1 万余人，安插在恭门镇、张川镇和龙山镇一

---

① 《陇州续志》末卷·杂记。

② 《张家川回族与伊斯兰教》初稿油印本 1990 年版，第 4 页。

③ 张家川回族自治县地方志编纂委员会：《张家川回族自治县志》，甘肃人民出版社 1999 年版，第 57 页。

④ 《回族简史》编写组：《回族简史》，宁夏人民出版社 1978 年版，第 13 页。

带。(3) 毕大才部的人多为陕西泾阳、三原、蓝田回族，安置在连五乡境内。[①] 回族人通过以上的安置，从而形成了清同治年张川回族聚居的格局。李德仓所属南八营回民（炒面客）聚居在张家川及周边地区，为中片；崔伟部回民（米汤罐）居住在恭门镇及周边地区，为东片；毕大才部居住在龙山镇及梁山一带，为西片。以上是清同治年间回民起义失败后，被清政府安置在张家川的4万多回族的分布情况。从此以后，张家川的民族成分由汉多回少变成了回多汉少的分布格局，张家川地区形成了回族聚居的村庄。其中木河乡和川王乡是纯回族乡。以上回族的迁入使张家川的民俗文化都发生了多样性的变化。直到1953年张家川从原属清水县分离出来，成立张家川回族自治县，设立乡、镇、村民小组和居民委员会。在经历了200多年的发展和演变后，土生土长的张家川人逐渐形成了自己的民族特色和民俗文化。

（三）人文环境

张家川县内有名胜古迹多处，有春秋战国时期的烽火燧台多处，有秦防西戎的堡寨遗迹，有三国时期的街亭古战场。位于县城北3.5公里处的宣化冈拱北是中国伊斯兰教“哲赫忍耶”门宦圣地，构成了张家川独具特色的人文环境，特别是以横亘县境东北部的关山风景区为主体，形成了具有“清、幽、秀、雄、奇、险、俊”特点的旅游景点，其中“白岩劲松”尖石山，“九龙朝凤”云凤山，“丝绸古道”老爷岭等最为秀美险峻。

清朝时，西北地区回民起义失败后，清政府强迫陇南和陕西回民大迁移，形成张家川回族聚居区。全县31.97万人口中回族

① 张家川回族自治县地方志编纂委员会：《张家川回族自治县志》，甘肃人民出版社1999年版，第299—300页。

人口20.69万人，占到69%。境内伊斯兰民族风情浓郁，民风淳朴善良。随着被清政府安置在张家川回族的迁入，也给张家川带来了其他教派也正因为在生活习惯与宗教派别上的略有不同，更丰富了张家川回族婚俗文化，为整个民族文化增添了不少的光彩。

三、张家川回族婚俗

（一）张家川传统回族婚俗

婚姻是组建家庭的基本条件，而家庭是构成社会的最基本单位。家庭作为人们赖以生存的前提条件，它会给人们带来欢乐和幸福，也可以说家庭是人们对自身价值的积极肯定。所以婚姻向来受到个人和社会的重视，因为婚姻不但完成了种族的繁衍，而且满足人们生理、心理需要，更重要的是它是维系社会关系的不可或缺的纽带。因而任何一种文化，任何一个民族都很重视婚姻的缔结，回民的婚姻当然也不例外地受到重视和关注。《古兰经》中多处强调男女两性结合的重要性，“你们中未婚男女和你们中善良的奴婢，你们应当使他们互相配合”①，“婚姻为人道是大端，古今圣凡，皆不能越其礼而废其事也。废此，则近异端矣”②。可见《古兰经》并不主张独身，希望每个男女都有自己的情感和家庭归属。

也正因为人们对婚姻及其仪礼的重视，所以婚姻也是文化人类学和民俗学研究非常有意义的对象，对婚姻习俗的研究也必不可少，下面主要介绍传统的张家川婚姻习俗中的一些民俗事象。

---

① 《古兰经》，马坚译，中国社会科学出版社2003年版，第32页。

② 刘智著：《天方典礼》，天津古籍出版1988年版，第199页。

1. 择偶标准

“男长为之婚，女长为之嫁”，“正教结婚，乃真主明命，违刺者逆矣”。[①] 所以子女长到婚配年龄，父母都会为他们张罗婚事。在张家川回族婚姻习俗中，男的到了婚配年龄，父母可以为之打听谁家有好女，然后托付媒人上女方家说亲事，而女子在婚配年龄时是被动的，只能等媒人上门说亲，父母即使着急，也不会大张旗鼓地为女儿找媒人说亲，因为这样在人们的眼里是不光彩的，被人说成“倒央媒”，婚后有什么矛盾，婆家会说是没人要的，是父母送上门的。所以，养女儿的人一般在女儿相亲的时候是被动的。而男方父母可以大张旗鼓，可随便找合适的媒人说亲，这也显示了男尊女卑的社会地位。在择亲的时候当然双方父母都可以有自己的标准。在外貌上，在张川有这样的俗语：“男看汉子（个子），女看辫子。”这也就是说七尺男儿，个子高大威猛是最佳的选择对象，而女子如果有一头乌黑的马尾辫，就会被认为是漂亮贤淑的。但近些年人们对这方面看的不是很重要，因为外出上学或打工，在城市追求时尚，大多女孩子已经是一头带卷的金发，虽然不很受欢迎，但还是会勉强过了公婆的关。在家庭情况上，在前几年还流行给女儿看婆家的习俗，主要看男方家粮食口袋多不多，家里有多少亩地，养了多少头牛，多少只羊，看家里房子多不多，还要看有没有水，离水泉远不远。因为靠着山的农民在前几年没井，只能在泉边排队挑水，当然这也是择偶时考虑的主要标准。另外，稍微开通一点的人还要看交通方便与否，回娘家有没有车坐。在田野调查时，笔者搜集到这样一个例子。

个案 1：YFY，女，小学，1999 年结婚。

---

① 王岱舆著：《正教真诠》，宁夏人民出版社 1999 年版。

“我16岁的时候，家里说媒的人很多，我娘家那时候做生意，我爸认识的人很多，所以给我介绍对象的人也多。其实父母看着我年龄也小，又恐怕错过好婆家，就叫我相亲，看了几个，各方面都好，可我不愿意。后来看了我们那儿桃园村的一个，他爸是龙山合作社的主任，那男娃娃在外面上学，家里情况还算好，媒人说嫁过去就有了领工资的女婿，家里听了觉得也不错。在媒人的安排下，我们家人去他家看家。他家的房子都旧了，但还算多，粮食房也堆得满满的，他的人看着表面还行，就是个子不高。桃园村在山上很远，没有车路，只能走着去。我当时去的时候穿了双高跟鞋，去的时候没走到一半路，我脚上就起了泡，回的时候我脱了鞋走，哭了一路，回家死活不愿意，父母也觉得不行，认为交通不便，以后回娘家不容易。后来找了我现在的丈夫，离县城骑自行车只有十分钟，回娘家也可以坐车。他个子也高，回我娘家我也觉得体面。”

2. 择偶范围

《古兰经》肯定了穆斯林的婚姻对象选择权，强调男女双方都是穆斯林。在张家川县区内，回族和非穆斯林结婚的很少。

个案2：MXY，女，大学本科，2008年结婚。

“我在上大学一年级的时候认识了我以前的男朋友，他是汉族，甘谷人。相处了5年，我们还是不欢而散了。当时我们相处得很好，可家里特别反对，他去了我们家好好表现自己，打扫院子，帮我妈挑水。可我妈不让，并且把大门关得紧紧的，她说要是邻居看到了会说闲话，说我们来了汉民娃娃，人家都会笑我们的。他为了能和我结婚，让我带他去清真寺，叫阿訇为他起了经名，皈依了伊斯兰教。他那时也很虔诚，经常去寺里礼主麻，也跟着我封斋。可家里还是反对。其实我哥在西安找的对象也是汉族，家里也没怎么反对，他们还风风光光的在家里办了喜事。就我的事家里死活不同意。可我当时还是坚持与他结婚，我偷走家里的户口簿和他办了结婚证，家里还是不同意我们结婚，当时我妈也被气病了，她茶饭不思，整天在炕上睡着，她说她抬不起头见亲戚邻居，最后没办法，我只有选择分手了。就嫁给了现在的老公，他和我一起当老师，家里也挺高兴的。”

当然也有结婚的。在调查中，笔者了解到有个别男的娶了非穆斯林女子。可在结婚后，对女方的歧视是很明显的，重大的宗教活动都不会让她们参加的，讲究的老人不吃她们做的饭菜。女的嫁给非穆斯林的也有，不过基本跟娘家脱离了关系。其实父母也很心疼自己的女儿，但是有压力，所以他们还是宁可选择不认女儿，也不要别人说三道四。

不难看出，这种习俗惯制在当地人的心中已经扎下了根，即使有人在妥协，也逃脱不了民俗的控制。每一种较强文化的教化功能和规范功能，对其俗民个体都有着较强的控制力。这就是我们在前面提到的民俗控制论。“第一类是由俗民群体依据规范的约束，有具体意向地要求俗民成员无条件遵守；另一类是由某些民俗事象在习俗化过程中对俗民个体施加影响，促使俗民在实践中想当然地恪守其约束，形成一种自然而然的控制力，一旦违背了这些俗民的约束，立即在俗民心理和精神上产生巨大的压力，并把这种压力作为一种自我惩罚或超自然力的惩罚。”① 在这里我们看到的正是乌丙安教授提出的民俗控制论的六种类型的一种，隐喻型民俗控制，“是民间约束俗民行为先期防范性控制的类型。它通常贯穿在习俗化过程的早期民俗教养的实施中。所说的隐喻，实际上指的是用虚拟的或纪实的人物形象作比喻，展开

① 乌丙安著：《民俗学原理》，辽宁教育出版社 2001 版，第 138 页。

叙事情节的母题进行的预警教育，从而达到控制人的目的”。①

即使皈依了伊斯兰教，在人们的头脑中，他们仍然是非穆斯林。这种意识也根植在这些乡村女性的意识中，使他们在择偶时不敢超越特定信仰民俗视阈的界限。

除了这种严密的族内婚以外，在张家川的回族中还突现教派内婚配现象。张家川的回族穆斯林分为四个派别：格底目、伊赫瓦尼、赛莱非耶和哲赫忍耶这一门宦。在张家川的回族中，也不愿意和外教派人通婚。如果有婚嫁现象的，他们之间的往来也相对较少。

个案3：MXY，女，58岁。

“我三儿媳妇是庄河村的伊赫瓦尼，每年古尔邦节，家里宰了牲，她都会来帮着收拾，准备待客的食品，可到请阿訇念的时候她就走了，也不吃。大儿媳妇、二儿媳妇和她娘家都是哲赫忍耶，每次上坟念素儿的娘家都来人，三媳妇娘家一个人也不来，弄的两家关系也不是很熟，给人感觉是三媳妇把自己隔离了出去。”

张家川回族在儿女娶嫁时，教派也是个很重要的因素，尽量选择教派内通婚，当然这没有族外婚的界限那么严格，但也是有限制的。

3. 成婚的传统流程

张家川回族传统婚姻习俗受周围汉族婚俗礼仪的影响，从形式到内容表现颇为复杂。主要表现在提亲、见面、讲礼钱、定亲、定日子等几个方面。

（1）提亲。在前面我们谈到了择偶的标准和范围，如果都

① 乌丙安著：《民俗学原理》，辽宁教育出版社2001版，第168页。

符合双方要求的话，就可托媒人向女方提亲。对于提亲，张家川回族是非常讲究的。前些年人们生活水平比较低，提亲一般拿四色礼，其中包括茶叶、红枣、核桃、花生各一斤，装在竹子编的小圆笼里送去，如果女方家不退礼，说明答应了这门亲事，也就愿意将自己家的女儿嫁过去。近几年人们生活水平也提高了，对于礼的要求也相应提高了，一般都送八色礼，其中有茶叶、红枣、核桃、桂圆、牛肉、大米、花生等，根据情况而定，但茶叶、牛肉和大米是必不可少的。把所有礼品装在红色手提包里，让媒人送到女方家。

（2）见面和讲礼钱。见面即双方父母带着自家的子女在媒人的撮合下找个地方见面，也称为瞅对象。以前，男女只有一面之交，相互远远地看一眼，凭第一印象，如果成就成，不成就拉倒。现在人们思想稍微开放了些，见面之后，可以安排男女双方单独聊聊，互相了解一下。如果双方互相看上，就可以“接换手”，即相互送一定数额的钱作为见面礼。先由男方给女方400元或800元钱，然后女方再返回男方一半，然后大家可以一起喝茶或吃饭，增进了解。一般认为接过“换手”以后的婚姻就是可靠的，很少出现反悔的现象。

在看中并接了换手之后，最重要的事情就是讲礼钱。双方通过媒人传话，商定看男方家能给女方家多少彩礼。其中多半娘家会置办成嫁妆给女儿陪嫁回去。在彩礼商定好以后，可以商定订婚的日子。

（3）定亲。定亲之前，男方家会给女子买几套衣服，一些鞋袜和化妆品，也有的女子要求给自己买银耳环或银镯子。除了给女方本人送的东西以外，男方还会给女方的爷爷和叔叔们带上四色重礼，还要为女方的姐妹和朋友们带上一些糖、手帕或头绳，称为“喜头绳”。定亲的当天女方家会以宴席款待男方家来的客人，因此此项活动在婚礼流程中也是比较浓重的。女方家的直系亲属和旁系血亲都要参加。一是公开自己家的女儿已经选定了如意郎君，预示着要出嫁；二是让男方家要知道女方家人多势重。女方家也会给新女婿送一套衣服，小白帽一顶，鞋袜，还有女子为自己的对象绣制的鞋垫。爷爷和叔父们也会给新女婿一些钱或礼品。招待完客人之后，女子的姐妹和朋友会向她要男方家带来的“喜头绳”，大家一起嬉闹，向她表示祝福，也同时希望她能带给姐妹们喜气，期盼她们能早日找到自己的如意郎君。张家川的回族人都很讲信誉，定亲后如果一方有什么疑惑或不满，没有充足的理由和借口是不能毁掉婚约的，如有则双方的名誉都会受到很大的影响，其他人也不愿意与他们再次联姻。

4. 定日子

定日子即是在双方订婚一段时间后，双方家庭都有为子女完婚的打算，在媒人和双方家庭的商定下，给娘家送去聘礼和占羊。礼钱便是以前商定好的数额，同时牵一只占羊，给占羊的双角缠上红毛线，表示喜气。也有人送牛腿或雌雄鸡，称为“递话鸡”，即表示女方家要出嫁自己的女儿，很伤心，送去一些钱财和物品，给予慰问和帮助。送礼和订婚时的程序差不多，就在送礼这天男方家一般都会请能说会道的人去和女方家商定结婚的日子。回族婚礼日期比较讲究，选择的日子通常为主麻日，即星期五，也有选择星期四的。相传穆罕默德圣人在这两天打了胜仗，即是吉利的。也受当地汉族的影响，一般选择在农历的双日。随着社会的发展与进步，张家川回族群众的观念也在更新，一般选择在秋凉以后或者入冬时节办理婚事，这个时节家务活较少，准备的肉和菜也可以多存放些日子。近几年由于年轻男女外出打工，一般选择在春节前后放假的日子，不耽误结婚，也不耽误挣钱。

5. 传统张家川回族婚俗中的民俗事象阐释

（1）茶礼的源流。在很多地区和民族，茶礼与婚礼密不可分，婚俗的方方面面也离不开茶。所以通常把受聘礼称为“下茶”或“吃茶”等。“百里不同风，十里不同俗”，饮茶这个似乎很简单的生活现象，一旦融入不同民族和地区的风俗习惯中，便演化出了异彩缤纷的茶俗。在张家川回族的生活中也离不开茶的身影。招待客人，按礼先上盖碗三泡苔茶，以表示对客人的欢迎和尊重。当然在张家川回族的婚俗中也少不了茶。俗语说：“吃了谁家的茶，就是谁家的人。”张家川回族在提亲、送礼、回门都必须给丈人带上上等的茶。《茶疏》中说：“茶不移本，植必子生，古人结婚，必以茶为礼，取其不移植之意也。种茶下子，不可移植，移植不可复生也。”故女子受聘礼谓之“吃茶”。“又聘以茶为礼者，见其从一之意，二称皆谚，亦有义存，焉耳。”① 由此看来，行聘礼用茶是暗寓婚约一经缔结，便不反悔的意思。受过人家的茶礼，便有信守不渝的义务。在张家川回族中，在婚礼当天，新娘还要为公婆敬盖碗茶，换口叫爸妈，爸妈高兴，便给儿媳妇红包，以示接受和祝贺。这进一步表明，茶不仅是定亲时的重要物品，而且是众多的回族婚俗环节的一种重要的民俗载体。

（2）媒人的角色。“天下无云不下雨，地上无媒不成亲。”“男女非有行媒不相知”，这些都讲了媒人在婚姻缔结过程中的重要性。媒人是撮合男女成婚的重要人物，在《说文解字》中解释道：媒人，又称“媒妁”。“媒”，谋也，谋合二姓者也；“妁”，酌也，斟酌二姓者也。在张家川回族中，即使男女双方是自己恋爱谈好的，也缺不了媒人在中间的沟通和牵线。“明媒正娶”，暗示了婚姻的正式性，另外，媒人也是婚姻结成的主要见证人。当然媒人也有撮合不成的时候，张家川俗语常道：“媒人吃了千只鸭，婚事不成是口话。”“媒人吃了千只鹅，婚事不

① 方川、王怀义著：《民俗思维》，黑龙江人民出版社 2003 年版。

成没奈何。”也就是媒人在牵线搭桥的过程中男方家为了答谢媒人，给他不断地送去鸡鸭鹅，同时也会送一些茶叶。婚事不成媒人自己也没办法，也不能说叫媒人退还这些东西，只怨两家没缘分做亲。在张家川习俗中，说媒是一件光荣的事情，所以大家也愿意做这件好事。在整个婚礼完成之后，媒人的任务就基本完成，男方家一般都会给媒人送一些钱和物品表示答谢，还会送去一双鞋，以前都是手工做的千层底布鞋，这些年都送皮鞋，称为“媒鞋”，人们也通常把媒人叫“跑烂鞋”。在张家川花儿中有这样一首：

青山跑成白路了，单单说成双双了，
鞋底磨成洞洞了，婚姻大事成功了。
（LMM，女，87岁）

也就是媒人在说婚事的过程中，在男女双方家跑来跑去，经常会穿烂几双鞋。婚后男女如果有矛盾，也会托媒人说和，平息两家的争议。所以媒人在整个婚姻过程中扮演了重要的角色。当然也有些媒人不考虑双方的个人感情，乱撮合婚事，笔者在调查中也发现有责骂媒人的小曲：

蜡梅花红，男盗女娼。
不怪我的父亲，不怪我的娘。
怪媒人男盗女娼。
吃我的媒饭，害嗓簧。
穿我的媒鞋，害脚簧。
戴我的媒帽，害秃疮。
（LMM，女，87岁）

这也反映了媒人在说媒的时候不顾及男女双方是否愿意，是否合适，只是以“父母之命，媒妁之言”成全了男女的婚姻。当然在媒人中也有一些职业媒人，在说和婚事的过程中，就是为了得到个人的一些利益，而违背了成婚男女的意愿。

（二）女性民俗在婚姻习俗中的传承

女性民俗文化是女性在自己的历史发展过程中逐渐形成，并反复出现，代代相袭的民俗生活文化事象，它包括在漫长的历史长河中，妇女的衣食住行习俗、生产工艺习俗、婚姻礼仪习俗、生育习俗以及民间信仰等。它是勤劳善良的妇女创造、开拓，并从事的，并在妇女中默默地传承着，构成了女性生活文化的主体与核心。张家川回族妇女亦创造了灿烂的民俗文化，在整个民族文化中也具有重要的价值。民俗是社会生活中的一种普遍现象，它不仅蕴藏在人们的精神生活中，也表现在人们的物质生活中。伴随着人类社会的产生而产生，并不断地传承、变异。民俗学正是探索充满在俗民生活中的传承的习俗及观念的学问，并通过这种研究阐释民俗的历史意义及现代意义。“其性质有两个方面：一是以传承资料为基础，研究俗民从古到今传达下来的人类生活方式，思想观念，以总结并追寻俗民的日常心态，感觉和体验为目标，并对某些民俗方面做出反思。另一个是沿着俗民所传承的事象及其实证，去把握以往俗民自身并未意识到的相互关联和结构。”①

1. 择偶前女子的生活习俗

当女子初长成时，父母或兄嫂们开始张罗她们的婚事，常说女儿是人家的人。女子自己心里也开始琢磨自己的婚事。这对她们自身来说无疑是非常重要的，即通常所说的终身大事。在父母

① 乌丙安著：《民俗学原理》，辽宁教育出版社 2001 版，第 288 页。

跟前成长了十几年，但她的大半生却要在另一个家庭度过。她不能不考虑，那将成为自己终身伴侣的夫婿是什么样子，公婆又如何，有没有刁钻或凶悍难处的姑嫂妯娌们？她们对自己的将来要么是一片憧憬，要么充满担心，一切都在别人媒妁和父母乃至兄长的掌握之中。所以她们处在忧郁和伤感中。同时母亲和嫂子们开始要求她们在各方面都要向一个标准的儿媳妇、标准的妻子过渡。

（1）着装习俗

衣、食、住、行中排在首位的是“衣”，当然张家川回族对女子的衣着也有很高的要求，对待出嫁的年轻女子要求更高。女子到了择偶的年龄，也就正值青春期，她们自身也开始注重自己的打扮，开始修饰，注重自己的形象。现在随着社会的发展，文化的交流，年轻姑娘们也开始追求时尚与漂亮，但同时要建立在得体大方、朴素、稳重的基础上，不能过于花枝招展。张家川回族中有句俗语“前襟自己穿烂了，后襟别人指烂了”，就是说姑娘们如果穿衣不符合当地的民俗标准，别人就在后面指指点点。另外张家川回族女性的着装离不开穆斯林着装的要求。《古兰经》中说道：“阿丹的子孙啊！我确以为你们而创造遮羞的衣服和修饰的衣服，敬畏的衣服为优美。”① 因此我们看出，着装应该得体而大方。在张家川回族女子中，她们风华正茂，母亲们要求她们穿舒适而合体的衣服，衣服不能太紧而显外形，不可外露腿脚和手臂，在张家川的回族女性中很少见到穿短袖和中袖的人，即便在炎热的夏天。要是穿得稀薄、透明或露体，被认为是一种轻浮而不庄重的行为。这些看似简单，内在复杂的过程，具体说来正是女性实现其民俗文化的基本过程，她们模仿认同，外在强化，自我内化，不断地适应自己的民俗角色。

① 《古兰经》，马坚译，中国社会科学出版社 2003 年版，第 26 页。

（2）言行习俗

张家川回族多居山沟或小平川，人们相对来说比较保守，他们对自己子女的言行要求非常严格，尤其对自己的女儿，要求说话声音低而平稳，不能大笑，大笑在别人眼里是差成分的（也就是脑子不够用）。张家川俗语说："一大笑，差一窍。"择偶前的女子为了找到满意的夫君，对自己平时要求也很严格，按照自己的民俗角色期望而去调整自己的言谈举止，给别人留下贤淑、乖巧的印象，以便别人介绍亲事。这也是受中国儒教三从四德文化的影响，坐不摆腿，站不摇裙。时刻保持端庄的姿态。除此之外，择偶前的女子也不能太张扬。在张家川回族家庭中，家里来了客人，女子不能进客房，拿东西或端茶送饭到门口止步，由父母或兄弟转接进去，如果随便进入，让别人认为这家的女子野着哩。今后也会造成说媒的人减少（在张家川回族中，如果说媒的人越多就越自豪，觉得自己家的女儿乖巧贤淑）。另外平时在家吃饭也只能在厨房里和嫂嫂们一起吃饭，不能和父母长辈挤在一起，吃饭也不能狼吞虎咽，当地俗语道："一个女儿，吃个米儿。"即吃饭要少吃，吃饱就好。再次，"男女授受不亲"的观念也束缚着她们与异性交往的自由。出门也不能随便与自己年龄相仿的男孩子说话，会引起闲言碎语。从这些行为我们似乎看出张家川回族女子是封建的、保守的。但正是这些习俗对她们的约束与引导，形成了时时保持检点个人言行的提醒机制，塑造出矜持而稳重的回族妇女的形象，成就了成千上万个和谐的家庭。从上面两个方面我们看到习俗化养成是伴随着人的自然成长而成长的，无论是在待嫁的习俗过程中还是在成长的习俗中，女性都扮演着传送、接受、习得运用，养成的主要民俗角色。从而女性民俗文化的传承是不可忽视的客观存在。也就是两性的生理差异引起生产活动，社会活动，家庭角色等诸多方面呈现的巨大差异，所导致的民俗生活也有了差别，特别是在性别习俗的养成中，行为和禁忌都放在了突出的位置。

2. 女子待嫁过程中的习俗

自从定了亲事以后，在娘家还可以享受最后的自由。但是同时在定了亲事后也有了自己的担子，其实这段时间也是一个过渡期，在娘家学习闺房教育，学习做饭、料理家务，同时还要为自己准备嫁妆，缝衣刺绣，在很短的时期内向家庭主妇的民俗角色过渡。

（1）学习做饭，操持家务

在张家川回族中，出嫁之前学习做饭是必不可少的事情。人们经常夸赞谁家的姑娘擀得一手好面，谁家的姑娘能蒸得一笼好馍。这都是夸赞该姑娘做饭的手艺已经很精湛了。因为在张家川回族中，大多数人每天只吃两顿饭，早上必须蒸一笼热花卷或馒头，再配一锅烩菜，这是常见的吃法，因为张家川气候干燥，陈馍馍放不到隔夜就发硬。下午一般吃面条，擀一手长面是非常骄傲的事情，来了客人一般用“出汤面”招待，在家一般常吃“碎面”，被称为“鸟舌头”，即切得碎面和鸟儿的舌头一般大。如果待嫁之前学不会这两样，就很成问题。所以待嫁的姑娘们经常在一起交流蒸馍馍的技巧和做饭的技艺。常说做饭这事“会了不难，难了就是不会”。看似简单的做饭，在真正操作起来可不是什么容易的事情。笔者在调查中发现了这样一个例子：

个案 4：LFF，女，48 岁。

“我在娘家的时候有嫂子和姐姐，所以很少做饭，我基本连看都不看，饭熟了嫂子喊一声我去吃就成了。当时年龄还小，家里就来了媒人说媒，我和姐姐一起出嫁了。姐姐她早就什么都学会了，在婆家受得好评。而我，虽然当时只有 16 岁，到了婆家就被看作大人，我不得不下厨做饭。我嫁过去之前妯娌们都已经分家出去了，没人给我指导，我在做饭的时候根本把握不来量。

有一次我做了一锅碎面，往锅里放盐，当时我们家是粮贩子，比较穷，装盐的罐头瓶子连底儿都没，下面垫了块硬纸板，我倒的时候不小心，下面的硬纸板恰好掉了，盐从底下都倒进了锅里，我只觉得有些多了，可不知道怎么办，就使劲搅，认为搅化了了就应当没事了，可饭已经苦了，我硬着头皮给公公婆婆端了去，我不敢往婆婆脸上看，婆婆尝了一口，把饭和筷子都从窗子里扔了出去。然后婆婆叫儿打了我一顿。从那以后，我经常回娘家跟着我娘和嫂子学做饭，掌握一些技巧，没几年，做好了。现在我常给我的女儿教做饭，叫她嫁了人别像我一样闹笑话，也别挨打了，我以后脸上也光彩些。”

除了做饭这一大难题外，操持家务也是待嫁女子的一大责任。在家做到早睡早起，父母、兄嫂们还没起的时候就得赶紧起来喂牛喂羊，打扫前后院子，冬天还要负责烧炕。把家里收拾的一尘不染，叫老人们觉得她们已经懂事，能够在婆家独立操持家务事，嫁过去长辈们也就放心了。再说，也不会听到婆家人的闲言碎语，说三道四的。

（2）准备嫁妆

在女子定了亲事以后，她已经成了半个婆家的人。在定了亲事到结婚这段时间内，她得慢慢从思想和行动上向婆家过渡，也就开始忙着为自己准备嫁妆。其实就是给自己绣制一些日常用品，像肚兜、鞋垫、枕套和窗帘和门帘之类的刺绣品。做得一手好针线活对于张家川的回族女子来说也是一种荣耀。俗语说：“忙嫁妆，忙嫁妆，忙就忙在绣花上。”她们刺绣的图案大多是双喜和鸳鸯之类，手巧的姑娘还在窗帘和门帘上绣制了龙凤呈祥的图案。除了表面上准备生活用品以外，她们心里也充满了对美好生活的向往。绣制这些图案也就体现了中国传统文化对女性民俗文化的影响，这些图案正是象征了吉祥、幸福，也象征了情投意合。这些农村回族姑娘们也憧憬着自己的婚姻和未来。把一颗芳心都系在这些作为嫁妆的刺绣品上。另外，也是为了未来的婆婆能肯定她的针线活，也同时肯定她自己。老人常说："婆婆的脸色好看不好看，就看媳妇的好针线。"她们除了给自己绣制的这些用品外，还要为自己未来的夫婿绣制精美的鞋垫，嫁过去后送给他和他的兄弟们，一是给自己的未来的丈夫充面子，二是炫耀自己针线手艺。

（三）婚礼仪式中的女性习俗

婚礼是人生中的一个最重要的仪式，通过婚礼仪式，"实质是向周围的人宣告一个新家庭的诞生，这件事情还意味着这个家庭所在的家族兴旺发达，因为它不仅是接纳了新成员，更重要的还意味着家族的血缘由此可以得到延续，'传宗接代'的夙愿可望实现，家族的势力得以扩大"。① 除了这些，还可以向社会公示并让民众承认新人的结合，并给予他们祝福。从女性视角来分析，我们可以引进"通过仪式"。"通过仪式"是法国民俗学家凡·热纳提出的，他指出，人生礼仪就是个人从一种社会地位向另一种社会地位转移的时候所举行的礼仪。即在婚礼中可以分为"通过仪式"的三个阶段。女子出嫁，就得离开娘家，这段短暂的时间里呈现出"分离仪式"，与自己的娘家人告别。而在从娘家门里娶出到嫁到婆家的过程中，她既已经不是娘家的人，也还没有成为婆家的人，也就处于一个无限定的状态，即"过渡仪式"。女性此时对于出生的娘家来说，她是"外人"，因此在结婚之前她的身份在某些方面始终处于不明确的状态，只有结婚，她才获得了明确的家庭和家庭地位。"妇人生以父母为家，嫁以夫为家，故谓之嫁曰归。"所以，在经过暂时的过渡仪式后，她

---

① 顾希佳著：《礼仪与中国文化》，人民出版社 2011 年版，第 277 页。

就进入人生的下一个阶段。而在她被迎进婆家的门之后，阿訇为他们念了“尼卡哈”后，她就进入了新的状态，重新被社会接纳的礼仪，即“统合仪式”。正是因为这些礼仪的丰富多样，俗民们更加珍视自己创造的这些习俗惯制，一代又一代扮演着这种平平常常又不乏意蕴的民俗行为，从而获得生活的乐趣，实现人生理想。

1. 开面与洁身

女子在出嫁前的几个月，一般会换发饰，平时可以扎羊角辫或披发，而在出嫁前大多会梳理成马尾辫，证明自己已经稳重而成熟，当然在出嫁前留长发是必然的，在婚后可以挽起发髻戴回族穆斯林戴的小白帽或可以戴头巾，头发太短容易掉落。在张家川回族妇女中，只有结了婚才能戴白帽，结婚之前不能戴白帽的，只能戴头巾。

在结婚前一个晚上，即将做新娘的女子首先要洗了大净，洁净全身，因为第二天将会是自己的一个新的起点。因此穿戴也要换上全新的，连身体也要洁净如玉。当然，一个洁净无瑕的女子应当净体毛，然后才能洗上大净。其次，最重要的是“开面”或叫“开脸”。一般请儿女双全的妇女，用两条棉线互相绞合，为女子拔除脸上和脖子的汗毛，使其肌肤光滑如玉，面目全新。再用打碎的瓷花瓶刃修理出柳叶眉，看上去就像当地俗语所说的：“柳叶眉毛弯又弯，线杆鼻子端上端，樱桃小嘴真好看，粉红的肌肤胜牡丹。”

2. 摆嫁妆习俗与女性荣耀的显示

嫁妆是女子出嫁时从娘家带到婆家的衣服，家具和其他用品，又被看作娘家为出嫁姑娘所陪送的礼品。在张家川，被称为“添箱”。由于娘家经济情况的不同，出嫁女子从娘家所带走的嫁妆的数量和种类差别也很大。但嫁妆的多少和厚薄在民俗观念中不仅表达了父母对女儿出嫁时所表示的一份心意，也答谢了女儿在娘家所做的一切家务，另外也代表了新娘的身价，为新娘在婚后争取面子，并为以后在婆家的地位的高低奠定了坚实的基础。因此，无论娘家贫困与富裕，父母都会尽最大的努力为自己的女儿置办嫁妆。在结婚这天早晨，娘家会把所陪嫁的东西摆在院子的显眼的地方，让亲朋好友们观看。除了娘家陪嫁的被褥和毛毯、毛毡、家具、电视、洗衣机、冰箱和摩托车等大件外，还要摆放给女儿陪嫁的衣服和女儿在出嫁前所做的刺绣品和日常用品。特殊的是，要把女儿为自己和夫婿绣制的刺绣品摆在突出的地方，让亲朋好友看到自己家的女儿的针线活过关，并且是心灵手巧的。新娘也为自己的嫁妆感到自豪，让自己的朋友们看她的陪嫁品。新娘的朋友们也会给新娘送去一些礼品，有她们自己绣制的刺绣品，也有买的花瓶和脸盆之类的东西，同样被称为"添箱"。一是体现了朋友对新娘恋恋不舍的友情，同时也是羡慕她有了自己的如意郎君和这么多好看的嫁妆。这些东西也作为嫁妆和新娘自己的东西摆放在一起，这正是张家川回族所说的"摆嫁妆"。还要选新娘的嫂子或姐姐妹妹中的一个人，专门为她看守这些物品，称为"看嫁妆"，娶亲的人进娘家们娶亲之前就是要收嫁妆，收拾之前必须给看嫁妆的人给一些钱，在得到允许后才能收拾，要么被看作是犯了规矩。

3. 堂客的选择和撒"伴女钱"的习俗

在张家川回族婚俗中，娘家送亲和婆家娶亲的伴娘，被称为"堂客"。堂客要么是新郎新娘的姑姑或姐姐，要么是舅妈或嫂嫂，但必须是儿女双全，父母健在的妇女才是堂客的最佳选择对象，凡是符合以上条件的还必须是未孕的妇女，并且不能在经期。在堂客的选择上之所以这么认真仔细，其实也是希望新娘能像堂客一样生儿育女，传宗接代。在弗雷泽的《金枝》里讲到了交感巫术，并且把交感巫术分为两个方面：第一是"同类相生"或"果必同因"；第二是"物体一经互相接触，在中断实体接触后还会继续远距离的互相作用”。前者可称为“相似律”，即“顺势巫术”，后者可称为“接触律”或“触染律”，即“模仿巫术”。[①] 在这里我们看到送亲和娶亲的女堂客，她们在新娘从娘家到婆家的这一段路上搀扶着新娘，选择她们是希望她们能把自己生育的能力传染给新娘，即“相似的东西产生相似的东西”。[②] 另外，婆家的堂客在娶亲去的时候要带上自己穿过的颜色鲜艳的外套，称为“熟衣”。去娘家迎亲的时候娘家叫新娘套在自己的新衣服上面。还要带上“回盘”，即大米、喜糖、核桃和枣子之类的一起装在米袋里扎紧。《不下带编·卷二》载：“今杭州俗用米带承毯，名曰：‘代传’，又曰：‘代代相传’，以袋隐代。”在张家川回族婚俗中，大概也隐含了这一代代相传的寓意。另外，还要给娘家带上一二百块的零钱，俗称“伴女钱”。在娘家朝着来的亲朋好友撒去，大家争着抢，谁抢到就意味着沾到了喜，抢到“伴女钱”的女子也将会出嫁，所以好多未嫁女子不好意思去抢，当然新娘会给他们分发一些，叫她们沾到喜气，给她们送去祝福。撒伴女钱也将婚礼在娘家举行的仪式推向了高潮，院子里热闹非凡，增加了不少喜气。

4. 新娘娶进门的习俗与禁忌

结婚是男女的终身大事，可男性还是在自己的家里，在自己的父母身旁，他在角色转换与民俗礼仪上显然比作为新娘的女性要少得多。新娘必须嫁到婆家，必须进婆家的门，而在进婆家的这个门的过渡仪式中，形成了不少的习俗与禁忌。

在张家川回族中，除了娶亲和送亲的两位堂客外，还有男女双方家的亲戚朋友或邻居中选定的各八个男人娶送亲。一是证明

① ［英］詹·弗雷泽著：《金枝精要——巫术与宗教之研究》，刘魁立译，上海文艺出版2001年版，第16页。

② ［英］詹·弗雷泽著：《金枝精要——巫术与宗教之研究》，刘魁立译，上海文艺出版社2001年版，第21页。

对婚姻的重视，明媒正娶；二是双方家庭为自己撑面子，证明自己家是德高望重的。所以一般会选择一些有名望或有身势的老人或精干的年轻人，新娘的哥哥或弟弟是必不可少的人。新娘在婆家人的迎娶和娘家人的欢送中进婆家的门。到婆家门口，婆家人会早早地准备好接路的十三样果盘迎接。同时婆家会给新娘的哥哥或弟弟一些钱，称为“下马洋”。“下马洋”这是从古代一直传到现在用的词。以前，张家川这一带山路陡峭，结亲都用马，每家在娶亲前都要准备好一块大石头，称为“下马石”。新娘接到门口，就踩着“下马石”下马。新娘所骑的马由哥哥或弟弟亲自牵着，到了婆家门口，婆家人不给“下马洋”，新娘是不会下马的。现在经济发展了，交通也发达了，娶亲都用小汽车，下马的习俗演变成了下车的习俗。婆家不给新娘的哥哥或弟弟钱，新娘还是不下车，所给的钱还是叫“下马洋”。给了“下马洋”，新娘下车，老人们也高高兴兴地品尝婆家准备好的果子。新娘在堂客的陪同下走进婆家的门。此时，男女老少嬉戏接待，争先恐后地看新娘，但唯独未婚的女子不许看新娘或跟着嬉闹的人进新房去看新娘。因为当地人们公认为未婚女子将会冲散新娘和新郎之间的喜气，使他们在以后生活中感情不和，破坏他们的婚姻。同时禁止刚刚结婚未孕的少妇接近新房，认为她们同样会“冲喜”。新娘被迎进门的那一刻认为是不吉祥的，身上带着晦气，所以婴儿和体弱多病的人一般都会躲着。老人们说：“新媳妇前面有鬼哩。”一般新娘在堂客的陪同下羞涩地进了婆家的门，在被引进新房的仪式中，有些村子里的习俗是由新娘的哥哥背着新娘进新房，说新娘下车后双脚不能落地。

新娘被迎进新房后，堂客赶忙为她“上头”。上头即是一种梳妆仪式，也就是为新娘换了发型，挽起发髻，便于戴帽子和头巾。在前几年有些农村妇女结婚了戴包头，还要戴上头面。其实也是简短地为新娘举行了成年礼，证明以后已经不是娃娃了，而是人家的儿媳妇，是大人了。上完头，堂客会让新娘喝婆婆准备好的一碗红糖水，俗称“热物”。其实婆婆从儿媳妇刚进门的这一刻已经期盼着喝了“热物”能为他们家生下男丁。上头好了，堂客带领新娘在院子里与大家见面，此时的新娘就是吉祥的，身带喜气的人。人们会抱着婴儿让她摸摸，在以后的日子里这婴儿便不会得重病或怪病。阿訇和亲戚们也早在院子里等候，为新娘新郎念“尼卡哈”了。

5. 念“尼卡哈”和拜别娘家人

“尼卡哈”，即“征婚词”，也叫“伊扎布”（应许之意），分为写和念，由阿訇来主持。写的是阿拉伯文：“父母同意，新郎新娘情愿，言定的聘礼，证婚人证婚，亲朋好友祝贺。求主赐福新婚夫妇幸福美满！”这几年为了简便，由阿訇说这些话，成为“表话”。然后由阿訇念“伊扎布”：“结婚是我的教律，凡是嫌弃我的教律者，不是我的教民；通过正统圣门弟子的认可，认为婚姻是有社会和宗教意义的行为，为新婚者祝福。”在念“尼卡哈”时，阿訇当众议定婚后男子给女子一定数额的“尼卡钱”。“尼卡钱”象征着男子向女子承诺的义务，约束其不随意抛弃妻子。念“尼卡哈”后，阿訇把桌子上预备好的红枣、核桃等抛撒向众人，围观的男女老少争先恐后地抢象征着幸福吉祥的枣和核桃，早得儿女的“尼卡枣”。不难看出，枣和核桃在此时是民俗的象征代码，传递着民俗特有的知识经验和概念等多种信息。笔者在一次调查中发现，核桃被人们抢的一个不剩。经过询问知道，说抢到核桃的生儿子，抢到枣的生女孩。其实念“尼卡”习俗也是一种象征，因为这种宗教仪式在此时也使新婚的男女感觉到婚姻的神圣性，使他们知道家庭的来之不易，因而双方同时负起家庭的责任，并对双方父母给予足够的尊重和关爱。

在“尼卡”成立以后，新娘要拜别娘家送亲来的人，叫

“拜娘家”。娘家人在院子里站成一圈，新娘过去哭着向他们一一道别，对娘家人恋恋不舍；另一方面，新娘也是心里害怕，把自己一个人留在一个陌生的家里，留在一堆陌生人中间，她也害怕这陌生的环境。娘家人也一一给她一些钱，这些钱叫“拜搓”，以表对她的安慰。送亲来的人中会选择一位长者，对婆婆交代一下，就说些谦虚的话：自己的女儿在娘家娇生惯养的，有些地方还不是很明白，叫婆婆多担待着，也希望婆婆能像疼自己的女儿一样疼她。婆婆当然满口答应，说一些叫娘家人放心的话。娘家人起身走的时候，新娘会哭着送他们走，也叫他们放心，她会慢慢习惯的，说些这样的话。

6. 耍公婆与闹洞房习俗

在张家川回族婚姻民俗中，我们看到许多热闹或有趣的民俗事象都对新娘有着某种意味深长的象征意义。例如，在拜送了娘家人后，在婆家就开始耍公婆。村子里人尽情戏耍公公婆婆，叫新媳妇在后面赶驴，不赶说明媳妇一进门就不孝顺公婆。骑完驴在院子里摆两把椅子，把公婆绑到上面坐着，叫儿媳妇换口叫爸妈，叫一声公婆得给一个红包，众人不断催媳妇叫，当然媳妇很害羞，如果不叫，众人在她头上用巴掌乱拍打，媳妇赶紧连连叫爸妈，公婆也给红包，不给同样遭到拍打。还要为公婆敬茶，媳妇倒好茶，喊爸妈请喝茶，问爸妈新媳妇泡的茶好喝不好喝，公婆说好喝，就得再给红包。“根据民俗学家萧放的研究，这一习俗，体现出的是对人丁兴旺的期盼，因为公婆脸上的锅黑，一方面表现了婆家对新媳妇真诚而热情的欢迎，另一方面也是家庭香火旺盛的象征，所以这一民俗暗示着新娘子过门后不仅要做人本分，孝敬公婆，而且必须生儿育女，才算是完成了自己的任务。”① 耍完了公婆就开始闹洞房。在张家川回族中把闹洞房叫

① 李育红著：《东乡族、保安族女性/性别研究》，民族出版社2007年版。

"耍房"或"耍媳妇"。在《妇女民俗考》里说道:"闹洞房普遍简称'闹房',在古时谓之'戏妇',又谓之'谑亲'。"① 明代杨慎的《丹铅续录》曾引《抱朴子》云:"世俗有戏妇之法,于稠众之中,亲属之前,问以丑言,责以慢对,其为鄙黩,不可忍论……今此俗尚多有之。娶妇之家,亲婿避匿,群男子竞作戏调,以弄新妇谓之'谑亲'。"② 我们看到,闹洞房其主要对象是新娘,众人对新娘嘲笑调侃,强迫或驱使她从一个羞涩的少女过渡到少妇。在嬉闹的过程中,不管谁说过分戏谑的话语,新娘只能忍受着,不能发火或生气,正谓之"新婚三天没大小"。这种嬉闹从一方面也增加了新娘和新郎的感情,他们从以前的见面害羞到现在成为众人调侃的对象,其实也是拉近了他们之间的距离,使他们在将来的生活中互相熟悉起来,也使他们从心理上相互接受对方。这也是闹洞房习俗对新人的心理上起到了调节的功能。《民俗学概论》中说道:"民俗的调节是通过民俗活动中的娱乐、宣泄、补偿等方式,使人类社会生活和心理本能得到调节。"③ 其次,"闹洞房仪式还有一种教育功能,即带有性启蒙教育的特点"。④ 即"民俗对人生的塑造和道德品质的养成,主要靠无数民俗事象的重复出现,从而使教育者依靠动作上的模仿,心灵上的体会等途径在潜移默化中养成,是在民俗氛围中生活的人们长期被熏陶的结果"。⑤

7. 撒帐的民俗内涵分析

① 高洪兴编:《妇女民俗考》,上海文艺出版社 1991 年版,第 154 页。

② 吴存浩著:《中国民俗通志·婚嫁志》,山东教育出版社 2005 年版,第 361 页。

③ 钟敬文编:《民俗学概论》,上海文艺出版社 1998 年版,第 32 页。

④ 吴存浩著:《中国民俗通志·婚嫁志》,山东教育出版社 2005 年版,第 361 页。

⑤ 叶涛、吴存浩著:《民俗学导论》,山东教育出版社 2002 年版,第 185—186 页。

撒帐是乡土中国普遍流行的一种婚礼习俗。在好多地方都是亲朋好友们簇拥着新娘新郎来到洞房的时候，总有一阵如雨的果品等撒向新娘的怀中，撒向洞房的每个角落。在张家川回族中把这一习俗称为“铺炕”。铺炕的人要么是儿女众多、父母双全的妇女，要么是婆婆。在传统观念中生育是妇女的事情，能否生儿育女都掌握在女人的手中。因此，由婆婆撒帐也是顺理成章的事。婆婆完成了一代的延续，便将枣和核桃等象征了早生贵子的物品放在儿媳妇的枕头和被子里，把传宗接代的使命交给儿媳妇，由她今后担任这一神圣的职责。婆婆边放核桃和枣子边说：“双双核桃双双枣，生下的娃娃满炕跑。”放好后就铺炕，把炕上铺的单子扫平整，把被子铺好，又叫“暖炕”。可见铺炕习俗主要祝愿新婚夫妇早生传孙接代的孩子。铺完炕，婆婆会端来碗口大的馒头，馒头在蒸之前就放好了两个核桃两个枣。这馒头被称为“儿女馒头”，里面的枣和核桃象征儿女。新娘必须吃掉“儿女馒头”，圆乎乎的馒头象征新娘今后鼓起的大肚子，也象征着胖娃娃，枣就是“早”之意，寓意“早生”。两个枣和两个核桃，代表了双双和睦相处。从中看出，任何一种民俗事象和现象，都是经过人们相应的行动体现出来的，这些行动体，正是各式各样民俗元素的象征符号。正如馒头、枣和核桃在特定的环境中传达着它们所代表的习俗信息。正是这种信息的传达，一直以来便确立了一种被俗民们公认的或被称之为“约定俗成”的民俗传承法则。“每当人们在民俗文化生活相互交往和交流的时候，始终要受到一个个或一连串的象征符号所触动，从而感受到他们所指代的或所象征的民俗内涵，进而体味到那些民俗事象的价值所在。正因为有这样永不停顿的信息传递，才潜移默化地塑造了人们的民俗性格，才创造了凡有人烟处都有民俗信息的世界。于是，才不间断地培养并增强了人们的民俗文化归属感。”①

8. 婚姻民俗对女性身份的确认

婚姻民俗不仅在仪式上展示出了把新人的结合公之于众，得到社会的承认和人们的祝福，而且在民俗事象中表现出新娘逐渐融入一个新的家庭，并适应新的环境和民俗习惯。同时，婚姻民俗中的这一连串的习俗还暗示女性的身份与任务。例如，新娘在婚后第二天，一大早就起来打扫前后院子，喂牛喂羊，在其他人起来之前就把家里收拾得井然有序，公婆起来之后把公婆住的房里也打扫干净，桌椅收拾整齐，争取在第一时间内把自己表现给公婆看，证明自己的贤淑和勤快，尽快得到公婆的认可，得到整个家庭的认可。当然家里来贺喜还未走的亲戚朋友们也看到了新媳妇的确顺眼，的确有眼色，能很快适应这个新家。张家川花儿中流传很广的一首《扬燕麦》反映了青年女性在婆家做家务的情景：

早晨起来你就伊呦，闪上两担水来么伊呦；
日落个两山你就伊呦，忙呀忙转来么伊呦。
吃上早呀干粮扬燕麦呀，忙呀忙哩嘛伊呦；
打扫了前院呀扬燕麦呀，打扫后院哩嘛伊呦。②

做完家务活，新娘得赶紧下厨房做饭，而且为婆家擀一次长面，称之为“试手面”。并且要为长面配几道菜碟，即是用各种蔬菜切的不同图案或摆放的不同图案，浇上油泼辣椒和醋即可。做好的试手面不光是自己家人吃，还要请邻里的老人们品尝新媳妇的手艺。这实际是对新娘做家务的直接检验。从以上的张家川

① 乌丙安著：《民俗学原理》，辽宁教育出版社 2001 年版，第 213 页。
② 毛鹏举主编：《张家川花儿集成》，张家川县文化馆 1980 年。

婚俗事象我们看到，婚姻民俗用各种特有的方式来规定和制约着女性的社会身份和社会任务，要求她们忍辱负重，吃苦耐劳。再次，婚俗事象体现了女性的潜在位置，虽说前面我们所看到的婚姻民俗和事象对女性的社会角色提出了许多要求，但是我们通过分析又发现一个有趣的现象，那就是，在婚俗中，女性得到了前所未有的重视。可以说，在她们漫长的人生历程中，婚姻民俗用自己特殊的方式体现了女性的人生价值，体现了女性在家庭中的地位和尊严，暗示了一种女性人生价值的体现方式和劳动分工模式。

（四）回门习俗中的女性角色适应

回门是指女子出嫁后第一次回娘家探亲。在结婚后第三天新女婿备好茶和其他礼品领媳妇回娘家。虽然结婚只有三天，但从出嫁那天踏出娘家的门以后，她已经不是娘家的人了。她回娘家后，娘家父母和哥哥嫂嫂都变得很客气，端饭倒茶的，使她自己认识到自己只是一个娘家的亲戚了，在娘家也受到了亲戚应当受到的招待。回门这种习俗让她更清楚地知道“女嫁即是归”，她已经属于另一个家庭，是另一个家庭的儿媳妇，是别人家的人了。这次回门除了看望父母和亲人外，还要安排“看十天”的日子，即在女子出嫁后的第十天，娘家父母和姊妹兄嫂们去她婆家去看望她。这是娘家人和婆家人第一次亲密的接触，也是两家在家庭关系上的重新整理。娘家人去看自己的女儿，一是和女儿去娘家一样的亲戚身份，两家除了在感情上的增进外，还显示了娘家的势力。娘家从订婚到结婚这段时间一直在给婆家显示自己家的势力。虽然自己家的女子嫁出去成了婆家的人了，可替她做主的人还是自己的娘家人。所以娘家一直给婆家暗示自己家的力量，如果女儿在婆家受到什么委屈的话，娘家人当然会站出来替她做主，所以娘家一直被认为是女性的“主心骨”。虽然嫁出去在表面上是婆家的人，可如果有什么不妙的情况发生，娘家自然成了她的避风港。

在“看十天”后不久，娘家也派她的弟弟或妹妹去婆家叫她回娘家。一是娘家的人确实想念她了，二是叫她来问问看在婆家受什么委屈了没有，是否适应在婆家的生活。回娘家时公婆自然会给她一些钱，叫她给娘家买点东西。这次回娘家的她，更是显示了她的亲戚的角色。她在娘家哥嫂面前失去了发言权，娘家的大小事情她不宜插嘴，要么被嫂子认为她是“搅家不贤”。她也就失去了在娘家的地位，只能是很客气地在娘家做好她亲戚的角色。除此之外，在娘家还要为公婆做鞋、绣鞋垫等，称为“变家”。表示了对公婆的孝敬，同时希望公婆能够进一步接受她。

（五）女性在婚后的再习俗化

谈到再习俗化，首先我们总结前面所讲的女性个体的习俗化。女性在出生到在娘家成长的这段时间，不断地培养和被培养了她的民俗意识和民俗习惯，这种习俗化被称为：“是指任何个人从他所出生的环境中开始对习俗惯制的适应过程；也是群体对他们的成员个体施以习俗惯制的养成过程，即‘习俗化过程’；同时也是个人在习俗体系中学习并增长习俗知识，培养习俗意识和能力的过程。”① 女性在娘家的成长过程中正是“使习俗化”和“习俗化”的过程中逐渐形成自己的语言、行为和意识，而在她出嫁后，她将进入另一个家庭，对她来说是一个陌生的家庭，一种新的环境。在张家川回族中，有陕西人、礼县盐官人、甘谷人，还有老张川人，虽然经历了几百年的历程，但在生活方式和语言上都有一定的差异。所以他们在相互通婚后，女性在婆

① 乌丙安著：《民俗学原理》，辽宁教育出版社2001年版，第72页。

家得适应新的环境、方言和生活方式，逐渐适应婆家的一些风俗习惯。这正是女性在婆家再习俗化的阶段。再习俗化包含两层含义：“一层是原习俗化基础上的社会性习俗的延伸和补充，是一种继续并扩大习俗养成的活动；另一层是在原习俗化的基础上再接受与以前习得的习俗不同的异质习俗，再吸收与原习俗不同的价值观念和行为方式。”① 新媳妇在婆家就得察言观色，学习婆家的习惯和规矩。

个案5：ZMM，女，28岁。

“我娘家是木河乡桃园村的，我们是凤翔人，嫁到四方乡的马河村。刚到婆家时我不敢说话，我们是凤翔方言，一说话小孩子跟着我就学，弄得我很紧张，还把我叫‘米汤客’（张川人把老凤翔人叫‘米汤客’）。婆家常年加工羊皮，我不习惯泡制皮子的硝面味儿（加工羊皮时放的一种化学用品），经常吃不下饭，娘家人还以为我在婆家受了委屈，脸色才很难看的，其实婆婆人很麻利，对我也好。我去了不会剪羊毛，婆婆经常给我教，过了这五六年了吧，我也习惯了，马河人的话我也会说了，皮子的味道也闻不到了，毛匠的活我也会干了。现在也分了家，我自己可以熟皮子了，裁剪也不用请匠人了（缝皮子的师傅一般称为匠人）。生意也好了，最重要的是再没人叫我‘米汤客’了。”

很明显，由于习俗惯制在民俗生活中的具体性直接受到特定区域和空间和时间的限定，形成“十里不同风，百里不同俗”的现象，所以原习俗化的结果，并不是“标准化”的习俗养成，一旦转换了区域环境，也有一个再习俗化的过程，以便融入当地群体生活之中。像张家川女子出嫁后的这种习俗正是同质文化的

① 乌丙安著：《民俗学原理》辽宁教育出版社2001年版，第109页。

相同习俗体系中，还得经历这种再习俗化的过程，但这是习俗形式方面的再养成，属于原习俗化的继续扩大或延伸而已。

（六）民俗控制与妇女的贞洁观

在这里，隐喻民俗控制妇女的贞洁观。年轻媳妇们过门后在婆家不能在长辈和小叔子们面前招摇，在家要稳重大方，尊老爱幼，更要勤俭节约，通达贤淑，更重要的是要恪守妇道。在张家川回族女性中，尤其在青年女性中，她们很少会有人和除自己丈夫以外的男子搭言，要是被婆婆或公公看到就会指指点点，说她不规矩，不守妇道。同时也会被看不起，说娘家家教不好等不中听的话。

个案6：HJZ，女，50岁。

“我儿媳妇在结了婚后，还不老实过日子。我在她的抽屉里不小心发现他和其他的男孩子照的照片，还跟人家站的很挤，笑的跟朵花儿一样，幸好被我发现了，要不把我儿子还不害一辈子。自从嫁到我家来就没老实过，见了几个邻居家的小伙子就打招呼，叫他几个阿姨天天给我说她是见面熟，见谁就能和谁搭上话，她都跟了我儿子了，还不安分守己，我们怎么在当时没看出来她脸皮咋就那么厚，娘家口口声声说他们家的女子念了几年经，教门也好，可是来了我们一看，教门好的还能随便和男人说话吗，她说不定哪天和那些人勾上手了，把我儿子给拾掇了。”

当然，这个年轻儿媳妇和这位妇女的儿子最后离婚了。从这里我们看出，民间对贞洁的崇尚真是达到不顾事实，不讲理性的程度，无形中成为人们信奉的真理，成为控制人们心理和言行的民间习俗。仅仅一张旧照片，婆婆就起了疑心。可见民俗在现代社会里同样警告女人“从一而终”，遵守：女幼从父兄，嫁从夫，夫死从子。即人们常说的“三从”。另外妇女还要：有妇德、妇言、妇容、妇功这“四德”。时刻重视自己的贞洁，不与人嬉戏，不与人搭言。如果她们不遵从或遵守这些习俗规则，她们的“行为后果所给予的评价或评判，这种评判采取的是完全不同的两种对立态度。一是表彰奖励的，而另一种是斥责惩罚的。通过两种对立态度和方式引导人们循规蹈矩”。[①] 在调查中笔者还搜集到这样一个案例：

个案 7：MSY，42 岁。

“前几年村里有个女人，她丈夫出去做生意去了。她和三个娃娃在家，和公婆早分家了。有一次公公从寺里礼完拜回来看见有个村子里的男人从他家进去了，她公公就追进去，发现他们有越轨行为，公公就打那个男人和她，把儿媳妇气得哭哩，他公公口里没好言语，还说不知道他的几个孙子都干净着没有。儿媳妇的娘家是一个村的，娘家人没面子，媳妇咽不下这口气，天天和公婆吵架，公婆看到她就吹胡子瞪眼的，出去了别人也指指点点的。有一年过圣纪的时候她也去了寺里，人们低声细语议论她，她回去就和公公大吵了一架，自己闷在家里一年多没出来，最后就无常了，留下三个娃可怜得很，老三还出了车祸，一条腿都没了。”

正是村子里俗民对越轨破俗者无意识的似乎又自觉的歧视，疏远与讥讽嘲弄中，她抑郁地离开了。但民俗控制对她的惩罚并没有随着她的死而结束。在她死后，别人不放弃对她的唾弃，说她是在世上作恶多端，是少亡了。《古兰经》也规劝穆斯林婚前婚后都要保持贞操，如果妇女做了明显的丑事，不但在今世要惩

① 乌丙安著：《民俗学原理》，辽宁教育出版社 2001 年版，第 173 页。

罚她，而且在后世还要打入火狱，备受煎熬。作为惩罚："淫妇只得嫁奸夫，或嫁给多神教徒，信道者不得娶她。"[①] 就案例中这位少妇的死，对该村及方圆几里任何一个已婚的女性来说是一个警示，她们自然会更加循规蹈矩。因此，对于她的死，对于一个曾经与大家朝夕相处的生命的结束，没有激起任何人的反省与痛惜，反而使这一具有强大生命力的民俗文化系统更加稳定，并不断丰富，传承和播布。这正是民俗控制论中奖惩民俗对俗民个体教育与社会调节所发挥的作用，这种势力虽然没有权威人物的主持和支持，但它是一种强大的习惯势力，对违规者施加压力，在集体无意识中逐渐形成了民俗规则。

（七）女性民俗使得张家川传统婚姻更稳定

从上面的叙述中，我们认识到：民俗文化是人类欲望的一种表达，女性作为人的存在，女性民俗也属于社会和历史范畴，是具有丰富文化内涵的理论概念，是构成和谐社会的决定力量之一。也正是因为女性民俗的机制既能保障女性满足自己的需要，又不会因为违背社会主流意识形态而受到惩罚，在规范女性的日常生活的同时，也为女性自身提供了宣泄和表达愿望的途径和方式。在民俗文化中通过婚姻、生育以及生产等民俗事象隐秘地表达出来，从而实现精神上的突围，而且，这些愿望的叙述及欲望的满足在被民俗化之后，使得她们办任何事情必须循规蹈矩，使自己的民俗文化丰富多彩。就像在婚姻民俗中，她们创造了一系列的民俗文化，给一系列的民俗符号赋予了意义，从而使得她们重视婚姻礼仪，也重视自己的婚姻，使得她们的婚姻更加的稳固，增强了家庭内聚力。从中我们看到了女性在社会调控与教育方面所做的重要贡献，体现了女性民俗的社会功能，就像英国著

① 《古兰经》，马坚译，中国社会科学出版社 2003 年版。

名的社会人类学家拉德克利夫·布朗曾说："一个具体社会习俗的功能，是指它在整个社会体系运转时对整个社会所做的贡献。"①

四、传统回族婚俗的流变

长期以来，张家川回族传统婚俗作为一种文化模式，被普遍地遵循和履行，起着规范和稳定婚姻关系和生活的社会作用。但是由于社会发展和时代的变迁，旧的习俗必然要随之发生相应的变化。我们从以下几个方面对张家川回族的婚俗由传统向现代变化的发展轨迹略作梳理和阐述，对新旧婚姻习俗也略作比较，以展示不同时代的不同特点。

（一）择偶方式和标准的变化

首先是择偶观念方面的变化。传统社会中的张家川回族联姻基本讲究"门当户对"，男女双方在婚姻关系未确定之前，互相对彼此要打听一番，包括经济情况，人口状况，甚至要打听上三辈人的为人及其名声，以作权衡利弊的参考。应该说，传统社会的家庭对儿女婚姻，两家联姻的态度是非常严肃慎重的。正因为如此，男女婚姻当事人的意愿和感情都是次要的因素了。与此相比，现代社会的择偶观念发生了实质性的变化，由看中家庭，服从"父母之命，媒妁之言"，转向尊重当事人的意愿，尤其是对于女性来说，在婚姻的选择上相对来说有了一定的自由度。例如，男女双方相互看中，家庭条件上有一定的差距，但如果双方当事人都同意的话，父母依然会采纳他们的意见，婚姻即可成

① ［英］拉德克利夫·布朗著：《原始社会的结构与功能》，潘蛟等译，中央民族大学出版社1999年版，第203页。

功。如果当事人一方不同意，这门亲事终归落空。像在前些年，如果男方各方面条件都可以，男方家看中女方，女方父母也同意的情况下，女方当事人是没有决定权的，由父母做主，即使自己不愿意，也没有反对的余地。近些年好多女子也外出打工，思想上也有了一定的进步，也有点勇气去追求自己的感情和婚姻，有了选择权。

其次在择偶的标准方面也有了变化。传统择偶的理想标准是“郎才女貌”，家庭分工是“男主外，女主内”，即对于男子而言，择偶侧重女子的相貌和日后料理家务的能力，对于女子而言，择偶侧重于男子的才干和日后支撑家庭的能力。处在现代社会的张家川青年男女们没有放弃或排除传统的择偶标准，但是由于社会的进步与开放，男女外出打工和劳动方面享有平等的权利和地位，同样具备经济上独立的条件，因此择偶标准有了时代变化的新特点。择偶的标准具有灵活性，范围也比以前有所扩大，尤其是女子在择偶时已不重视男方家的一亩三分地和塌房破院，而是看男方要有强健的体魄，脚勤手快，在外面打工不到几年，两个人就能奋斗出自己理想的一份家业来。

（二）仪式与内容上的变化

随着社会的发展，人们的观念也发生着变化，在婚姻仪式上也趋于简单。近几年未成年男女都外出打工，一连几年不回家。到了婚配年龄，父母在家为他们张罗，等他们有节假日就赶紧回家，赶忙相亲，一旦相中就选择日期送聘礼并决定婚嫁日期，匆忙完婚，接着出去打工，所以在婚姻的仪式上省去了以往有的复杂程序。另外，新娘子在衣着打扮上有了很大的变化。以前女子结婚，自己赶嫁妆，缝制自己喜欢的衣服结婚时穿，并要穿婆家堂客拿过来的“熟衣”。现在的女子在城市打工，也开始追求时尚，在自己结婚时穿时尚的婚纱礼服。过去讲究的“上头”大多被现在的美容美发所代替。婚嫁衣着的这些变化，反映出社会的变迁和时代的新风貌。同时，也让人们看到不同历史时期的生活记忆和变化特点。

（三）婚姻习俗在流变中的问题分析

1. 选择上趋于唐突

现在青年由于打工或做生意，大家都比较忙，人们也开始重视金钱和物质带来的生活上的享受，而忽略了婚姻问题和家庭问题。在过去人们非常重视家庭，当然也非常重视婚姻，在婚姻的选择上也是非常慎重的，尤其对于农村贫困家庭来说，娶个儿媳妇是几辈人的大事，所以慎之又慎。而近几年，相对来说，人们没有以往重视，在选择上也显得很唐突。男女节假日回家急急匆匆地相亲见面，第一印象觉得合适就选择婚嫁日期赶紧完婚，即"闪婚"现象在农村也屡见不鲜，造成了在婚姻配偶的选择上有些过于唐突。

2. 导致不合理消费现象

双方家长忽视男女双方的感情，过分重视聘礼的高低，大家相互攀比，形成相互效仿的风气。要的越多陪嫁的越多。以前女子出嫁陪嫁自行车和缝纫机，近几年陪嫁电视机、洗衣机、冰柜、摩托车和家庭影院等。因而导致在婚事上的与家庭经济水平不符的不合理消费和消费畸形等现象。这给不少农民家庭带来不小的经济负担和压力。这种现象，严格说属于过去婚俗中落后观念和陈规陋习的残留和反映，更与伊斯兰教崇尚的简朴婚姻观念和规定极不相符。这些陋俗的出现，给张家川回族家庭群体以及社会造成的消极、负面影响不容忽视。

3. 婚姻的不稳定性

在选择上很唐突，男女双方没有相互了解，急促结婚，婚后在一起发现两个人感情不和，导致离婚现象屡屡出现。过去，在张家川回族中出现离婚现象就成了重大新闻，而近几年每个村子都有离婚现象，并且是三言两句说不成就闹上法庭办离婚手续。同时给无辜子女也造成了心灵伤害，使他们得不到母爱或父爱的关怀。我国文化语言中的“寡妇门前是非多”正反映了离婚妇女社会生活的孤立与无助。

从张家川回族近些年来生活方式和婚姻仪式的变迁来看，在整个民俗系统的变迁过程中，变化的仅是民俗的外表及事象，始终不变的是人们的生存需求。同时，作为一种群体性的文化存在，人类的这种生存需求与心理的满足向来是特定的“俗制”规约下才得以完成。所以，我们说，在变化的民俗事象的背后，始终不变的是可以满足人类文化的生存需求与心理需求的“俗制”。就像我们看到的张家川婚姻习俗的变化中出现了一系列的问题，可他们追求幸福家庭的本质是没有变的，他们渴望和谐家庭的梦想是固守在他们心中的一盏明灯。所以出现了离婚，再结婚，再建立幸福家庭的这么一个过程。但是在整个过程中，人们如果能认识到出现问题的根结，就会很好地把握自己的幸福，免除一些不必要的伤害和麻烦。

五、结　论

通过对张家川回族妇女婚姻习俗的分析与婚姻民俗事象进行的描述和分析，我们很清楚地认识到，张家川婚姻习俗与当地的自然环境和人文环境是分不开的，是俗民勤劳和智慧的结晶。作为一种特有的民俗文化，反映出了俗民的信仰、心理以及物质生活、精神生活和社会生活的方方面面，以集中的方式表现了乡土文化的内涵和魅力。同时也体现出张家川回族妇女的婚姻价值观一方面受到了伊斯兰文化的影响，另一方面也受到了中国传统文化的影响，即“嫁是归”的思想。

女性对当地婚姻民俗的延续和发展起了积极的推动作用，他们是婚姻民俗的创造者、传承者和享用者，是婚俗中最重要的民俗主体。而任何一种民俗事象的存在都不是无缘无故的，总会在一定的社会文化背景之下执行着一定的民俗功能。张家川回族婚俗中的女性民俗不仅满足了当地乡民丰富文化生活和精神寄托的需要，同时对维系当地乡民共同文化心理，统一当地人的思想和行为起到了至关重要的作用，另外通过民俗活动中的娱乐和宣泄、补偿等方式，使人们的社会生活和心理本能得到调节。这也就是张家川回族婚俗之所以能发展和传承下去的主要原因。在近些年，随着人们思想的开放，女性外出打工，对婚姻的态度和对习俗的认识有了新的变化，我们更需要继续关注现代生活与传统民俗生活之间的碰撞，并加以研究。

采用女性主义视角，并将女性民俗作为张家川回族婚俗研究的对象是本文的一大特点，作为常识性的研究，虽然有很多不足，但希望人们关注民俗群体，特别是女性民俗群体。本文通过对张家川回族婚姻习俗中的女性民俗的分析与新释，重新认识了女性和女性对民俗文化的创造与传承方面所作出的贡献。使得女性重新认识自己，找回自信，发挥出自己的优势。

最后需要说明的是，尽管笔者在研究中运用了大量田野调查个案、文献等资料，翻阅了很多女性主义的书籍和论文，力求从方法上加以借鉴，从女性主义视角全面反映张家川回族婚俗的传统习俗与现代流变，但由于笔者本人理论准备不足、学识尚浅，研究中尚有很多缺点错误，恳请专家学者不吝赐教！

参考文献

一、专著类

［1］《回族简史》编写组：《回族简史》，宁夏人民出版社 1978 年版。

［2］白彝寿著：《中国伊斯兰史存稿》，宁夏人民出版社 1983 年版。

[3] [美] 露丝·本尼迪格特著:《文化模式》,何锡章、黄欢译,华夏出版社1987年版。

[4] 刘智著:《天方典礼》第49卷,天津古籍出版社1988年版。

[5] 高洪兴主编:《妇女民俗考》,上海文艺出版社1991年版。

[6] 钟敬文主编:《民俗学概论》,上海文艺出版社1998年版。

[7] [美] 克利福德·格尔茨著:《文化的解释》,纳日碧力戈译,上海人民出版社1999年版。

[8] [英] 拉德克利夫·布朗著:《原始社会的结构与功能》,藩蛟等译,中央民族大学出版社1999年版。

[9] 王正伟主编:《回族民俗学概论》,宁夏人民出版社1999年版。

[10] 吴钰编著:《天水回族史略》,甘肃人民出版社2000年版。

[11] [英] 埃德蒙德·利奇著:《文化与交流》,郭凡译,上海人民出版社2000年版。

[12] 乌丙安著:《民俗学原理》,辽宁教育出版社2001年版。

[13] 虎有泽著: 《张家川回族社会变迁研究》,民族出版社2005年版。

[14] 顾希佳著:《礼仪与中国文化》,人民出版社2001年版。

[15] 方川、王怀义著:《民俗思维》,黑龙江人民出版社2003年版。

[16] [英] 詹·弗雷泽著:《金枝精要——巫术与宗教之研究》,刘魁立译,上海文艺出版社2001年版。

[17] 叶涛、吴存浩著:《民俗学导论》,山东教育出版社2002年版。

[18]《古兰经》,马坚译,中国社会科学出版社2003年版。

[19] 吴存浩著:《中国民俗通志·婚嫁志》,山东教育出版社2005年版。

[20] 文化著:《回族婚姻家庭面面观》,兰州大学出版社2007年版。

[21] 李育红著:《东乡族、保安族女性/性别研究》,民族出版社2007年版。

二、期刊类

[1] 李忱:《张家川回族婚姻习俗及特征——兼谈回族婚姻的基本条件》,载《甘肃民族研究》1992年第4期。

[2] 丁宏:《回族妇女与回族文化》,载《中央民族大学学报》(社会

科学版）1998 年第 2 期。

［3］马平：《回族婚姻择偶中的“妇女外嫁禁忌”》，载《西北民族研究》1998 年第 2 期。

［4］周传武、马东平：《回族婚俗文化论》，载《西北第二民族学院学报》2001 年第 4 期。

［5］马健君：《回族婚俗的传统与现代流变一以西安回族婚姻民俗文化为个案研究》，载《回族研究》2001 年第 4 期。

［6］丁宏：《谈回族研究中的性别意识》，载《回族研究》2002 年第 3 期。

［7］刘钊：《论中国 90 年代“女性散文”的概念界定》，载《长春师范学院学报》2004 年第 3 期。

［8］骆桂花：《民族社会学视野下的回族女性研究》，载《青海民族研究》2004 年第 4 期。

［9］马忠才：《分层与流动：回族女童教育的流动机制》，载《北京大学学报》（哲学社会科学版）2006 年第 S1 期。

［10］马伟华：《宁夏农村回族择偶习俗及其功能分析——以同心县河西镇为例》，载《青海民族研究》2006 年第 2 期。

［11］王晓燕：《论回族婚姻及“女子不嫁外”婚俗》，载《西北民族大学学报》2006 年第 4 期。

［12］邱国珍、李文、吴翔之：《女性民俗与社会和谐——以温州市为例》，载《民俗研究》2008 年第 1 期。

“北大荒”建设时期回族伐木工人的民俗文化变迁与再认同

李　静

一、绪　论

（一）问题的缘起

在20世纪五六十年代，随着开垦北大荒序幕的拉开，不同地区、不同民族的人开始涌入黑龙江省，形成一个新的行业，这其中就包括回族伐木工这样一个比较特殊的群体，他们既是作为民族群体而存在，同时又以俗民群体工作、生活着，这两种身份反复交替以及对不断变化的生活环境的适应，从而在一定程度上将影响他们的民俗生活。

从我自身来讲，笔者便是这批伐木工人的后代，小时候常听祖父、祖母讲起他们迁移过程中的艰辛以及他们迁移到伊春市金山屯区这片富饶的林区生活下来的故事。从小父母就告诉我，我们是回族，虽然我们和邻居没有什么不一样的穿着特征，但是父母说我们有宗教信仰，所以在很小的时候我们就知道很多禁忌，祖父母们也常去清真寺礼拜；另外三年的兰州生活使我认识到：我家乡的回族和兰州的回族在某些风俗存在着一些不同。同时，笔者通过文献查阅发现关于黑龙江省自发性迁徙定居的回族的研究很少，所以我在毕业论文选题的时候义无反顾地选了它。

本研究是对笔者从事民俗学专业学习的一个总结，将笔者在学习期间的知识融会贯通，运用到现实中，也是对笔者所学知识的一次系统检验的过程。本次田野调查，将对笔者今后从事民俗学相关的工作具有重要的实践意义。在本文中也借鉴了社会统计的一些相关知识，从而能更好地解释这种民俗文化。

（二）目的与意义

开发北大荒是我国政府做出的一个重要决策，从而涌现出大批的移民，他们以不同身份从河北、山东等地迁往黑龙江省，这其中就包括居住在伊春市金山屯区的回族伐木工人家庭。他们过着与其他民族杂居的生活。他们有着特殊的身份，在当时的伐木时代，他们既过着集体工人的生活，同时还过着本民族的民族生活，因此，这两种身份在某些程度上既有着重合，又有着分离。那么该如何从一个新的视角观察他们的再习俗化，是值得研究的；另外，随着森林面积的减少以及国家“封山育林”政策的实施，那么这些老一辈的伐木工人随着年龄的增长、集体生活的解体，他们的民族文化是否又发生了变化，他们家庭的民俗文化又有何改变以及他们子孙辈的民族文化生活的传承情况，是本文侧重研究的问题。

本次田野调查研究，可以使人们认识大分散、小聚居为特点的回族分布特征和其与外族杂居中的民俗特色，进一步理解回族伐木工的民俗文化生活与外族互化的过程。同时也可以更好地探索：回族俗民是怎样在适应主流文化的同时保持和传承自身的民俗文化，使回族与其他民族既能共存，又存在着自身风俗的独特性；怎样在共同的居住地区与其他民族共同创造和享受丰富的物质文化和精神文化成果。

另外，本次田野作业的实施，能够为文化变迁理论的研究提供典型案例；同时，在研究中笔者搜集到的第一手材料和研究的结论以及思考建议，可以为今后对这个特殊群体的继续探讨提供相关资料。

（三）文献综述

本研究的文献资料主要来源于国家期刊数据库、甘肃省图书馆馆藏资料和西北民族大学图书馆资料，以及查阅调查地地方志和相关地方档案。

目前学术界已经出现了不少关于回族文化的优秀研究成果和回族文化变迁的典范之作。

马启成、丁宏教授合著的《中国伊斯兰文化类型与民族特色》一书论述了伊斯兰教传入中国的过程及相关穆斯林民族的产生和发展[①]。书中阐述了中国伊斯兰教和穆斯林民族的发展规律，即伊斯兰教文化的载体在保持本身传统特色的前提下，不断借鉴吸收其他民族的文化，从而逐渐繁荣壮大起来。[②] 这也是与本研究中俗民的民俗文化变迁相应证的一方面，在回族文化的形成发展过程中，与回族融入中国社会发展的主流是分不开的。

李膺、高永久在《对回族文化变迁的理解与认同》中，指出认识和理解回族文化的变迁，就必须首先了解回族所处的那个社会的结构以及它能够产生情感和理智的主要动机，从而也就能够理解回族文化的时代性所反映出的价值观。[③] 指导本研究需从整体框架上掌握黑龙江省伊春市金山屯区民俗文化变迁，从而能更好地解释俗民群体的民俗文化变迁。

---

① 马启成、丁宏著：《中国伊斯兰文化类型与民族特色》，中央民族大学出版社 1998 年版。

② 曹志斌：《散居回族农村社区文化变迁研究》，中央民族大学 2005 年硕士论文。

③ 李鹰、高永久：《回族文化变迁的理解与认同》，载《中南民族大学学报》（人文社会科学版）2003 年第 1 期。

在马海寿的《隆务镇回族文化变迁的人类学思考》一文中，作者从人类学的视野对青藏高原一个叫隆务镇回族群体的生计方式进行了粗线条的梳理，将外来的异文化群体（回族）称为“新月人群”，通过它的文化变迁和当地世局群体（藏族）的经济互动来分析回族群体在藏区的生计状况。并以田野切入，从人类学层面考察和关注这个回族群体的生存发展及文化变迁。[①] 为笔者对调查地的田野作业提供了经验性的帮助。

马惠兰、马瑞平二人也有关于回族文化变迁与适应的相关研究，其文章的背景是城市化步伐不断加快的银川郊区的一些回族群众，他们的经济生活发生了变化，呈现出谋生方式的多元化与经济生活欠活跃同时进行的情况；他们是城乡二元结构的社会公共事业管理模式；而对于这些回族群体其精神生活则表现出了断裂。一方面，维系原来文化的社会环境缺失，原文化中的一些因素不能适应新的环境；另一方面，对新的文化环境完全适应又需要一定的时间。文化的变迁和重生可能有个阵痛的过程，在这个过程中会产生各种各样的社会问题，是需要学界和有关部门积极关注和引导。[②] 蒋贞慧关于族际交往中的陕西西口镇回族文化变迁研究中，作者指出为了适应社会的发展，伊斯兰文化和汉文化相融合形成了回族文化，回族文化的形成丰富了中国民族文化的内容，但是随着民族间的交往和社会文化的发展，回族文化不断变迁，这种变迁将引导整个中国民族文化的发展。为了了解回族聚居区的文化变迁，探讨其变迁的表现和影响，蒋贞慧对陕西商洛镇安县西口回族镇进行了考察，在实地调查的基础上观照了西口回族文化的变迁及产生的影响，一方面维护社会稳定和民族团

① 马海寿：《隆务镇回族文化变迁的人类学思考》，载《青海民族研究》2005年第三期。

② 马惠兰、马瑞平：《郊区城市化进程中回族文化的变迁与适应——以宁夏银川市为例》，载《北方民族大学学报》（哲学社会科学版）2009 年第 1 期。

结，另一方面民族特色趋于消失。[①] 丁菊霞以宁夏同心县的回族儿童、中学生、乞丐等特殊文化群体为研究对象，在实地调查的基础上，对同心回族文化变迁进行了微观考察，从而论证并得出了两个观点：一是文化的民族性与时代性统一，文化变迁反映着文化的时代性；二是文化变迁必然导致人的行为变化，而人的行为变化也反映着文化变迁，是文化变迁的内容之一。[②]

回族作为少数民族中人口较多的民族之一，关于其文化变迁与适应的相关文章也是比较丰富的，研究者从不同专业、不同学科都对回族文化的不同方面进行了研究。

其次，关于黑龙江省回族研究现状如下：

玛纳的《试论黑龙江回族的来源》一文对黑龙江迁入回族进行了系统的梳理，得出黑龙江省回族是由山东、河北、甘肃等地的回族在政治、经济、文化、自然、地理等因素的作用下迁入的。说明历史上民族迁徙和分散的影响和作用。[③] 杨宾光和杨实也从该角度对黑龙江省回族进行了研究，对黑龙江省回族的迁入时期和经过以及黑龙江清真寺出现的历史顺序均进行了梳理。关于黑龙江省境内的清真寺也在回族穆斯林聚居的地方兴建起来，其中新中国成立之后，清真寺主要在林业回族穆斯林工人聚居的城镇建立，以北方平房式清真寺建筑居多，伊春市清真寺始建于1949年，是黑龙江省林区第一座清真寺。[④] 这对本研究中俗民群体的宗教信仰提供了文献资料。

---

① 蒋贞慧：《族际交往中的陕西西口镇回族文化变迁》，载《商洛学院学报》2011年第6期。

② 丁菊霞：《文化与行为——宁夏同心县回族文化变迁的微观考察》，载《新世纪论丛》2006年第3期。

③ 玛纳：《试论黑龙江回族的来源》，载《黑龙江民族丛刊》1998年第3期。

④ 杨宾光、杨实：《黑龙江的回族穆斯林与清真寺》，载《中国穆斯林》1992年第3期。

谷文双、马国利、李晓伟三人关于黑龙江新式回族教育述略一文，主要以新式回族教育是黑龙江回族教育史上的一个重要发展阶段。系统地介绍了这种新式回族教育的产生背景、发展状况及其历史意义。作者认为新式回族教育是回族教育发展史从经堂教育向现代教育过渡的一个重要历史阶段，它的兴起与经堂教育的退化和近代资产阶级思潮的影响有着极为密切的关系，是近代回族觉醒的一种客观反映。① 其中研究中提到的佳木斯回民小学校长杨殿清阿訇，他也是笔者研究的回族穆斯林伐木工队的宗教领导者，也为金山屯区清真寺的建立和发展有着不可忽视的作用。此外王军的《黑龙江新式回族教育考论》也对新式回族教育进行了阐述。作者指出新式回族教育的产生和发展对黑龙江回族产生了深远的影响，它有别于明清时期经堂教育的一种崭新形式，打破了经堂教育一统回族教育天下的局面，对于在黑龙江回族中普及近现代科学文化知识，提高黑龙江回族的文化素质贡献了力量。②

翁乾麟的《地方回族史研究的一项新成果——评谷文双先生的〈黑龙江回族〉》，作者主要对《黑龙江回族》一书进行了评述。《黑龙江回族》这本书，全书共分为10章，分别是人口、族称与源流、社会变革、风俗习惯、文化等几方面。作者通过横纵不同的历史标记向我们全方位展示了黑龙江回族的历史与现状。③

笔者所获得的文献资料中，于黑龙江省回族文化变迁的研究较少，多数是对黑龙江省回族的来源及清真寺、教育等方面的研

① 谷文双、马国利等：《黑龙江新式回族教育述略》，载《回族研究》2002年第1期。

② 王军：《黑龙江新式回族教育考论》，载《黑龙江民族丛刊》2003年第3期。

③ 翁乾麟：《地方回族史研究的一项新成果——评谷文双先生的〈黑龙江回族〉》，载《黑龙江民族丛刊》2004年第4期。

究，以及关于黑龙江省回族民族志的梳理等某个方面进行研究，而对于黑龙江省伊春市金山屯区回族整体文化变迁的研究几乎没有。本研究主要描述的是从河北迁徙到黑龙江省伊春市金山屯区回族伐木工群体的民俗文化变迁与再认同，这个集体的民俗文化的各个方面的发展历程将是本研究的侧重部分。

（四）理论与研究方法

本文将结合具体的研究对象，运用文化变迁理论和俗民等概念。尽管文化可能相当稳定，但文化变迁却或多或少是所有文化的特征。文化变迁是永恒的社会现象，也是文化发展的必然现象。所谓文化变迁，简单地说，就是指或由于民族社会内部的发展，或由于不同民族间的接触而引起的一个民族文化系统，从内容到结构、模式、风格的变化。① 中外学者在研究文化变迁的时候，多数是涉及文化传播、文化认同、文化涵化、文化适应等概念。而本研究所讨论的文化变迁，主要涉及文化涵化，是指“由个别分子所组成而具有不同文化的群体，发生持续的文化接触，导致一方或双方原有文化模式的变化现象”。② “一个文化的统一体会由于某个极其不同的文化的碰撞而处于严重的动乱之中，甚至也许会被摧毁和取而代之。这种受到瓦解的文化，在今天的世界上——从美洲或南洋到中国和印度——是非常普遍的。但是，更常见的过程是文化的相互作用、相互影响，通过这种过程，一个民族从它的相邻民族那里接受一些文化元素，同时又拒斥另一些文化元素；接受或拒斥都是由这一文化本身的体系性质决定的。从相邻民族那里采用或‘借’来的元素，一般说来要

① 林耀华主编：《民族学通论》，中央民族大学出版社 1997 年版，第 396 页。

② 黄淑娉、龚佩华著：《文化人类学理论方法研究》，广东高等教育出版社 1998 年版，第 216 页。

在适应体系的过程中经过重新加工和改良。”① 本文侧重的主要是文化的相互作用、相互影响的过程，在涵化的基础上，一个民族接受或从相邻民族“借”来的元素，从而更好地适应当地的生活。

研究方法主要是：一是文献分析法。本研究通过搜集金山屯区回族穆斯林群体的民俗生活及与之相关的民俗事项进行研究的各种文献典籍。特别是对当地的地方文献、地方志的研究。在金山屯区地方志办公室搜集了金山屯区回族伐木工的历史及回族伐木工的宗教生活的资料。在尊重前人研究结论的基础上，一切从实际出发，进行深入的调查研究和分析。二是田野调查法。田野调查法是民俗学方法论中最直接最有效的方法，并可以这样认为一切的观点、结论都来自于田野作业。在笔者的田野作业过程中通过多次实地考察及无结构式的访谈和参与观察法，笔者从而获得了金山屯区回族穆斯林的民俗文化的大量较为翔实的第一手资料。笔者的田野调查主要从以下方面进行：

重点采访了老一辈伐木工人吴姓和王姓两大家族的成员以及部分其他回族穆斯林。通过对他们的访谈，笔者了解到金山屯区回族伐木工群体的民俗文化在不同时期所经历的变迁。在田野调查中笔者注重对口述史资料的收集，从而对当地回族伐木工群体的人文状况有了整体性的了解。

二、金山屯区回族伐木工生存空间的历史沿革

金山屯区的回族基本上是从河北、山东等地迁来的，多数是当地的农民。在政府的主导下，他们离开了故乡，来到了金山屯

① ［美］拉德克利夫·布朗：《社会人类学方法》，夏建中译，山东人民出版社1988年版，第60页。

区。为了更好地体现出他们的迁移，不仅仅是地理位置、生态环境的迁移，而且还有身份的转变。在对金山屯区回族伐木工的民俗文化分析之前，首先要了解金山屯区回族伐木工的基本情况，从而更好地确定回族伐木工的民俗文化方面的内涵。

（一）原居住地——河北沧州

根据笔者的田野调查，金山屯区的回族主要是来自河北沧州的农民，也有部分山东德州等地的农民，但由于笔者所做的调查距迁徙时期的时间较久，并且是对现居住在金山屯区的回族的调查。而关于祖籍是山东的回族，听老人讲本来迁徙过来的时候人数就比较少，加之岁数大些的老伐木工人已经无常（指死亡、去世的意思），而年轻的一辈，由于近些年来金山屯区的发展不如老家的发展好，所以大部分都迁回去了。因此，本次田野调查对象的祖籍均是河北省沧州的。

沧州市地处欧亚大陆东部，中纬度地带，大陆性气候显著。其气候概括为四季鲜明，温度适中，阳光充足，降水相对集中，灾害性天气常有发生。春旱、夏涝、秋爽、冬干则是沧州气候的形象描述。沧州市有新华区、运河区两个区，共辖四个市，分别是泊头市、任丘市、黄骅市、河间市，同时管辖沧县、东光县、孟村回族自治县等九个县区。

沧州市是一座有1400多年文化底蕴的古城，而著名的铁狮子代表着其悠久的历史文化，因此又被称之为“狮城”。据文献记载，始建于魏熙平二年，当时割瀛冀二州之地建为沧州，取沧海之含义。清朝初期升为直隶州，后改为隶属于天津府。民国二年（1913），沧州更名为沧县。1947年设沧市。经多次变更，1993年，地、市合并，成立沧州市。沧州的文化底蕴厚重，最早被大家所熟悉的便是《水浒传》中林冲被发配的地方。同时，沧州也是武术之乡，英杰荟萃，名师辈出，现有武术门类、拳械

52 种之多，是中国武术发源地之一，其中八极拳和劈挂拳已被列位国家 10 名最具代表的拳种，并作为国际武术竞赛规定的套路推向海内外。其中少数民族武术中以回族武术最为盛名。沧州知名武术家中就有王子平、吴秀峰、马凤图和王正谊四位回族武术家。

沧州的回族在历史长河中不断地繁衍生息，已经跃居全市第二大民族。沧州市回族共有王、马等 56 个姓氏。全市建有孟村回族自治县和羊三木、刘庄等 12 个回族乡。其中在新中国成立后迁往黑龙江省的回民中，多数是了来自孟村回族自治县、羊三木、刘庄、青县等地。

（二）现居住地——金山屯区

金山屯区隶属于黑龙江省伊春市管辖，位于小兴安岭南麓，汤旺河中游。金山屯区（局）坐落在黑龙江省东北部，境域南北长 660 公里，东西长 54 公里，边界线长 300 公里，地图呈不规则的枫叶状，辖区总面积 1849.49 平方公里（184949 公顷）。其中，林业用地面积 170876 公顷，占总面积的 92.4%，有林地面积 131745 公顷，占总面积的 71.2%。辖内重峦叠嶂，沟壑纵横，河流交错，是以花岗岩为主体的低山丘陵地带，低山占 62%，丘陵占 26%，河漫滩台地占 12%，施业区平均海拔 506 米，最高海拔（对青山）1068.6 米，最低海拔 184 米。超过 1000 米的山峰有 6 座，地势是东北高，西南低，河谷宽阔，沟系深长，坡度较缓，平均坡度在 14°—26°之间，其中最大坡度是 40°左右。由西北向东南走向的分水岭把施业区分成南、北两大沟系，分水岭以东为大丰河流域，分水岭以西为卧龙河，小昆仑河合大昆仑河流域，总的地势是东北高，西南低。境内有大小河流 21 条，均属松花江系汤旺河支流，其中主要河流有三条。一条是大丰河，全长 70 多公里，发源于老白山，流经白山林场、丰岭林场、丰沟经营所、丰茂林场，到金山屯区林业局南侧注入汤旺河；二是小昆仑河；三是卧龙河。全区地处高纬度，为高温带大陆性季风气候。特点是冬季漫长而寒冷，夏季短促而酷热，全年平均气温0.4℃，最高月份（6月）平均气温在22℃，最低月份（1月）平均气温-20℃。年平均降雨量为630.8㎜，但雨量分布不均，多集中在夏季。冬季降雪平均深度25㎝，山顶最大积雪深度为40㎝以上。

金山屯区林业资源丰富，植被覆盖率高。本区属长白山植物区系，小兴安岭亚区。以红松为优势的针叶或针阔叶混交林为主。主要林分布为：红松林多分布在海拔350—750米的各种坡向腹和岗脊；落叶松林多分布在海拔450—2000米的阳缓坡中、下腹和沟塘地带；云冷杉林多分布于海拔500—800米的山坡中腹10°—30°之间的各种坡向上。此外，还分布有白桦、杨桦次生林等。除林木资源外还兼有野生动、植物，多达350个种类。属于山野蕨菜类的蕨菜、食用菌类的黑木耳、果类的都柿、中药类的党参等，早已威名遐迩，某些野菜产品还销到日本。野生动物有马鹿、猞猁等珍贵动物和熊、草兔、野鸡等经济动物两类，15余种，矿产资源有铁、金等。

金山屯区历史悠久，可谓是历经沧桑，近代考古发现表明，大约在2000年前就有古老的民族在此生息繁衍。“金宣宗祯祐五年（1217）境内衡山（今衡山森林经营所）一带有都统所王区（为地方军政合一权力机构），金代以后，经过历次战争和几次民族南迁，清初又行封禁政策，使这块古老的土地成为人烟稀少的森林地区。清光绪三十三年（1907），汤原设县后，归属汤原地界。民国十八年（1929）有汤原县山林自卫团1个中队进驻。金山屯最早得名于元代，蒙语称阿尔坦阿布拉爱拉（意味产金子的山村），清朝更名查拉巴旗（满语为大红松树），日伪时期，因山野深广，又为交通要塞之地，称为岔巴气和大荒沟。”① 1948 年春，建立了第一个村落——学习村，是当时的佳木斯市移民 93 户共 320 人。1952 年 4 月林业局建局后迎来了林业开发，建设的历史新时期。回民工队就是在这个时期产生的。金山屯区又名大丰林业局或金山屯林业局，是实行政企合一管理体制的林业生产基地之一，行政区为伊春市管辖，林业局为黑龙江省所属森工企业。1980 年 10 月 28 日成立区人民政府，人口 39917 人（第六次全国人口普查数），由汉、回、朝鲜、蒙古、壮等民族组成，人口分布密度为每平方公里 25.67 人。

（三）“俗民”——回族伐木工

“‘俗民’是一个以文化的代表性界定的文化群体，它可以是群体社会，也可以是俗民中的个体，确定它的俗民属性，放在首位的是他的文化代表特色，只要他在一定程度上融入民俗文化，就可能属于俗民的一员。”② 本研究的“俗民”即指回族伐木工这个特定的群体，他们代表着一种不同于汉族的民族文化，同时又不同于农民的一种行业文化。

综上可知，金山屯区的回族伐木工主要是从河北沧州地区迁移过来的，他们是一个自发的移民群体。在新中国成立之后，全国即将进入大规模建设的新时期，进而对木材的需求量也就与日俱增，位于小兴安岭山脊上的伊春市这时也进入了人们的视野。由于新中国刚成立，河北省沧州市的部分回族农民为了更好地生存下去，他们便收拾行囊，来到了黑龙江省伊春市。自 1948 年起到 1953 年在伊春林区木材生产战线上的回民工队就有 13 支，

---

① 金山屯区（局）地方志办：《金山屯区（林业局）志》，黑龙江人民出版社 1992 年版。

② 乌丙安著：《民俗学原理》，辽宁教育出版社 2001 年版，第 35 页。

每支回民工队都有百十人。在当时他们归属伊春市管辖，他们从事木材生产工作，工种齐全，从采伐到归愣，从推河到流送，从汽运到装火车，从山上林场到林业局贮木厂，到处都有回民工队的影子。其中金山屯区的回族伐木工就是这样工队的一支。1952年大丰林业局建局之后，美溪区的回民工队调到大丰林业局。自此，回民工队在金山屯区正式落脚。起初的时候，回民工队就是一帮穆斯林汉子来到东北挣钱，当时的想法仅仅就是挣钱寄回老家，之后由于逐渐融入东北的生活，他们的家人也陆续迁徙来了。这样以回民工队为主线的小型回族社区也就形成了。据黑龙江省伊春市伊斯兰教协会的副会长说，在笔者调查期间，全省的回族人口为180000人，而伊春市的回族人口为16000多人，金山屯区的回族人口为1700多人。据资料显示，除了黑龙江省的省会哈尔滨之外，伊春市就是黑龙江省回族人口聚局的主要城市之一。

三、回族伐木工的物质生活民俗及其变迁

"民俗生活是民俗主体把自己的生命投入民俗模式而构成的活动过程。民俗生活是生活文化的基本表现，是社会成员按既定方式对生活文化的参与。生活文化是集体积累的精神财富，民俗生活是个人的现实存在。"① 物质生活民俗是民俗生活的一个最为重要的体现。"它是以满足生理需要和安全需要、归属需要、自尊需要和自我实现需要等较高层次的需要为目的的社会生活文化现象，是这种民俗所在民族传统观念的外化。按照不同的目的和功能区分，物质生活民俗包括饮食习俗、服饰习俗、居住习俗

① 高丙中著：《民俗文化与民俗生活》，中国社会科学出版社1994年版。

和器用习俗等。”①

（一）饮食民俗

我国流传一句俗话：“人是铁饭是钢，一顿不吃饿得慌。”这句话充分体现了饮食在人们日常生活中所占有的重要地位。饮食是人类本能的生存需要，是最基本的生存需求，它担当着维持人类生命的延续和种族的繁衍的重责。这是饮食的基本内涵，但是随着社会的发展，人类的进步，饮食也在一定程度上满足了人们精神层面的需求，从而形成了丰富多彩的饮食文化。饮食民俗，就是在这种环境下应运而生的产物。饮食也可以是区分不同民族、不同族群的一个重要特征，它是一种物质民俗，是宗教禁忌和宗教规范的一种体现。回族作为中国少数民族中人数较多的民族之一，它也有其自己的饮食文化，本节主要对回族伐木工的日常食俗和节日食俗的变迁进行描述。

1. 日常食俗的变迁

20 世纪 50 年代迁入金山屯地区的回族是以玉米面、白面所做的面食为主，这与当时的生产生活环境和自然地理条件分不开。副食的种类也比较匮乏，基本上是以土豆和白菜为主。其中，肉类的供给也紧张。回族作为一个全民信仰伊斯兰教的民族，在饮食方面，严格按照《古兰经》规定食用。

案例 1：吴 × ×，男，今 84 岁，回族，出生于河北省沧州市孟村回族自治县，现居住在黑龙江省伊春市金山屯区。1953 年迁到黑龙江省伊春市金山屯区，第一代林业工人，现已退休。

我是 1953 年 3 月份来到东北的，是第一批来到这里的沧州人，那时候已经是开春了，但是这里到处还是冰天雪地的，来了

① 叶涛、吴存浩著：《民俗学导论》，山东教育出版社 2002 年版。

之后是伐木工，所以我们大部分时间是在山上的，春夏采伐，冬天流送。我们吃的是大锅饭，专门有清真灶，因为我们人数多啊，那阵子得有个百十来口人，我们睡在一起，吃在一起，我们平常吃的是玉米面馒头和窝窝头，后来条件好了些就能吃到白面馒头了，菜主要就是白菜、土豆什么的。但是因为咱们回族的讲究多，所以吃肉就不一样了，也不是很方便，刚来的时候没有清真寺也没有阿訇，不过幸好当时有杨殿青，他在老家的时候在寺里念过经，后来就不念了，再后来为了生活跟我们一起来到东北了，所以平时的时候吃的肉啊什么的都是他过刀的。虽然那时候条件艰苦、天寒地冻的，但是我们大部分人既不喝酒也不抽烟。那个时候伐木头不像现在都是机器的，而都是出大力的，所以喝酒也危险，再一个也不让喝酒。

随着全球气候变暖、社会的进步和经济的发展，如今当地回族的主食虽仍已面食和米饭为主，但种类发生了巨大变化，也出现了清真面食店。据笔者调查，金山屯区现有一家清真面食店。主要是东北特色糕点，如蛋糕、炉果、八裂饼等小糕点（炉果：东北传统风味，采用传统工艺，不加任何添加剂。用油糖面混合制作，外沾一层去皮芝麻。外观金黄色，个头小而均匀。入口香、酥、脆、甜、爽口。八裂饼：北方的一种糕点，香酥可口，类似桃酥，但比桃酥大，烤箱烘焙而成，表面有皲裂痕迹，所以叫八裂饼）。许多近些年来迁回沧州老家的回族仍让亲戚、朋友带回些东北特色的清真糕点。

案例2：李××，男，76岁，回族，出生于河北省黄骅市羊三木回族乡，1954年迁到黑龙江省伊春市金山屯区，第一代林业工人，已退休。2001年秋天与老伴迁回羊三木回族乡。2011年夏天回东北省亲，笔者进行了访谈。

笔者：李爷爷好，你每次回来都要买炉果、八裂饼这些糕点吗？

李××：嗯，我每次回东北的时候，都买一些带回去，老家没有这种糕点，吃了将近三十年了，好吃也吃习惯了，虽然老家也有清真糕点店，但是没有这些糕点。甚至有的时候听说附近的老乡或者是东北的回老家，我都托他们帮我带些。呵呵！

副食也不再单一化，出现了各种各样的品种。如夏天可以种植的短期蔬菜经济作物，如豆角、黄瓜、西红柿等。冬季也可以吃上了绿色蔬菜。同时随着清真寺的落成和金山屯区地区回族人口数量的增加，加之回族自身“善经商”的特点，金山屯区现有四家清真肉店和两家熟食店。

图1　清真肉店门面

随着生活水平的提高和民族政策的落实，金山屯区回族饮食再也不仅仅被限制在家里，清真饭店也相继在金山屯区落脚了，据笔者调查统计，金山屯区现有清真类饭店共10家。

表1　饭店种类与数量

饭店种类	烧烤	海鲜、烧烤大排档	津味火锅	炒菜（特色小炒）	烤全羊及各种炒菜
数量（家）	4	1	1	2	2

由上表可以看出，如今金山屯地区的回族日常饮食在不断丰富，其中烤全羊是金山屯地区回族的特色饮食，作为以烤全羊著称的清真香饭店更是作为伊春市旅游定点饭店。聚来顺饭店则是伊春市最大的清真炒菜、烤全羊等特色饮食饭店。

2. 节日食俗的变迁

我国是一个多民族的国家，每个民族都有其自己的节日。回族作为人口较多的少数民族之一，也有着自己的节日，这些节日与宗教是分不开的。

油香是宗教节日中必不可少的食物，是回族传统饮食之一。每到开斋节、圣纪节，基本上家家炸油香。另外，回族在亡人的忌日、香锅（香锅是从河北地区传来一种“念知感经”的另一种说法。“念知感经，回族穆斯林常用词汇。指遇到喜庆之事，为表示知感真主，特请阿訇念经。”①）的时候也炸油香，以示重视。

案例3：王××，男，78岁，回族，出生于河北省沧州市青县，现居住在黑龙江省伊春市金山屯区。1953年迁至黑龙江省伊春市金山屯区，第一代林业工人，现已退休。

---

① 邱树森主编：《中国回族大词典》，江苏古籍出版社1992年版，第91页。

1953 年我们来东北那阵，伊春这里没有回族，也就甭提清真寺了，也没有正式的阿訇，不过杨殿青以前在老家的时候在清真寺里念过经，所以大的节日的时候都是他带领我们。我们那时候吃住都是一起的，住的是工棚，虽然一个工棚里都是回族，但我们一帮老爷们平时过节的时候是不炸油香的，住的条件不允许，平时上班的时候时间紧，再一个当时的生活条件恶劣，白面是个稀罕货。所以开斋节的时候不吃油香的。后来家里的人都过来了，也在地区上分了公房，也就有条件了，但由于那时候的杨阿訇还是常年和我们在山上伐木、流送，所以地区没有阿訇，过节的时候也没法让阿訇来家里念经，也就不炸油香了。七几年之后，生活条件好了，工队的部分人去地区的贮木场工作了，就可以晚上回家睡了。那时候我们就开始炸油香了。

可见，油香作为回族宗教节日中不可缺少的传统饮食，虽然起初由于生产、生活条件的不允许，曾一度被金山屯区回族伐木工所放弃，但是随着生活条件的改善、生产环境的转变，油香这个回族传统饮食也再度出现在回族宗教活动和节日中，也再度成为回族宗教节日活动中不可缺少的饮食。

笔者在田野期间有幸参加了 2011 年 8 月 1 日 WSQ 家的香锅，此次香锅的目的在于感谢真主，使其孙子 WB 考上了大学。下面的图片为香锅所炸的油香的基本过程。

图 2　将发好的面团揪成块，搓揉一阵后再用擀面杖擀成大小、薄厚适中的饼坯

图 3　下锅直至两面分别鼓起薄薄的面皮，上下两面的颜色均成暗红色或金黄色

图4 刚捞出油锅，放置竹篮或盆子中稍许，即可食用

图5 图为正准备送给其他穆斯林的油香

金山屯区的回族不同于其他地区的回族，由于长期与汉族的共同生活，并在刚迁来的时候有着一段时期集体生活。所以金山屯区的回族也过着一些汉族节日，如中秋节、端午节、元宵节等。但是又不等同于汉族的节日，也保留着自己的民族特色。

案例4：王××，女，52岁，回族，原籍河北省沧州市青县，出生于黑龙江省伊春市金山屯区，现居住于黑龙江省伊春市金山屯区，已退休，是伐木工人的第二代。

我是在东北出生长大的，小时候回过几次老家，那时候坐车时间长，车上的人多可挤了。我们小的时候也过春节的，听我爸说在关里老家的时候就过呢，后来爸他们来到东北，按时上班，那时候在春节啊，中秋节啊都放假的，所以我们也就跟着过。不过比如说过端午节的时候，汉族的门前要用树枝挂上葫芦，我们是不挂的，但也有相同的，比如这天早上我们都去大丰河里洗脸，据说这样对眼睛好。我们在那天也吃粽子和鸡蛋。粽子是自己包的，不在外面买现成的。听我爸说，刚来东北那阵，没有清真糕点店，工队的回民都是在山上的，后来慢慢地大丰建局了，家属也就跟着过来了，在后来七几年以后，各种私营小商店出现，也就有了回族的糕点店。在这之前，都是国有饭店和国有糕点店，没有清真的。那个时候我们是不吃月饼和元宵的。随着回族糕点店的开业，也就有了清真的月饼和元宵了，都是回民自己做的。

当地的回民对于汉族的一些重大节日也是重视的，但与汉族的过节方式不同，对节日的食俗也有严格要求。以上案例中，受访者王女士介绍了记忆中小时候过节与现在过节的情景。由于生活环境的限制，起初是没有清真糕点的，在特定的节日里也就不吃月饼、元宵等，随着社会的发展，清真糕点店也就应运而生了，而月饼和元宵也在节日这天出现在回族的餐桌上了。

（二）服饰民俗的变迁

服饰民俗一般指人们的穿衣戴帽，佩戴各种附加的装饰物如头发的装饰物、耳部装饰物以及如何打扮自己的风俗习惯。

据老一辈回族伐木工人讲，沧州地区回族的服饰与当地的汉族无异。仅仅是喜欢戴白色或蓝色、黑色无檐小帽，岁数大的或者是宗教人士喜欢穿长衣袖、长裤腿的衣服。平时礼拜的时候多穿长袍，阿訇和海唻凡多用白色布巾缠头。女性穆斯林一般常戴白色无檐帽或者黑、白色盖头外，与汉族没有不同。

案例5：吴××，男，84岁，回族，祖籍河北省沧州市孟村回族自治县，现居住在黑龙江省伊春市金山屯区。1953年迁到黑龙江省伊春市金山屯区，林业工人，现已退休。

在老家的时候，我们穿的和汉族是差不多的。不过又不是都一样的，就像我们的父辈们他们就是喜欢戴白色、蓝色或者是黑色的那种小帽，是没帽檐的。爷爷他们一般都穿长衣长袖，而且阿訇也得穿长的，礼拜的时候阿訇还得用白色布巾缠头，我妈他们就带个白帽子或者有时候戴盖头。

在老家的时候是挺讲究的，可是来东北之后，当了工人，就没时间去寺里了，再说刚开始也没有清真寺。所以我们穿的基本上就和汉族差不多了，在山沟沟里面伐木头。都是工服，发厚厚的棉袄和帽子。但是后来，伐木间歇的时候，我们就在地区贮木场上归愣木头，那时候虽然老家的家人都搬过来了，但是也都忙着，没时间去寺里礼拜什么的。穿的那时候都是黑色、蓝色的衣服，没啥不一样的，因为要戴帽子，所以也不裹头了。

到了七几年之后，清真寺也有了一定的规模，杨阿訇平时的时候就领着我们过节、做礼拜啊。所以那时候我们去寺里礼拜时，就戴上那种无沿的小白帽。吊孝（指回族有人无常的时候，其他回族前去看望）的时候我们也要戴上。但是阿訇、海哰凡都不裹头巾了，也是戴小帽了。不过就没有老家那么多色了，不过前院的老韩头他就一直戴着蓝帽子的。女的也是在做礼拜、有事的时候才戴帽子，不过不戴头巾了。像你们年轻的这些孩子，也都是有事的时候戴，平时不戴。

根据吴爷爷的口述可知，回族伐木工的服饰经过了民族服饰到工服，又最终回归到民族服饰的变化过程。这与其外部的社会环境和生活环境是分不开的。由于长期回汉杂居的生活，金山屯区回族伐木工的服饰的民族特色有了一定的淡化，但是在宗教活动和宗教仪式中，仍保持着本民族的服饰特色。只有在回族宗教活动中和有大事的时候，都戴上白帽子，戴头巾的现象已经少见了，平时的时候与汉族的服饰无异，不过仍有一些老人平时的时候也戴着小白帽。

（三）居住民俗的变迁

中国回族的居住特点是“大杂居、小聚居”，大杂居也就是杂居于全国各地各民族之中，他的民居也就入乡随俗，与当地民族大同小异。在具有鲜明的地方特色的同时，又由于回族信仰伊斯兰教，这也就形成了回族的另一个居住特点，即“围寺而居”。也就是聚居于清真寺附近，自成院落。沧州回族的居住除了上述两个特点外，还具有同姓聚居和分区划姓以及在商贸区聚居的特点。据笔者对吴姓和王姓的两个家族的老人访谈得知，在老家的时候两家虽然都是沧州市，但由于姓氏不同位于不同的地县，吴姓在孟村回族自治县老家是农民，而王姓在青县的时候老家是做馒头、花卷等面食生意的。据王爷爷介绍当时的街上很多都是回族。大部分是将店面和居住合二为一，多是围绕街道两旁住。

图 6　靠靠屯回族伐木工人旧居

1953 年，两家男主人来到金山屯区当伐木工人，受当时生产条件的影响。均住在工棚，直至林业局建局，生产、生活条件改善以及公房的落成，家属开始相继从老家迁过来，伐木工家庭均迁入公房居住。虽然与汉族在总体上是杂居的，但小聚居的居住特点也得到相应的体现，表现在当时一排公房共有七户，其中仅有一两户是汉族，其余均是回族，这样的公房在靠靠屯（金山屯区河北一社区的名称）地区有三排四列。回族伐木工人家庭处在一个相对集中的生活环境中。据文献和访谈资料得知，早期金山屯区回族聚居地主要是清真寺周围及大丰河以北（当地简称河北）的靠靠屯两片地区。随着大丰河以南（当地简称河南）社区的开发，部分靠靠屯的回族迁至河南居住。同时随着近些年的社区规划和棚改工程的落实，如今靠靠屯居民均已迁至河南社区。但是仍能从房子的外观上看出是回族居住，特点就是在门的上方钉有蓝底银字或者是红底银字的汉语和阿拉伯文的门牌。虽大部分回族居民已搬迁至楼房居住，但这一习俗仍被保留着。见下图：

图7　迁至新居的回族伐木工人
（左侧为回族家庭，右侧为汉族家庭）

根据此图可看出迁至新居之后，金山屯区的回汉仍是杂居，但据笔者访谈期间了解到虽然都搬上了楼房新居，但每个单元楼里面平均仍有三四户回族。一个单元楼里的回族主要是在平房居住的时候就是邻居，买房子的时候又相约买在了一起。

金山屯区回族室内布置基本与当地的汉族相同，较有特点的是房间里可见用阿拉伯文字写的条幅、“都哇”（又称都阿，阿拉伯语 Du' a 音译。意味祈祷①）等。对室内的墙画也有一定讲究，一般不贴人物画，这点在笔者所访谈的几个老一辈回族伐木工人的家里可见一二。主要是由于回族受伊斯兰教有关规定而形成的一种居住方面的禁忌习俗。笔者在调查期间，对金山屯区老一辈回族的访谈中得知，他们坚信如果室内有人物画的，天使是

① 邱树森主编：《中国回族大词典》，江苏古籍出版社1992年版，第88页。

不会来的，也就不会发生好的事情了。所以他们极力不主张室内挂人物画，而长期的杂居生活，交际圈和朋友圈也不再仅仅是回民，年青一代在一定程度上受到了汉族室内装饰的影响，开始将婚纱照挂在墙上。尽管如此，但是房间内仍见“都哇”或阿语条幅等，这些仍是室内装饰的必备。

图 8　回族穆斯林的门牌

由上可见，金山屯区的回族在一定程度上仍保持着回族的居住习惯和居住特点，这是与老一辈回族伐木工人分不开的。尽管从沧州老家刚过来的时候，他们住的是工棚，暂时环境条件的不允许，也没有使他们疏忽、忘记自己本民族的东西，后来生活状态的稳定及生活条件的改善，加之他们自身的坚持，将独有回族特色的标志挂在了门上，贴在了屋里。

四、回族伐木工人生仪礼及其演变

“人生仪礼，又简称个人生活仪礼，国际上又称‘通过仪礼’。每个人一生中都有必经的几个生活阶段，每个人的社会属性就是通过这些重要阶段不断确立起来的，在各阶段中自古以来便用一定的仪式做出表示，以便获得社会的承认和评价。在这一生中各阶段所标出的仪礼，这就是人生仪礼。”① 在漫长的人生道路中，就如人生仪礼定义中所说的那样总要迈出关键的几步、几个特定的阶段。人生仪礼离不开社会的风情民俗，同样作为信仰伊斯兰教的回族俗民也离不开宗教的影响。而作为本文中所描述的群体，他们既有上述因素的影响，同样也受国家政策导向的影响。下文主要介绍金山屯区回族特色的命名习俗、婚俗和丧俗及其演变。

（一）命名习俗

回族是一个全民信教的民族，伊斯兰教对回族生活有着重要的影响。对于回族来说婴儿诞生之后，起经名就是回族一出生就要面临的人生仪礼，也是随着诞生而受到重视的仪礼，也是回族人出生的第一个人生仪礼。

1. 沧州地区的命名礼

命名礼一般是在婴儿出生的当天至七天内进行，在沧州老家，对孩子的经名也相当重视。

案例6：吴××，男，84岁，回族，祖籍河北省沧州市孟村回族自治县，现居住在黑龙江省伊春市金山屯区。1953年迁到黑龙江省伊春市金山屯区，是林业工人，现已退休。

笔者：吴爷爷，你们是什么时候过来的啊？当时过来的人多吗？

吴××：我们老家几个人一起过来的，是1953年那阵儿过

① 乌丙安著：《中国民俗学》，辽宁大学出版社1999年版，第210页。

来的，我们是第一批从老家过来的。

笔者：在老家的时候孩子出生之后，与汉族有啥不一样的地方吗？

吴××：有啊，在老家的时候像你们刚出生不久是要起经名的，你们或许不知道，可是在老家那阵这可是大事呢，首先要请阿訇来家里或者去寺里给婴儿起经名，阿訇要先念遍“唤礼经”，而后向孩子的耳朵里吹口气。再让寺里的阿訇为孩子起一个名字，然后让阿訇把这个名字写在一张红纸上。

笔者：那您有经名吗？您的经名是啥啊？

吴××：有呢，是尔萨。

案例7：王××，男，78岁，回族，祖籍河北省沧州市青县，现居住在黑龙江省伊春市金山屯区。1953年迁至黑龙江省伊春市金山屯区，林业工人，现已退休。

笔者：王爷爷，您有经名吗？

王××：有呢，回民都有经名的，每个人都有呢，我刚出生的时候，家里的大人去寺里让阿訇给我起的。来东北时间长了，我的名字是啥也忘了，在山上干活大家都叫大名，经名叫得也少了。

对金山屯区第一批回族也就是第一代回族伐木工人的访谈可知，在老家沧州回族婴儿出生之后，都是要起经名的。阿訇给小孩起经名的时候要先念上“唤礼经”，即在清真寺宣礼塔上召唤教民上寺礼拜的宣礼词。然后向婴儿耳内吹口气，称为“吹班克”。然后让阿訇给婴儿起“经名”，再将名字写到红纸上。经名一般都是伊斯兰教经典上的名字，男孩为圣贤的名字，女孩是圣妻、圣女的名字。不同于西部的一些回族，直接在经名的前面加上姓作为其学名，而是每一个孩子都另起一个汉名。在社会上一般都是叫汉名，而经名都是家里人叫或者是回族之间的叫法。

笔者：吴爷爷来到东北之后，您的孩子们、孙子们还起经名吗？

吴××：起啊。不过我大儿子的经名还是在老家的时候起的，而二儿子就是在来东北之后，孩子她妈不久后跟着过来的，当时只有杨阿訇，还是跟我们一样在山上工队，所以起经名的时候程序就简单了，主要原因就是当时条件不允许，我们都上班，不像在老家那阵自己种地，说不去地里就不去了，所以就不按老家起经名的程序了，就是让杨阿訇礼完拜之后，给孩子起个名念个“唤礼经”就行了。不过到我孙子的时候，生活条件好了，这时候不像过去那样伐木了，实行“封山育林”又开始重视树了，不能随便砍伐了，清真寺也像样了，也有讲究的时间和能力了，就按咱们在沧州老家那样，现在寺里的张阿訇就是河北沧州的。

2. 伐木工人时期的命名礼

老一批的伐木工人来到林区之后，当上了国家的伐木工人，虽然自己和家里人的温饱问题得到了解决，但是在当时就没有精力、能力和时间沿袭起经名的习俗。导致部分中间一代的回族孩子没有经名。可是当结婚的时候，即使你由于一些原因没有经名，在结婚的时候阿訇会重新给你起个经名，并得到回族穆斯林对结婚的认可。

案例8：刘×，男，25岁，回族，出生在金山屯区，是伐木工人的第三代。

笔者：你有经名吗？

刘×：有啊。

笔者：是从小就有吗？

刘×：不是，小的时候没有经名的。去年结婚的时候，那阵子请阿訇（当地将阿訇请家里来“念都哇”统称为请阿訇）的时候，就是写“依扎布”（回族穆斯林婚礼特有的一个程序，宗教意义承认的两方结合）的时候，让阿訇起的。

3. 如今的命名礼

近些年来，随着时间的推移以及主流文化的不断冲击，导致了部分第三代也就是土生土长的金山屯区回族对经名的陌生和不理解。随着社会的发展，地区间文化交流的加强，民族政策的进一步落实，清真寺管理的逐渐正规化，主要表现在实行同一地区的阿訇每隔两年的轮流制，而来金山屯区的阿訇大部分是河北沧州一带的阿訇，同时又随着老一辈伐木工人的退休，这些老一辈回族伐木工人对本民族文化越来越讲究，起经名的习俗逐渐恢复，但仍有一些回族家庭成员没有经名。

金山屯地区回族对经名的认识及起经名的习俗的沿袭存在着两个趋向，为了更好地体现这一特点，笔者对金山屯区金山社区东兴街内的回族起经名这一习俗做了访谈。由访谈资料得知，东兴街共有回族家庭 53 户，154 口人，分别是：第一代回族伐木工人老两口单独居住的住户有 11 户；第二代回族的住户有 16 户；第三代回族的住户有 4 户；三世同堂的住户有 12 户。下表是对该社区内有没有经名的调查。

表2　起经名情况

		第一代回族家庭（22人）	第二代回族家庭（57人）	第三代回族家庭（9人）	三世同堂家庭（66人）
有经名	出生的时候就有	22	38	3	53
	结婚的时候有	0	8	5	8
没有经名		0	11	1	5

由上表可以看出，金山社区东兴街的回族总体上对经名还是重视的，尤其是老一辈回族伐木工人。在入户采访中，出生的时候就有经名第一代回族家庭中的人数为22人，是第一代回族家庭的总数；第二代回族家庭则为38人，占第二代回族家庭的66.67%；第三代为3人，是第三代回族家庭的33.33%；三世同堂家庭有53人，占三世同堂家庭人数的80.30%。上述数据可以看出，在第一代和三世同堂的回族家庭中出生时候就起经名的情况要好于第二代和第三代回族家庭。在访谈中了解到，这是由于老一辈回族在老家沧州的时候就已起经名。而在集体生活解散之后，起经名习俗又渐渐地被恢复和重视。在结婚时候起经名的现象分别是：第一代回族家庭中无；第二代回族家庭中为8人，占第二代回族家庭的14.04%；第三代回族家庭的人数为5人，占第三代回族家庭的55.56%；三世同堂的家庭则为8人，占三世同堂家庭的12.12%。由数据得知，结婚时候起经名的现象普遍存在于第三代回族家庭中，另外第二代回族家庭的这种现象也较多。这是由于在结婚写“依扎布”的时候，阿訇会给没有经名的回族男女分别取经名。没有经名的现象的数据则为：第一代回族家庭为无；第二代回族家庭为11人，占第二代回族家庭总数的20%；第三代回族家庭则是1人，是第三代回族家庭

人数的 11.11%；三世同堂家庭人数为 5 人，是三世同堂家庭的 7.58%。在访谈中得知，至今没有经名的多数为未婚子女，认为结婚的时候再起经名就可以了。

下图是笔者调查东兴街的 WXZ 的家人所做的一家三代的经名谱系。

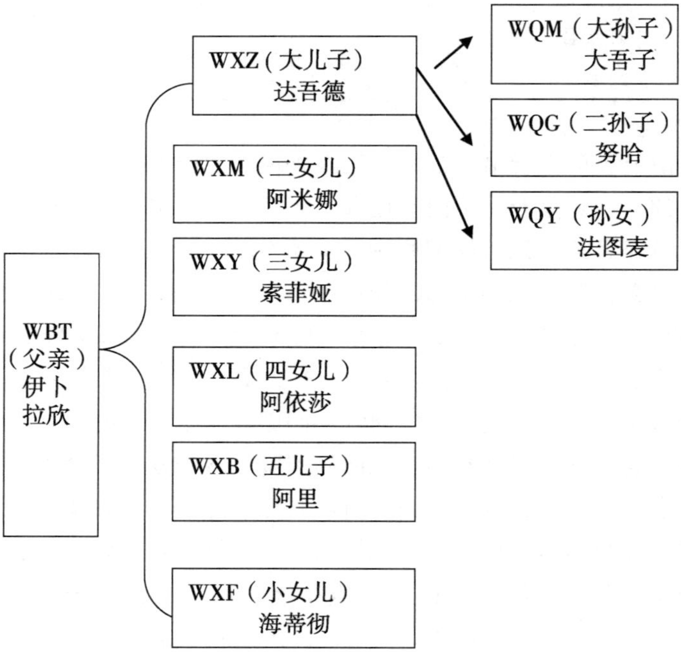

WXZ 一家的经名谱系

（二）婚俗

“婚姻是维系人类自身繁衍和社会延续的最基本的制度和活

动。"① 随着社会的不断进步和发展，形成了和社会相应的婚姻制度和特定的婚俗。回族作为中国少数民族人口较多的民族之一，又是信奉伊斯兰教的民族，对婚姻的重视程度可见一斑。回族的宗教信仰也逐渐渗入到其婚姻习俗中。

1. 沧州老家的婚俗

在沧州地区，回族对婚姻条件看得很重，要求双方都是穆斯林，一般不与非穆斯林婚配。对于个别与非穆斯林婚配的，也要求对方入教，即信奉同一个真主，入伊斯兰教。在对老一辈回族伐木工人的采访中了解到这种现象在当时的沧州地区是很少见的，几乎是没有的。

案例9：吴××，男，84岁，回族，祖籍河北省沧州市孟村回族自治县，现居住在黑龙江省伊春市金山屯区。1953年迁到黑龙江省伊春市金山屯区，林业工人，现已退休。

笔者：吴爷爷，您是在老家就结婚了吗？还是来这边结的啊？

吴××：我是在老家的时候就结婚了，后来跟着来东北的。

笔者：那您记得在您知道的人中，回汉通婚的有吗？

吴××：反正在我认识的人中、听说的人中，这个是不行的，一般都是回族之间结婚，那时候不像现在自己谈朋友，我们搬过来之前都是家里人给看好了，找个媒人说了，也就没有找汉民的。

笔者：那您还记得在老家结婚的时候都是怎么办的吗？

吴××：还记得些，那时候先找个媒人帮着说说，然后就是在主麻日的那天两家人坐在一起看看、唠唠，接着就是过彩礼了，两家商量个日子结婚，在办婚礼的前一天找阿訇写"依扎

① 钟敬文主编：《民俗学概论》，上海文艺出版社1998年版，第172页。

布”，接着就是请客吃饭了。那时候媒人也不好找呢，我记得你们前面住得老张头，他比我晚来两个月，没结婚就过来了，在东北干了一阵活，还回老家相亲呢，听他说，他当时在孟村的时候，在河边上有很多女的在那洗衣服，你张爷爷就穿了一身整齐的衣服在桥上走了几趟，后来你张奶奶就看上他了，这样两人就差不多成了，不过也得找媒人去说道说道。

案例10：王××，男，78岁，回族，祖籍河北省沧州市青县，现居住在黑龙江省伊春市金山屯区。1953年迁至黑龙江省伊春市金山屯区，林业工人，现已退休。

笔者：王爷爷，您来东北的时候，结婚了吗？

王××：结了。

笔者：那您还记得当时和你们一起过来的这些老人都在老家结婚了吗？

王××：是啊，都在老家结的啊，就是来的时候还没结的，大部分也都是回老家办的。我们来的时候这边回族少，也没回族姑娘啊，老家人多，亲戚都在那面。

笔者：那王爷爷您还记得，怎么个过程啊？

王××：就是找个媒人，现在说是介绍人，然后通过媒人老家见面，相一下，成的话，就找个日子过个彩礼，然后两家商量个日子结婚。结婚那天上午，让寺里的阿訇写个“依扎布”，接着就是亲戚啥的吃个饭，热闹热闹。

通过对部分老一辈伐木工人的访谈以及对当时的一些文献资料的查阅可知，以前沧州回族结婚时，一般需要经过议亲、定亲、下彩礼、写“依扎布”和婚礼五个程序。

议亲，也就是找亲家，多为男方找媒人到女方家上门提亲，即使是两个年轻人自由恋爱，也需要媒人撮合。

定亲，俗称"换号"、"换帖"。就是让媒人交换两方的"柬帖"，即双方的信息，之后如果女方同意即为定亲。

下彩礼，也称为"过礼"。是由男方家长或其本人将一定数量的彩礼送到女方家里。女方请族亲等亲戚作陪，招待男方和媒人。下彩礼的时候男女双方敲定结婚日子。

写"依扎布"。在结婚的前一天或者当天，由男方请阿訇、女方家长、新娘和证婚人到家里，或者是双方家长一起去清真寺，请阿訇念"尼卡哈"（喜经）祝福；并且讲解负担家庭、尊重长辈、互敬互爱、诚实勤劳、遵守教规等做人的道理；用阿语在红纸上写上"依扎布"（"衣扎布，阿拉伯语 ljab 音译，原意为'确认'、'责成'、'誓言'或'协议'等。回族穆斯林在习惯上专指'婚约'或'婚姻议定'。在举行婚礼时，请阿訇主持仪式，并书写'结婚证明书'，称为'写衣扎布'"①）。之后，阿訇将事先预备好的花生、枣或栗子向新人头上撒去表示对新人的祝福。

婚礼。结婚当天，新娘由姐妹们搀扶上车，娘家人派代表陪送至男方家，一般只让女性陪送，不许男性陪送。送亲的时候，女方家里要准备"经礼"一封，到男方家的时候交阿訇念"知感"经，同时在陪送的被子的某一边角内，要藏一些花生、枣和栗子，是早生贵子的意思。男方迎亲的时候，要在门前和新房的窗户上、床上、家具上等贴上喜帖，在门前专门有接亲的人等候新郎将新娘迎娶进来。期间新人向长辈、亲属及好友敬茶。结婚三日，新娘"回门"。"回门"须当日往返，不在娘家留宿。

2. 伐木工时期的婚俗

20 世纪五六十年代，沧州一带的回族分批次来到金山屯区，

---

① 邱树森主编：《中国回族大词典》，江苏古籍出版社 1992 年版，第 79 页。

这些人中有已成家的和未成家的，那么未成家的回族伐木工人是如何结婚的呢？

案例11：王××，男，78岁，回族，祖籍河北省沧州市青县，现居住在黑龙江省伊春市金山屯区。1953年迁至黑龙江省伊春市金山屯区，林业工人，现已退休。

笔者：王爷爷，和您一起来东北的伐木工人当时都结婚了吗？

王××：和我一起过来的差不多都结婚了，我们是第一批啊，后来的第二批倒是有没结婚的，以前的邻居老张头就是第二批过来的，刚来的时候还是一个愣头青呢，现在都无常了。

笔者：那您知道他是怎么结的婚吗？当时老家的姑娘愿意找伐木工人吗？

王××：他是回老家结的，那时候在东北挣些钱了，就回老家结婚了，结完婚又回来的。那阵子姑娘们都在河里洗衣服，然后他花钱做了一套新的衣服，然后就在桥上面来回走，后来就有姑娘看上他了，接着就找了个媒人，过了彩礼，商量好日期写好“依扎布”就结婚了，不过那时候时间紧啊，还得回东北伐木呢。

那时候东北的钱好挣，姑娘们愿意找咱们，呵呵，当时老家的境况不好，地少人多，挣得工分也少，挣的钱也少，那时候我们自己孩子少的时候，过年的时候还能给老家捎东西呢。所以那时候去东北还是挺愿意的。

笔者：那当时有没有在东北结婚的？有没有找汉族的？

王××：刚开始在东北结婚的少啊，那时候家属都没过来，也就没有回族女同志啊，好像有一家呢，他们就是在东北结的婚，也都是回族啊，那时候好像是刚来不久，条件不好，就是两个人请大家伙吃个糖就结了，亲戚也少，一般都是本村同姓的，也没有阿訇，也就没有念"依扎布"，结婚证也是后来领的。在70年代的时候有一个是娶了一个汉族的老婆，那是咱们回族在金山屯区的第一个找汉族的。那时候虽然改革开放了，可是他们起初的时候受到排挤，大家都不承认嘛。不过后来想想也就这样了吧。毕竟是他们自己的事情。

未成家的回族来到东北之后，虽然能够挣上比沧州老家更多的钱，可是婚姻问题也成了一个难题，不能很好地就地解决。这时大部分的回族汉子选择了回老家结婚，由于当上了伐木工人，受到时间的限制，结婚程序也大大简化了，在短时间内完成了相亲、定亲和结婚的过程。笔者在调查期间得知，一般都是老家里的人提前把女子看好，然后催儿子们回来看一下，如果两方都觉得合适，女方也愿意跟男方去东北的话，那样就把婚结了。在当时，东北地区对于当时的沧州老家人是一个诱惑，所以挺多回族姑娘愿意找东北回去的工人。在采访中即使当时当地没有适龄的回族姑娘，老一辈伐木工人仍坚持回族之间通婚。

3. 如今的婚俗

回族伐木工人已经在金山屯区这片土地上繁衍生息了50多年了。随着老一辈伐木工人集体生活的解散，退休后的老一辈伐木工人在家里充当着大家长的角色，他们对回族生活的重视程度越来越高。新一代的回族中仍然坚持着回族之间通婚，但是婚姻不再主张父母包办，自由恋爱的现象在新一代回族穆斯林之间成为主要的结婚途径。

案例12：吴×，男，29岁，回族，单身，出生在金山屯区，是伐木工人的第三代。

笔者：你现在的女朋友是回族吗？你们是怎么认识的？啥时候结婚啊？

吴×：是呢，汉族也不行啊，呵呵。我们也是吃饭的时候认识的，一了解都是回族，正好就处着了呗。我们等房子装修好了就结婚，差不多就是明年春天吧。

笔者：你之前谈过汉族的女朋友吗？

吴×：没有，都是回族，刚开始的时候，奶奶在的时候不让谈汉族的女朋友的，可是前年奶奶无常了。同辈的和我差不多的一起玩的都结婚了，家里也说可以找个汉族的，到时候随了我们回族。可我自己不愿意找汉族的，主要是我弟弟就找了个汉族的，等以后爹妈的岁数大了，办个啥事的话，有汉民的也不方便，所以我就想着找个回族，等以后有事了我好办。

案例 13：吴××，女，25 岁，回族，已婚，出生于金山屯区，是伐木工人的第三代。

笔者：你老公是回族吗？之前找过汉族的男朋友吗？

吴××：我老公是回族呢，是西林上班的。之前也谈过几个对象不合适，不过都是回族没有汉族的。

笔者：什么原因让你只找回族的啊？

吴××：家里人不允许呗，爷爷奶奶不让找汉族，他们觉得我如果找了汉族他们就没有面子了，爸妈也不同意。就不找了。

笔者：那你自己是怎么想的啊？

吴××：刚开始的时候，我还挺不愿意的呢，呵呵。凭什么只能找回民啊，汉民也有挺好的啊，那时候还有汉族追我的呢，呵呵，可是家里人不让就不了了之了。后来我自己想想也是，还是找个本民族的合适呗，你看，找个汉族的虽然他说能随你，可是结婚之后得去婆家吧，不能让他一家子都和咱一样吧。

在笔者的调查期间了解到，老一辈人对找外族结婚的现象大部分仍持否定态度，他们认为如果自己的子女或者是孙子孙女们找了个汉族结婚的，他们将会受到邻居们或者是其他穆斯林的笑话。

案例14：马××：女，回族，75岁，原籍河北省沧州市青县人，1955年作为家属来到东北，现居住在黑龙江省伊春市金山屯区，家有五个子女。

笔者：马奶奶，您觉得回族可以找外族吗？如汉族。

马××：行是行，可以让她随咱们，可是我的孩子们都找的是回族，孙子们我也希望他们还是找回族，就像我的大外孙子，之前说谈了个汉民，可是他妈和我说，我反正是不大同意，现在他又自己找了个回族，这多好啊。你说到时候都找个汉族，还不让邻居们戳我的脊梁骨啊，说我老的也不管管这帮小的。

案例15：吴××，男，84岁，回族，祖籍河北省沧州市孟村回族自治县，现居住在黑龙江省伊春市金山屯区。1953年迁到黑龙江省伊春市金山屯区，林业工人，现已退休。

笔者：吴爷爷，您对咱们回民找汉民是怎么看的啊？

吴××：反正我认为还是找自己民族的好，不过现在像你们这么大的，都上学的上学、打工的打工，都是自己在外面找的，我们老家伙虽然说不让找汉民，可是，唉，又有几个听的啊，不过要找的话，男孩子还行可以找个汉民，让她随了我们，可以和我们住在一起的。而女孩子还是不要找汉族了，到时候你们和公婆一起住，太不方便了。

可见在金山屯区，回族和汉族虽然在一定意义上可以通婚，但是也只限于回族男娶汉族女，而对于回族女嫁汉族男的现象还是不允许。基于访谈资料可知，主要原因还是在于吃的方面禁忌，汉族女嫁到回族家庭是在回族家庭生活的，而回族女嫁到汉族家庭是要在汉族的公婆家生活的。

金山屯区回族伐木工人的第三代的结婚程序也较之前有所改变，由于这一代人不同于上两代人，多数是自由恋爱，那么媒人的程序就取消了。在调查期间，一些家庭经双方商量取消了订婚仪式，在结婚前天或者是当天写好“依扎布”就可以了。而随着主流文化的日渐影响，当地的回族参考着汉族的婚礼也开始在酒店举行结婚典礼。在典礼开始的时候，首先是新人双方穿着婚纱礼服进入会场，然后请主婚人致结婚贺词，即使这对新人是自由恋爱没有主婚人也要请有一定地位的长辈充当主婚人，接着在典礼的过程中，有别于当地汉族风俗的就是“闹公婆”了，参加典礼的亲朋好友将主家也就是男方父母的脸上涂上锅底灰，象征着生活越过越热闹。近些年来，结婚典礼的桌上也不仅仅是花生、瓜子和糖了，各种各样的小果子陆续搬上桌子，体现着生活的不断宽裕。同样饭桌上也不仅仅是只有茶水了。这也是回汉文化的交流过程中，当地回族的一个变化的体现。

（三）丧俗

葬礼是一个人一生的终点，也是一生仪礼的终结。伊斯兰教主张对死亡的看法不应是过分的悲伤。过分的悲伤被看成是自己对神的旨意不满意。同时认为，死亡是人生最后的结果，有生必有死，是前定的，是不可避免的。教法中认为死亡并不是消失，而是归至真主，因此回族死亡之后称之为“无常”或者“归真”。并认为，活着的人对于亡者有埋葬之责，并葬之以礼。由于回族信奉伊斯兰教，伊斯兰教教规对葬礼讲求三个原则，即土葬原则、速葬原则和薄葬原则。

1. 沧州地区的葬礼习俗

案例16：吴××，男，65岁，回族，祖籍河北省孟村回族自治县，现居住在黑龙江省伊春市金山屯区，随父母来到东北，是伐木工人的第二代，中学教师，现已退休。

笔者：吴伯伯，您是什么时候来东北的啊？那您还记得老家的葬礼是怎么回事吗？

吴××：是我爸先过来的，后来我和我妈他们一起过来的。那时候还小不记得老家的葬礼是什么样子的，不过听长辈们说就和现在的差不多，也是土葬的，然后去寺里“发送人”（此处的发送人就是参加回族的葬礼）。我父亲去世的时候是在东北“发送”的，所以也了解这个过程。我们哭着送到清真寺，给亡人沐浴，使其干干净净地安葬。动水的时候一般是阿訇、掌教他们帮着弄。然后就是在清真寺“发送”了，将亡人放到“经匣”里，阿訇站在它的旁边，我们跪在东侧，然后阿訇开始传经。传经的时候，众人为“亡人”“接读哇”。然后就是将亡人送到墓地。听老人说送的时候，众人轮番上前面抬经匣至墓地，在老家的时候不用车拉。然后就是下“埋扎”。不过记得老家的时候，发送人的时候哭呢，将亡人一生的事情，就是不幸的事啊什么的哭出来。

笔者：那您知道咱们都是怎么纪念亡人吗？

吴××：一般是“七日”、“四十晌”、“百日”、“头周年”、“三周年”和“十周年”，之后就是每隔十年就是一个大的周年纪念日。

据访谈和文献资料可知，沧州回族穆斯林的葬礼（俗称发送亡人）主要有作“讨白”、动水、站“者那则”、送葬、下“埋扎”。其中作“讨白”就是忏悔仪式，请阿訇来家里为病人代诵清真言、作证词以求得真主的原谅。这期间子女不可乱叫、乱哭等，应让亡人安然离去，另外亲戚朋友及邻居开始吊孝。之后动水，即在亡人发送前先为亡人沐浴，使其洁净安葬。一般多请散班阿訇、掌教或乡老（必须与亡人是同一个性别的）代为行使。站“者那则”，即葬礼仪式。在清真寺或者是丧者家里的院子、院外宽敞的清洁之地进行均可。亡人动水之后，放置“经匣”（经匣是清真寺准备的安放亡人的匣子）中，头朝克尔白方向，阿訇站在“经匣”旁，亡人的亲属跪在东方，开始传经。送葬，即将亡人送至墓地安葬。送葬的时候，要低声赞主，不得大声喧哗。抬“埋体”至墓地时，回族男子轮换抬至墓地，不用车载。一般妇女不准到墓地。最后就是下“埋扎”，即埋葬亡人，将亡人抬到墓地的时候，由其身前好友或者虔诚的老人进入“坟坑”，将埋体放入坟内，然后将“坷拉经”（也就是默诵读哇。“读哇，又称都哇、都阿，阿拉伯语 Du’a 音译。意味祈祷”①）吹在土块上放在亡人左身侧。解下埋体腰带，闪开面部，使之面向西方。在筑坟的时候，阿訇还要念都哇。“哭”是沧州回族丧葬习俗，虽是受汉族的影响但也与汉族不同，有其自身的哭词、哭腔和哭法。基本上是将亡人的一生经历表达出来。

2. 如今的丧葬习俗

金山屯区的回族一般在清真寺举行葬礼，但也有部分居住在北兴街的回族是在家里举行葬礼，主要是家里离回族坟地更近一些。在清真寺的周围也有汉族民众居住，笔者参加发送人的时候听到了他们的议论声：“他们回民是挺讲究的啊……”这无疑是当地汉族对回族丧葬仪式的认识。近几年来，当地回族亡人的子孙穿大孝的现象减少，这在一定程度上也是对伊斯兰教主张薄葬

① 邱树森主编：《中国回族大词典》，江苏古籍出版社 1992 年版，第 98—108 页。

的回归。

当地回族对亡人是相当重视的，有些习俗是在临终前便要开始进行的，如做讨白、念清真言。做讨白、念清真言就是阿訇以病危者的口述阿语向真主祷告赎罪的过程。在病人无常之后，其家属要去寺里取水流子，为其除去身上的衣物，使其躺在水流子上用清洁的布覆盖起来，避免肢体外露。这时候还要在亡人的头前设香炉点香。而同时要把早已准备好的山羊，在病人无常之后，请阿訇宰掉，这便是发送人期间所用的羊，也是倒头羊。

在病人无常之后，亡人的家属要去邻里街坊和其他亲戚家报孝并跪请他们参加葬礼，报孝的同时根据亲戚的远近并送上合适的孝服，一般多为孝帽、孝布，都是纯白棉布。收到丧信的穆斯林同胞要赶去吊孝，吊孝的人在进入亡者家里的时候要哭以示悲痛。当地回族在收到有穆斯林无常的信息之后，都会前去亡者的家里帮忙，帮助其亲属料理后事。男子戴上工具去坟地为亡人修筑坟墓，一般老者无常的家里都已经为其准备好坟了，只需将坟里的砖移开。而女子在家帮助洗菜、做饭、炸油香等，之后便可发送人（即是葬礼、发送亡人的意思）。由于如今金山屯区的回族已迁至楼房居住，家里没有宽敞的地方发送人，多数在清真寺举行。

上午发送人仪式开始前，亡人家属找一些有地位的族人、亲戚帮忙代发钱和烧饼。钱和烧饼多发给小孩，这时候的烧饼的数量是有一定讲究的，根据亡人的岁数做一定数量的烧饼，如果亡人的岁数较高，在回族人的眼里，吃到为其做的烧饼也能活到亡人的高龄。一般在上午 10 时半左右，亡人家人随阿訇上大殿。在此期间亡人家人跪在阿訇面前，听阿訇“念塔哈”。期间请师傅（对清真寺里负责为亡人沐浴的穆斯林的称呼）为亡人沐浴，直至阿訇念完塔哈，浴礼也随之结束。之后进行穿衣。这时家人随阿訇下殿。在张罗人（是指在发送人的过程中替亡人家属安排葬礼过程的人，一般在回族穆斯林间有一定的威望）的主持下，亡人亲属在寺里的动水室见亡人最后一面，见面之后，发送人正式开始。

一般在上午11时左右，将亡人穿上可凡之后送入经匣抬至场地的中央，家属跪其东侧，阿訇及哈唻凡站在经匣一侧，来发送人的其他回族穆斯林围在经匣的四周，开始站礼。这期间阿訇向亡人的儿女及亲属传经，一般是长子、长女、长孙等。在每个阿訇传完一次经的时候，要接都哇，参加站礼的人要洗大小净，方可接都哇，否则不允许参加。当地的回族群众坚持认为，举行站礼的时候，人越多越好，一人颂主就可以解脱生者的责任。

站礼结束之后，便将亡人的经匣抬至坟地安葬。在运送的过程中，一般以抬送为主，不使用车辆代替，当地的回族穆斯林自发上前抬经匣，直至坟地经匣不可落地。抬经匣的过程中，一般是八人抬起，刚开始抬的时候是近亲，中间换人。抬经匣的过程中要慢行勿奔，以免打扰亡人的芦罕（即灵魂）。这期间不可大声喧哗。始抬时亡人的亲属大声哭叫，之后便不能大声哭叫。这时亡人的家属男子跟随阿訇去坟地，而女子则回家做饭、做菜、炸油香等候阿訇及上坟地的穆斯林的归来，并为其送上饭菜。

为亡人下葬是件极为庄重的事情。按照头北足南的方向放置。亡人安置好之后，放上盖板，亲戚好友及其他穆斯林帮助填土堆坟。这时候阿訇及亡人的家属向亡人的头部方向跪下，为亡人进行再一次的祈祷，念“下土经”。

至此，发送人结束，阿訇及来上坟的亲朋好友及当地的穆斯林回至亡人家属的家中，享用亡人家属招待的饭菜、油香。同样，在七日、四十晌、三年、十年等仍要去坟地为亡人上坟，也是家属纪念亡人的节日。

关于发送人的介绍在笔者调查期间得知还有另一种现象，即部分回族无常的老人要其儿女将坟迁往老家，或者是不在金山屯区打坟，在老家打坟。到了一定的岁数时就回老家生活，并在那里安享晚年和无常。这种现象是这个群体内部俗民的心理上对老家眷恋的一种解释，并且坚持落叶归根。虽然他们在金山屯区这片林地上已经生活了将近三代人，但是在心里他们仍将自己作为老家人。其发送仪式均是按其老家当地的仪式进行。

五、回族伐木工的伊斯兰教节日习俗与仪式及其变迁

伊斯兰教作为回族伐木工信仰的宗教，渗透到伐木工群体生活的各个方面，既包括规范日常行为的《古兰经》，也包括种种民俗化的形态，而节日、信仰习俗正是伊斯兰教民俗化形态的集中体现。因此，下面主要介绍回族伐木工群体的宗教节日习俗与仪式的变化。

（一）宗教节日习俗

信仰伊斯兰教的回族，传统节日有开斋节、古尔邦节以及圣纪节。它们也是伊斯兰教的三大传统节日。回族伐木工群体在日常的生活中离不开宗教活动，而宗教节日则是其宗教信仰在日常活动中最直观、最明显的体现。

1. 开斋节

开斋节是伊斯兰教最重要的节日，是阿拉伯语“尔德·菲图尔”的意译。它与每年伊斯兰教月即斋月是分不开的，在斋月期间，穆斯林要在日出之前吃好封斋饭，之后一天不进食，在此期间，一心只敬真主戒除一切俗念。时间为一个月，于伊斯兰教教历九月的最后一天，看见新月的第二天开斋，这一天庆祝斋功圆满完成。

（1）老家的开斋节

案例17：王××，男，78岁，回族，祖籍河北省沧州市青县，现居住在黑龙江省伊春市金山屯区。1953年迁至黑龙江省伊春市金山屯区，林业工人，现已退休。

笔者：王爷爷，您还记得您年轻的时候在沧州老家是怎么过开斋节的吗？

王××：记得。开斋节的那天我们要先去寺里洗大净，穿上干净的衣服，戴上白帽，在清真寺等着阿訇上殿。上殿之后，听阿訇念《古兰经》讲"吾而兹"（经典教义），然后跟阿訇做礼拜。在这天家里炸油香，并且将炸好的油香送给左邻右舍。这天条件好些的家里拿出乜贴给家庭状况不好的，那时候能拿出的也不多，毕竟条件都是差不多。

笔者：那去寺里的有女性吗？

王××：有，不过是去女寺，老家的清真寺很多的，也有女清真寺。

在沧州地区，开斋节是伊斯兰教中最重要的节日之一，在节日当天回族俗民在寺里或者是家里洗好大小净，换上干净的衣服，等到一定的时刻，跟随阿訇上大殿，念《古兰经》之后做礼拜及炸油香、交天课等，这些都是这一天所要做的事。沧州地区回族历史悠久，清真寺作为回族聚居地的一个重要体现在这个地区也相当多，并且已经有了女清真寺。在开斋节的这天允许女子去女清真寺礼拜，而不可去男清真寺礼拜。

（2）伐木工时期的开斋节

从农民、商贩到伐木工人，是这个回族群体身份转变的一个重要方面。从自主支配个人时间到集体时间，这个群体受到了一定的制约，那么他们的宗教节日又是如何进行的呢？以下是笔者对这个时期伐木工人如何过开斋节的一次访谈。

案例18：吴××，男，今84岁，回族，祖籍并出生于河北省沧州市孟村回族自治县，现居住在黑龙江省伊春市金山屯区。1953年迁到黑龙江省伊春市金山屯区，第一代林业工人，现已退休。

“那个时期我们刚来到这里，一切都是从头开始。那时大丰贮木场正在建设中，基本上都是从外地调过来的，我们这支工队是从美溪林场调过来的，后来在这里落家了，大家在山上伐木，条件简陋，更没有清真寺，连洗大小净的地方都没有，所以过咱们自己的节就更难了，一来是条件不允许，二来咱们那时候也算是国家工人，大家一起上山，一起伐木，也没个啥休息日。开斋节这天就别提了，那时候干的都是苦力，在山上温度低，所以我们也没法封斋。不过开斋节这天我们也是过的那时候杨阿訇领着我们，因为没有洗大小净的地方。我们就去大丰河里洗，河水冰着呢，可是也没办法啊，洗完大小净后，杨阿訇给我们念《古兰经》，之后跟着他做礼拜，这样开斋节就过了。虽然我们这天吃不上油香，但是队里也会照顾我们的，给我们改善伙食的，其他的就和平时没什么不一样的了。”

河北、山东等地的回族伐木工人在开斋节这天会尽自己最大的努力过节，但这里也可以看出当地的队里领导对回族宗教信仰还是支持的，那么这种支持在“文化大革命”时期又将是如何进行的呢？

案例19：吴××，男，84岁，回族，祖籍并出生于河北省沧州市孟村回族自治县，现居住在黑龙江省伊春市金山屯区。1953年迁到黑龙江省伊春市金山屯区，第一代林业工人，现已退休。

“1968年‘文化大革命’的时候，毕竟那阵子清真寺也是革棚，平时大家去那礼拜都是偷偷摸摸的。“文化大革命”后期就可以正常的礼拜了，那个时候回民灶是一直有的。记得那是三间土坯房也就是我们平时礼拜的地方，也是最早的清真寺原型了，不过那时候还称不上清真寺，杨阿訇平时没有班的时候都去那里看着。”

“文化大革命”那个时代，这批回族穆斯林仍坚持着自己的宗教信仰。这是与当时的杨阿訇对回民礼拜的地点的保护是分不开的。

（3）如今的开斋节

岁月的流逝，老一辈伐木工人经历着生老病死的人生自然历程。同时，随着老一辈伐木工人在21世纪初部分工人退休之后，相继迁回老家沧州。在笔者调查期间老一辈伐木工人少之又少，一家之主在发生着变化，从当地的第一代伐木工人转变为第二代甚至是第三代，那么他们本民族重大节日开斋节是如何过的呢？

在开斋节这天由于当地只有一座清真寺，并没有专门的女清真寺，所以在开斋节这天妇女是不上殿的，男士们洗大小净之后，换上干净的衣服。来到清真寺，等着阿訇的到来，跟随阿訇上大殿，这不仅仅只有阿訇，还有海咪凡（可与阿訇参加回民穆斯林坐席的有一定教门的人的称呼）、香啰（清真寺管事的一种称法）。在大殿上阿訇讲《古兰经》“吾而兹”，之后众人跟随阿訇礼拜。在家的人们炸好油香，分送给阿訇、乡老、亲友、相邻，共同祝福开斋节。在这天富裕的人们拿出部分财物给条件差的人，以纳天课。另外，在当地有亲属坟地的穆斯林，还要在当天领着阿訇前往坟地为其亲属上坟，纪念已故亲人。而其亲属葬在老家的穆斯林，需在大殿上封经礼给阿訇，阿訇为其念经以慰亡人。

图 9　开斋节当天的清真寺

图 10　礼拜之后的穆斯林，回家过节

随着时间的推移、社会生活条件的改善，开斋节当天的节日内容也在发生变化。从开斋节这天炸油香演变为现如今在作业的前两三天就开始炸油香，这是个别的，但也是存在的，是人们根据自己的时间安排，错开了节日的当天炸油香。

2. 古尔邦节

古尔邦节是阿拉伯语“尔德古尔巴尼”的意译，亦称宰牲节，有牺牲、献身之意，是穆斯林赴麦加朝觐的第三天，在沧州地区亦俗称之“小开斋”，至今金山屯区回族伐木工之间仍延续这个称呼。金山屯区回族穆斯林的小开斋节有着浓郁的地区色彩和民族特色，小开斋节的过法由老家一直延续至今，关于小开斋说法的由来是与其节日当天同开斋节的节庆活动有着类似的过程是分不开的。

小开斋这天，金山屯区回族穆斯林淋浴洁身后，戴上民族特色的小白帽，到清真寺去等候阿訇进殿做礼拜，之后回家举行宰牲仪式。经济条件好的金山屯区回族穆斯林请阿訇到家中念经宰羊、牛。小开斋节这天，家里仍要准备油香，条件一般的回族家庭牵牛羊来到清真寺，让阿訇宰。宰牲时，要宰牲人在场，将所宰家禽面向西，念三遍“特台可必尔”（真主尊大），阿訇或者其他具备宰牲条件的穆斯林用快刀宰杀为圣行，不具备宰牲条件的穆斯林不可宰牲，否则视为有罪，所宰之物同自死物一样也不能食用。

3. 圣纪节

圣纪节是纪念穆圣的节日，伊斯兰教教历三月十二日，是伊斯兰教创始人穆罕默德的诞生纪念日，据说穆罕默德诞辰、逝世为同一天。故穆斯林也称此日为“圣忌节”，沧州一带将此日的纪念活动称为“圣会”，金山屯区的回族伐木工仍沿袭此称呼。如今金山屯区回族穆斯林圣纪节的当天的活动场所从家变为清真寺。

案例20：吴××，男，84岁，回族，祖籍并出生于河北省沧州市孟村回族自治县，现居住在黑龙江省伊春市金山屯区。

刚来那阵过圣会的时候就是几家合伙买只羊在其中的一家炸好油香，做上烩菜就可以了，尽管老家那阵是去清真寺，那时候咱们这没有清真寺，所以没办法就是几家合伙弄，再后来清真寺盖起来了，人们也都习惯在家做了。近些年来，经过阿訇们的努力，加上我们这辈人也都退下来了，大家就开始张罗着在清真寺弄圣会，把当地的回族都聚在一起。后来就在清真寺办了。快过节的前几天，寺管会的人就到回族家里写乜贴，10元一位，到时候去寺里吃饭。然后把收上来的乜贴买上面、油、羊、萝卜等，大家都去寺里帮忙收拾、做饭、炸油香、做烩菜，过节的当天一般都是在中午11点左右开席，那个时候上班的下班，上学的放学，去寺里吃饭。后来又因为有些人家里虽然写了乜贴，可是时间上抽不开时间去吃饭，大家就商量着谁家写几份就带几份饭菜回去吃，同时也可以在寺里吃。现在就一直这么弄的，挺方便的。

关于金山屯区当地政府对回族穆斯林信仰的支持，在开斋节、古尔邦节、圣纪节三大节日上都有体现。在笔者的访谈期间得知，在宗教节日里贮木场领导给回民工队各放假一天。在“文化大革命”还没有结束的时候，金山屯区就已建立了全区第一个国营回民饭店，此时清真寺也在不断地扩建、翻新。

（二）宗教信仰习俗

1. 礼“主麻”

回族穆斯林每星期五的礼拜，是伊斯兰教规定的穆斯林的天命拜功之一，称为“主麻”或“聚礼”。金山屯区回族穆斯林将这天的礼拜称为礼“主麻”，将周五称为主麻日。

案例21：王××，男，78岁，回族，祖籍河北省沧州市青县，现居住在黑龙江省伊春市金山屯区。1953年迁至黑龙江省伊春市金山屯区，林业工人，现已退休。

在主麻日这天，早上去清真寺水房洗大小净，到时候阿訇、海唻凡在清真寺大殿上念《古兰经》称赞真主，之后我们接“都哇”，听阿訇讲“卧尔兹”，念“呼图白”、“讨白”，互相问候。

金山屯区的老一辈回族穆斯林是从伐木工时代走过来的，他们在老家做农民可以自由支配时间，定时去寺里礼拜，到后来的伐木工人，时间受到了一定的限制，同时周五也是生产时间，并不能在此期间礼拜。所以礼主麻也在一定的时间内停留在回族伐木工的心里，而当时的清真寺也仅仅是几间草房被称为礼拜寺。之后，老一辈伐木工人从生产线上下来，退休在家，礼主麻也渐渐成为其每周五的必修礼拜。据笔者调查得知，由于生产、生活等各方面的限制，近些年来，尽管清真寺在不断完善，参加聚礼的人数在增加，但是礼拜的主力人群仍是停留在老一代伐木工人及退休的回族穆斯林。

2. 封斋

封斋是伊斯兰教教规之一，为了表示纪念、敬畏真主安拉，在每年伊斯兰教教历九月封斋一个月。金山屯区回族穆斯林也称之为拔斋。

老一辈回族伐木工视封斋为其一生中重要的功课之一。但是由于环境的改变、工作形式的转换，这种行为并不能伴随其一生。

案例22：王××，男，78岁，回族，祖籍河北省沧州市青县，现居住在黑龙江省伊春市金山屯区。1953年迁至黑龙江省伊春市金山屯区，林业工人，现已退休。

从老家来到东北之后，不久当上了林业工人，那个时期自己根本就没有休班什么的，为了挣钱也不休班，我们干的都是累活，在山上伐木、流送等，所以每年封斋的时候我们基本上是不封的，要不然没力气的。后来退休了，我们这些老人都天天跑寺里了，也封斋了，毕竟能少些罪。现在的孩子们不是上学就是上班，哪有时间和精力封，这也都没办法。

笔者对东兴街的154位回族穆斯林的封斋情况进行了简要的统计，结果如下：

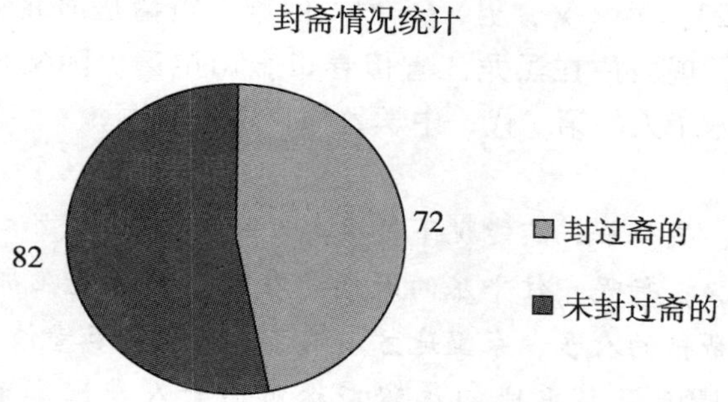

封斋情况统计

图中显示，未封过斋的穆斯林有82人，封过斋的穆斯林72人。据调查得知封过斋的穆斯林均是退休之后的伐木工人，因自身无疾病的同时不从事重体力工作之后，他们认为此时的宗教生活应成为其日常的主要生活，这部分人数为53人。17人因为疾病或其他原因并没有常年封斋。而对其伐木工人子女的调查得知，封斋的人数较少，几乎没有。他们认为自身繁重的工作，并没有时间和精力封斋。对此老一辈的伐木工人持同意态度，认为他们如今应以社会生活为重，宗教生活如封斋可以到老的时候进行。

3. 走坟

走坟是伊斯兰教宗教礼俗之一，是游坟的俗称，又称为

“上坟”，是回族穆斯林纪念亡人的一种仪式。

本文所说的走坟是指广义上的游坟，“是指包括亡者去世百天之内每天游坟在内的其他时间的上坟，包括亡者的5天、7天、月斋、40天、百天、周年、生辰、开斋节、古尔邦节的会礼之后，主麻日的聚礼之后，游子回归的日子，亲人相聚的日子，或在睡梦中梦见亡者以及对已故亡者有所怀念时等，而每逢开斋节、古尔邦节游坟则是历史形成的一种定制”。①

案例23：吴××，男，65岁，回族，祖籍是河北省孟村回族自治县，现居住在黑龙江省伊春市金山屯区，随父母来到东北，是伐木工人的第二代，中学教师，现已退休。

笔者：吴爷爷，您能说下这次走坟的情况吗？

吴××：行呢，住平房的时候是在家里办，现在都住楼了，来的亲戚帮忙的人多，家里地方不够了，就来清真寺请了。给我父亲母亲请师傅（当地回族穆斯林对为亡人请阿訇的一种统称），等阿訇做完晨礼下殿的时候，我们就和阿訇去坟地。上坟地都要洗大小净的，换上干净的衣服。到了坟地时候，迎向亡者站立，然后等大家道了“色俩目”之后，阿訇面向亡人跪坐，我们也面向亡人跪坐，这时候阿訇开始念《古兰经》的章节，期间参加走坟的亲戚朋友将事先准备好的“敬礼”（是对给阿訇及海唻凡乜贴的统称，如送坟的事情一般用白纸封好，而喜事的时候用红纸封好）给阿訇及来参加的海唻凡掌教等。之后来参加的穆斯林接都哇。等着阿訇、海唻凡每人诵读《古兰经》之后，走坟就完事了。

① 拜学英著：《回族习俗探源》，民族出版社2009年版，第175页。

图 11　回族坟地入口

图 12　面向亡人跪坐

图 13　走坟的穆斯林正在接都哇

图 14　当地回族穆斯林在亡人坟的左右两侧栽上松树，阿语位于墓碑上方，体现出穆斯林特色

综上，关于宗教信仰中回族伐木工注重的习俗进行了简单的

介绍，虽然在礼主麻、封斋、走坟等不同的习俗上有着不同程度的坚持，但是这种坚持是对回族自身民族信仰的坚持，尽管在起初生活条件等的不允许以及“文化大革命”特殊时期，中断了某些宗教生活，但是这种情况并没有阻止回族伐木工人对穆斯林信仰的传承和延续。

（三）清真寺

清真寺亦称为礼拜寺，是穆斯林宗教活动场所和文化中心，被金山屯区回族穆斯林视为日常宗教活动和社会生活的共享之所。在我国凡是穆斯林聚居处，均有清真寺，穆斯林围寺而居的居住特点也与清真寺分不开。

金山屯区清真寺始建于“文化大革命”后期，位于东兴街后迁至中兴街。金山屯建局的时候并没有清真寺，只是在北山伐木工人当时居住的地方建有三间草泥房，随着民族政策的落实，当地政府的支持以及回族伐木工人自发捐出乜贴，修建了清真寺。

清真寺教职人员，主要由阿訇、掌教、海唻凡等组成，其中日常的宗教事务和宗教活动由寺管会主持。近些年来，在寺管会成员的不断完善、努力下，选出了寺管会的主任，管理寺内的行政事务。其中阿訇领导金山屯区的回族穆斯林进行正当的宗教活动，管理寺内的宗教事务。根据婚、丧、节等不同的需要做好宗教性服务，并负责向海唻凡讲解和传播教义。其中办经堂教育也是金山屯区阿訇的职责之一，每年暑期任职的阿訇在清真寺院内办学普及回族孩子的宗教知识。金山屯区的阿訇一般是任职两年，任满后调走，从其他寺里选择阿訇接替，多为河北等地的阿訇，而掌教是金山屯区有一定威望并严守教规的回族穆斯林，海唻凡则是阿訇的学生。清真寺的主要经济来源则是当地回族穆斯林自愿捐赠的乜贴和收经礼。

图 15　图为乜贴板，上面是 2011 年清真寺换经匣各家所出的乜贴公示

图 16　清真寺大殿外观

六、结　论

原世居河北省沧州市的一群回民在20世纪50年代初，东迁黑龙江省伊春市金山屯区区域的小兴安岭一代从事伐木劳作之后，一跃从世代农民完成了为集体伐木工的身份转变，继之又解体为多元性的“个体”群众的史变，在我们面前呈现出一个群体文化生活变迁的大震荡和调适生存的图景。从这一生动的案例给我们带来文化变迁理论在中国多元一体格局下，民族文化互动、涵化从而和谐相处的理论思考：

正如有学者曾言：“民俗事实上构成了人的基本生活和群体的基本文化，任何人、任何群体在任何时代都具有充分的民俗。”① 本文是以黑龙江省伊春市金山屯区回族伐木工群体作为俗民对象，以他们在不同时代、不同时期所体现的民俗文化作为研究对象，将这个群体的民族性更好地展示出来，同时了解这个地区的回族生活发生了哪些变化。因为，民俗生活是民俗的现实展示，是人对民俗的具体参与和操作。

20世纪50年代，由于河北、山东等地的生态环境恶劣、人口密度大，不能更好地满足土地上现有人口的生活，为了生存的需要，同时在政府的引导下，这些地方的部分回族穆斯林从1953年开始分批次自愿地迁入黑龙江省伊春市金山屯区。

① 高丙中著：《民俗文化与民俗生活》，中国社会科学出版社1994年版，第11页。

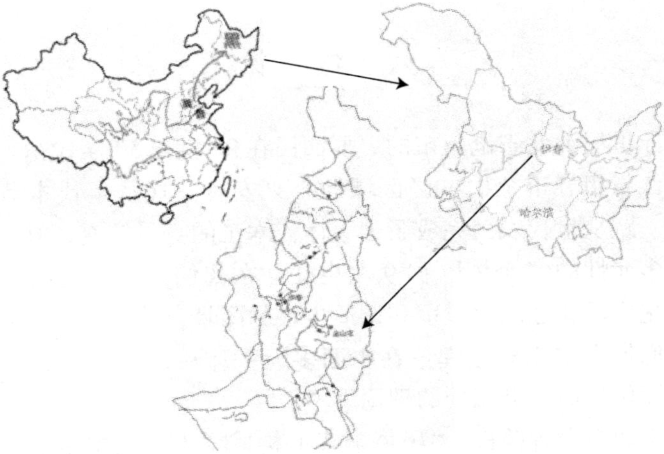

迁徙路线图

这群人世居中原腹地迁入到中国的东北地区，自然环境和社会环境都发生了很大变化。为了更好地生存下去，他们适应了当地的生活。这与回族穆斯林勇于吸收外来文化是分不开的。据历史学家记载，回族先民是通过海路和陆路从中亚、西亚等地来到中国，自身带有浓厚的伊斯兰教文化色彩。到中国后，不断地深入中国腹地，先民为了更好地与当地人生活融合，接受了中国文化，从而形成了以具有中国本土色彩的伊斯兰教文化为核心的民族文化。这其中就有河北沧州的回族先民，他们来到沧州之后，接受并创造了影响深远的沧州回族武术，沧州成为世界著名的武术之乡，是中国武术发源地之一，回族武术也很盛名。沧州回族知名武术家中就有王子平、吴秀峰、马凤图和王正谊四位回族武术家。可见回族穆斯林是善于吸收外来文化，并与外来文化相结合，更好地适应不同地区的生产、生活的一个民族。

金山屯区回族集体是适应当地以汉族文化为主，一个拥有自己宗教信仰的民族群体，其民俗文化适应当地文化而发生了变化。民俗文化的承载者——回族伐木工群体自身也经历着不同文化的洗礼。首先，他们在原居住地是农民，来到金山屯区后，全国正处在百废待兴时期，木材使用量在不断增加，这批回族穆斯林便应运而生成为了伐木工人。随着人们对生态环境的重视程度不断加深，“保山育林”政策就顺应自然需要出现了。其次，老一辈回族伐木工人的民族性也发生了变化。当他们从农民变为工人之后，集体生活占据着他们生活的主要部分，而民族文化就稍显弱化了，但是当其集体生活解散后，他们有更多的时间和精力恢复自身的民族文化，并在生活中逐渐得到再次的认同。

金山屯区回族伐木群体在上述身份和职业不同变化的情况下，其民俗生活也在不同时期呈现出不同形态，因此本文试图从物质生活的饮食、服饰、居住民俗的变迁、人生仪礼习俗和伊斯兰教节日习俗与仪式等方面进行剖析，从而能更好地理解金山屯区回族文化变迁的进程。在饮食、服饰、居住民俗的变迁中可以看出，宗教对于金山屯区回族有着不可忽视的影响，另外民族间的互化、互动也是引起上述变化的原因之一。中国是56个民族共同生活的多民族国家，不同民族都具有自身特色的文化。在历史长河中，汉族文化对回族文化的影响是长期存在的。长期大杂居、小聚居的回族居住特点为回族文化与主流文化互化提供了有利的土壤。金山屯区的回族正是在主流文化的冲击下，结合当地的饮食、服饰、居住民俗特点，加之老一辈伐木工人对回族生活的坚持，形成了具有回族特色的现代物质生活民俗。

人生仪礼既是社会物质生活的反映，同时也表现出了一个民族的心理状态，而民族间文化的互化对人生仪礼的影响是不可忽视的。本文以命名礼、婚礼和丧礼三个仪礼为主线，阐述了金山屯区回族伐木工人的人生仪礼的演变历程。作为回族的人生仪礼在实践时往往与其自身的宗教信仰有着极大的联系，而在仪式的过程中，社会主流文化和宗教信仰交织在一起，形成了如今金山屯区回族伐木工人及其后代的民俗文化。由于本文的俗民群体是从20世纪50年代迁入金山屯区，经历了社会生活环境的改变，从回族相对聚居的村、县迁入了汉族聚居的地区，其为了更好地适应这些转变，人生仪礼发生了一些变化，而此时信仰民俗的影响也在渐渐淡化。之后，经历了“文化大革命”特殊年代的洗礼，人生仪礼中某些仪式内容出现了文化断裂，但是这种断裂仅仅是暂时的，是与当时全国大的文化背景分不开的。改革开放之后，伐木工集体解散，但经历了民族间文化的互动之后，这种民族生活文化也发生了变迁，这种变迁不仅仅体现在是对原居住地民族生活人生仪礼的再现，而是结合了主流文化形成了如今的金山屯区回族伐木工人的人生仪礼民俗。

随着社会的发展，文化的相互影响，金山屯区回族在日常生活的服饰、语言、居住等一些方面与当地汉族无异，但是金山屯区回族作为少数民族群体而存在，其独特的民俗文化是不可或缺的一部分，而宗教信仰是其民俗文化的有力组成部分。回族是伊斯兰教的虔诚信仰者，回族伐木工人群体虽经历一段时间的集体生活，但是在对待本民族的宗教节日及仪式等方面仍坚持自己的民族习俗。宗教节日的习俗、仪式以及清真寺的建立都是金山屯区回族坚信伊斯兰教信仰最直接、最明白的体现。

“所有文化都会在某个时候因不同原因而发生变迁。尽管人们会针对一些看得见的问题有意改变他们的应对方式，但许多变迁是偶然的，其中包括当前事件可能会产生一些不曾料想到的结果。或者，与其他民族接触也会引来‘外来的’观念，导致现存价值和行为的变化……文化通过变迁能够调适于改变了的环境。”① 黑龙江省伊春市金山屯区回族伐木工为了适应当时的环

① ［美］威廉·A. 哈维兰著：《文化人类学》（第十版），瞿铁鹏、张铨译，上海社会科学院出版社2006年版，第455页。

境，其文化也发生变迁，自然是一种必然的结果。

首先，文化是要靠积累的，文化不是半途而成的。由前文可知金山屯区回族文化是由沧州回族文化与黑龙江省伊春市金山屯区主流文化互化而形成的。金山屯区回族从1953年开始经历了大跃进到"文化大革命"的变迁，从有土地的农民转变为无土地的国家职工，此时的集体民俗文化占据着主要地位，而民族文化则处于相对弱化的地位。在改革开放的时代，其文化也随之发生变化。作为回民整体的民间文化也在发生变迁：从为生计所需发生变迁；为在集体职工制度下更好地生活发生变迁，到最终因时代发展的需要成为回族个体而能更好地传承本民族文化发生的变迁。在不同文化间相互交织、互动、涵化、积累、变迁中，形成了目前金山屯区回族民俗文化。

其次，从根源来讲文化没有完全消灭，而是民俗文化处在不同的个体、整体的身份下、时代中都发生了不同的变化，呈现出不同时期的民俗文化。从本文的个案看，完全放弃信仰没有民族文化认同的个体几乎没有，但是和原来居住地沧州的回族的民族文化也不完全一样。有些文化尽管表面发生了变化，但是其实质没有发生变化。只不过是有些地方显现得不那么明显了，当文化生存的条件出现的时候便逐渐恢复了。在本文中，从无土地的国家职工变为无土地的居民时，这一现象尤为明显，老一辈伐木工人对回族文化的恢复就是最好的例证。

再次，政府的政策导向及迁徙群体之间的良好互动也促成了民族文化变迁。在迁入初期，没有因生产条件、生活条件等发生变化，从而有利于金山屯区回族民族文化的保持和发展。金山屯区回族民俗文化虽为了生计、职业、生态环境等因素经历了变迁，但政府对他们的宗教信仰、宗教文化上持尊重、保护的态度。另外，金山屯区回族以不同身份在不同时期，为了更好地生存、生活，适应地区的发展，保持着开放的态度和宽怀的心胸接纳世界的变化。加之政府对少数民族政策不断进行正确的调整，在适应国家利益变化的前提下，他们保持自己特有的文化，为和谐社会的发展做出贡献。

最后，本研究给予的启发在于：本体的、根本的文化变迁要经历很长的时间，我们所看到的文化的改变，则是文化表现出来可以适应当地社会、自然环境等的变化，而文化根本内涵的改变是很难的。固守文化的主体还是存在的，如老一辈回族伐木工个人对回族信仰的坚持以及年青一代所承接的回族信仰。主流文化与金山屯区回族文化的不断涵化的过程中，使金山屯区回族伐木工民俗文化更好地调适，适应于金山屯区。因为，调适和进步是变迁的结果而不是原因。未来对于这些有土地的个体群体的迁徙至没有土地制度内的集体工，最终他们的民俗文化将何去何从，仍是未来所应关注的问题。

参考文献

1. 期刊类

［1］雄艳、卫才华：《山西移入民生活史与社会变迁——以李太的口述史为例》，载《中北大学学报》（社会科学版）2010 年第 2 期。

［2］张宝成：《民族认同研究述评》，载《前沿》2010 年第 11 期。

［3］栗志刚：《民族认同的精神文化内涵》，载《世界民族》2010 年第 2 期。

［4］张万里、胡志军：《民族认同的区域跨文化心理研究》，载《沙洋师范高等专科学校学报》2010 年第 3 期。

［5］敏生才：《藏区回族文化认同研究——以甘肃省临潭县为例》，载《康定民族师范高等专科学校学报》2009 年第 18 期。

［6］李忠、石文典：《当代民族认同研究评述》，载《西北民族大学学报》（哲学社会科学版）2008 年第 3 期。

［7］郑威：《人类学文化变迁之文化涵化——以广西贺州客家族群的文化变迁为例》，载《广西社会科学》2006 年第 7 期。

[8] 唐胡浩:《民族认同研究回顾》,载《新疆大学学报》(哲学·人文社会科学版)2006 年第 34 期。

[9] 杨实:《黑龙江的回族穆斯林与清真寺》,载《中国穆斯林》1992 年第 3 期。

[10] 王建民:《民族认同浅议》,载《中央民族学院学报》1991 年第 2 期。

2. 著作类

[1] 文化著:《回族婚姻家庭面面观》,兰州大学出版社 2007 年版。

[2] 庄孔韶主编:《人类学概论》,中国人民大学出版社 2006 年版。

[3] 费孝通著:《论文化与文化自觉》,群言出版社 2005 年版。

[4] 宋德胤:《黑龙江民俗》,甘肃人民出版社 2004 年版。

[5] 董晓萍:《田野民俗志》,北京师范大学出版社 2003 年版。

[6] [英] 马林诺夫斯基:《文化论》,费孝通译,华夏出版社 2002 年版。

[7] 吴丕清:《沧州回族》(上、下册),中央民族大学出版社 1999 年版。

[8] 中国少数民族民俗大辞典编写组编写:《中国少数民族大辞典》,内蒙古人民出版社 1995 年版。

[9]《古兰经》,马坚译,中国社会科学出版社 1981 年版。

附录一　田野作业重点访谈对象一览表

姓名	民族	性别	年龄	祖籍	出生地	现居住地	职业
吴××	回族	男	84	河北省沧州市孟村回族自治县	河北省沧州市孟村回族自治县	黑龙江省伊春市金山屯区	林业工人
李××	回族	男	76	河北省黄骅市羊三木回族乡	河北省黄骅市羊三木回族乡	河北省黄骅市羊三木回族乡	林业工人

续表

姓名	民族	性别	年龄	祖籍	出生地	现居住地	职业
王×	回族	男	25	河北省沧州市沧县回族自治区	黑龙江省伊春市金山屯区	黑龙江省伊春市金山屯区	钢厂工人
王××	回族	男	78	河北省沧州市青县	河北省沧州市青县	黑龙江省伊春市金山屯区	林业工人
王××	回族	女	52	河北省沧州市青县	黑龙江省伊春市金山屯区	黑龙江省伊春市金山屯区	贮木场青年
刘×	回族	男	25	河北省沧州市沧县	黑龙江省伊春市金山屯区	黑龙江省伊春市金山屯区	钢厂工人
吴×	回族	男	29	河北省沧州市孟村回族自治县	黑龙江省伊春市金山屯区	黑龙江省伊春市金山屯区	钢厂工人
吴××	回族	女	25	河北省沧州市孟村回族自治县	黑龙江省伊春市金山屯区	黑龙江省伊春市金山屯区	服务员
马××	回族	女	75	河北省沧州市青县	河北省沧州市青县	黑龙江省伊春市金山屯区	妇女
吴××	回族	男	65	河北省沧州市孟村回族自治县	河北省沧州市孟村回族自治县	黑龙江省伊春市金山屯区	校长

张家川宣化冈拱北“尔曼里”仪式探究

王慧芳

一、绪　论

（一）选题缘由及意义

宗教仪式是信教者对神圣对象及神圣力量基本态度的表达。世界上数千个民族，都有各自不同的宗教信仰，其宗教仪式也是千差万别，表现不同的文化内涵与社会功能。作为世界三大宗教之一的伊斯兰教，既是一种宗教信仰，也是一种生活方式。在伊斯兰教传入中国后，受到中国传统文化的浸染，融入了不少中国传统文化习俗，有其独特的宗教仪式。在我国西北甘青宁等地，散布着伊斯兰教苏菲派“虎夫耶”、“尕德忍耶”、“哲赫忍耶”和“库布忍耶”四大门宦及其许多分支，存在道堂、拱北等举行宗教仪式的场所。在各大门宦中，哲赫忍耶门宦对于“尔曼里”尤为重视，曾一度被其他各民族视为神秘的宗教。为了让这种独特的宗教仪式不再神秘，笔者试图通过参与观察，描述该宗教仪式的过程及其表现的民俗内涵，探索该宗教仪式所表现的社会功能。

笔者是张家川人，出生于回族家庭，从小耳闻目染长辈们的一些宗教观念和宗教行为，目前又接受民俗学和人类学理论与方法的学习。由此，在对“尔曼里”宗教仪式有些许了解的基础上，再通过对家乡各类“尔曼里”仪式的参与观察和访谈等，力图做出比较客观的描述与分析。遵循导师的意见，笔者以家乡宣化冈拱北“尔曼里”仪式为重点研究对象，以特定的仪式作为个案，研究典型的宗教仪式，以小见大，试图通过对宣化冈拱北“尔曼里”仪式过程的记录和描述，探索“尔曼里”仪式所体现的回族民俗文化以及信教民众的信仰行为心理，并对其功能加以分析，能为回族民俗文化及其宗教仪式的研究提供一些有益的借鉴，并能对宗教仪式理论做出一些有益的补充。此外，涉及“尔曼里”仪式的选题在国内外研究领域涉及面不多且不深，笔者希望通过自己对家乡“尔曼里”仪式的参与调查，能够为回族民俗文化及其宗教信仰仪式的研究在田野资料方面提供初步的、基础性材料。同时，可以使外民族对“大分散、小聚居”为特点的回族穆斯林民众的宗教民俗信仰有更进一步清晰的了解和认识。

（二）相关研究状况

有关“尔曼里”的研究：20 世纪 80 年代初，勉维霖在其著作《宁夏伊斯兰教派概要》（宁夏人民出版社，1981 年版）中对宁夏地区回族“尔曼里”仪式做了简单介绍和描述。宁夏军区政治部主编的《宁夏回族伊斯兰教综述》（宁夏军区政治部印，2003 年）也有对宁夏回族“尔曼里”的介绍。虎有则在其《张家川回族的社会变迁研究》（民族出版社，2005 年版）一书第五章“张家川回族的宗教生活”以张家川回族家庭“尔曼里”和宣化冈正月十三“尔曼里”为典型个案，侧重从文化层面和社会层面讨论尔曼里。王建斌在其硕士论文《张家川哲赫忍耶门宦现状研究》（西北民族大学硕士论文，2006 年）一文中的宗教仪式描写中简单涉及了“尔曼里”仪式。张建芳在其博士论文《宁夏吴忠宗教文化研究》（中央民族大学博士论文，2007

年）从社会文化功能的角度对“尔曼里”仪式进行了阐释。罗惠翾在《伊斯兰教社会功能研究——以几个穆斯林社区的对比调查为例》（中央民族大学出版社，2008 年版）一书第四章“宗教仪式的功能”中，以西道堂家庭纪念亡人的“尔曼里”仪式为个案，对其过程进行了具体的描述，分析了“尔曼里”仪式的社会功能。哈正利在其著作《族群性的建构和维系——一个宗教群体历史与现实中的认同》（宁夏人民出版社，2010 年版）第八章“尔曼里的过程与阐释”中，对纪念西道堂马启西教主归真 90 周年举办的“尔曼里”仪式进行了描述。另外还有部分文章，如沙彦奋的《西北回族社区“尔麦里”研究》（《青海民族大学学报》哲学社会科学版，2010 年第 1 期），文中将“尔曼里”仪式作为回族社区的伊斯兰宗教行为文化符号进行分析，通过探究该仪式变迁的原因来了解西北回族社区的社会文化。杨文笔、马泽梅在《回族穆斯林“尔曼里”文化解析》（《世界宗教研究》，2010 年第 2 期）一文中从理论上去分析“尔曼里”的地域和教派门宦特征，认为“尔曼里”是伊斯兰教中国本土化的产物，是回族民俗与宗教兼顾的族群行为。总之，以上文献涉及的“尔曼里”仪式，作者只是在其中的章节做了简略描述，对于其详细过程和所反映的民俗信仰文化涉及较少。

就笔者目前查找的资料来看，对于中国伊斯兰教回族等民族“尔曼里”仪式进行专门研究的还处于空白。目前中国学术界，对这一宗教现象进行专门分析的有马平、高桥健太郎 2002 年在《宁夏社会科学》发表的《关于“尔曼里”的社会人类学思考》一文，该文从人类学角度对于“尔曼里”进行深层次的剖析，认为它是典型的文化符号，是族群凝聚的主要手段，具有社会整合和文化分隔的意义。可见，目前中国学术界已经有一些零星的文章对回族“尔曼里”仪式进行了不同层次的关注，同时该领域也在逐渐走向热化。但就笔者通过超星数字图书馆、CNKI 系列数据库等资料的查索，对回等民族“尔曼里”仪式过程进行深描，并对其过程体现的民俗文化以及民众心理进行分析的文章还没有。因此，本文试图以民俗学俗民信仰为研究视角，通过对张家川宣化冈拱北“尔曼里”仪式的参与观察与对参与信仰民众的访谈，探索出该地区回族穆斯林民众的虔诚信仰心理以及该仪式的社会功能等。

（三）研究方法

本课题研究将主要运用人类学和民俗学学科共有的方法——田野作业方法。通过对张家川回族地区回族穆斯林民众参加宣化冈拱北“尔曼里”仪式的调查与访谈，了解该地区回族穆斯林民众的宗教信仰生活及信仰心理，阐释“尔曼里”仪式的文化内涵及其社会功能。

田野作业方法，是人类学和民俗学方法论中主要的组成部分，也是不同于其他学科方法的特色所在。在进行田野调查过程中，笔者将通过参与观察和无结构式访谈的方法对所调查事项进行理性和客观的分析，同时把握好对本土文化的调查尺度，切忌掺杂个人的主观臆断。

1. 参与观察法

参与观察是调查者按照当地人的规则去学习如何行动，避免做一些异想天开的解释，也避免把自己的主观意图强加到被采访者身上以及被观察事件和物质表象的身上。① 笔者将会参与到当地“尔曼里”仪式中去观察和体会回族穆斯林民众在举行仪式前后的行为、心理的变化等。正如美国人类学家 R. M. 基辛说：“实地考察是一种深入的洞察。当一个人投入到另一种生活方式之中时，他就会从一个新的角度来透视自己，透视自己的生活方

① 董晓萍著：《田野民俗志》，北京师范大学出版社 2003 年版，第 495 页。

式，透视人性……”[①] 笔者将自己看作一个“外来人”融入当地人的生活中，体会、学习和观察当地人的生活以及他们的宗教信仰理念。

2. 无结构式访谈法

无结构式访谈法，也称深度访谈或自由访谈，它并不依据事先设计的问卷或固定的程序，而是只有一个访谈的主题或范畴，由访谈员与被访者围绕着这个主题进行比较自由的交谈。它的主要作用在于通过深入细致的访谈获得丰富生动的定性资料，并通过研究者主观地、洞察性地分析，从中归纳和概括出某种结论。[②] 笔者试图从当地的阿訇和一些虔诚信仰者的口述中来获取信息，掌握回族哲派穆斯林“尔曼里”仪式对信仰民众而言有什么样的意义，了解他们的信仰心理，同时关注普通回族穆斯林民众对“尔曼里”的态度，研究他们的宗教行为、个人生活和产生这些现象的原因以及对这种宗教信仰仪式的重视和参与程度等。

二、“尔曼里”的含义及其类型

伊斯兰教在我国西北地区有四大门宦——分别是“虎夫耶”、“尕德忍耶”、“哲赫忍耶”和“库布忍耶”。其中哲赫忍耶，是我国伊斯兰教各门宦中人数最多、传播区域最广、教权比较集中的门宦。哲赫忍耶传入我国后，被称为新教，而传统的尕德忍耶和虎夫耶被称为老教。哲赫忍耶学派的始传人是马明心，信众称其为道祖。哲派传了两姓（马姓和穆姓）、三家（阶州

① 基辛著：《文化·社会·个人》，辽宁人民出版社1988年版，第16页。

② 高颖：《深度访谈方法及其在社会学中的应用评述》，载《华章》2009年第23期。

马、平凉穆和灵州马），共历八代，至今已有248年的历史。哲赫忍耶的门宦领袖教主深受信教民众的尊敬，过世后人们为其修建拱北（陵墓），信教民众常常前往拜谒上坟（“上拱北”）或在干“尔曼里”时去拱北上坟。“尔曼里”仪式作为中国伊斯兰教哲赫忍耶门宦独特的一种宗教仪式，有其特定的含义和特征类型。

（一）“尔曼里”的原旨含义及其衍生

“尔曼里”是阿拉伯语 Amal 的音译，其原意为“干、行为”。在中国伊斯兰教教义中泛指各种宗教功修和善行，有“善行、善意、善举”之意。“在经学家的注解里，‘尔曼里’包括穆斯林履行天命的宗教功课，圣行的功修和副功，也包括有利于社会群体的一切善举。”① 而“在中国伊斯兰教门宦中，则专指纪念教主、教主家族成员以及殉教者的生辰、忌日的宗教活动，一般都要集会诵经、设宴待客以及穆斯林向教主奉献，系对圣徒、圣墓崇拜的重要标志和道乘修持的重要功课”②。“在张家川回族穆斯林民众的生活中，把为了某种虔诚的举意，而举行的纪念亡人、庆贺乔迁等宗教仪式都称干‘尔曼里’。”③ 在“尔曼里”仪式活动中，回族穆斯林在清真寺、拱北（或道堂）、家庭中用特定的音调念诵《古兰经》，并围桌跪圈，为一切穆斯林祈求平安等。总之，在伊斯兰教传入中国并经受中国传统文化的影响后，回族穆斯林民众将“宗教节日，传教先贤、门宦创始人及其各辈亡故的教主忌日所举行的诵经、赞圣、宴请宾客和普通

---

① 杨文笔、马泽梅：《回族穆斯林“尔曼里”文化解析》，载《世界宗教研究》2010年第2期。

② 金宜久主编：《伊斯兰教小辞典》，上海辞书出版社2001年版，第313页。

③ 虎有泽著：《张家川回族的社会变迁研究》，民族出版社2005年版，第174页。

回族穆斯林家庭中进行的搭救亡人等活动，都称为干‘尔曼里’”。①

这种宗教仪式活动在信仰伊斯兰教的其他国家并不常见，而在国内比较盛行，尤其是在西北穆斯林聚居区。其起源无从考察，也许是伊斯兰教进入中国初始，前辈们为了在中国更好地宣教而摸索出来的适应国情的宣教方式之一。而且各地的穆斯林对这种宗教仪式的称呼也不尽相同，如过“乜贴”、念“海清”、念“苏勒”、“待客”等。虽然叫法有别，但内容基本一致，也就是在宗教节日、亡者祭日、婚庆乔迁等日子宰牲设宴，邀请阿訇、亲戚朋友、邻居等集聚家中或清真寺，诵读聆听《古兰经》，赞颂穆圣，最后招待大家吃油香、烩菜、粉汤等。同时邀请的主人家举意（在伊斯兰教中是指穆斯林在各种仪式前从内心发出或口头表达的意愿）也不同：有些是为了赞念亡人，饶恕亡人生前的罪过。因为伊斯兰教提倡两世兼顾，今世的人可以通过这种赞念形式来搭救亡故之人，以减轻他们在后世的惩罚。认为自家所拥有的美好生活都是托靠真主的洪恩，以此来感赞安拉的恩典，通过聆听《古兰经》来提醒自己不要忘记真主的恩典，净化人们的心灵。也有人是为了拜见教主（宗教领袖或老人家），以此来占吉，祈求工作、生活顺利等。

（二）“尔曼里”的多元类型及其特征

“尔曼里”仪式是回族穆斯林民众在“世俗生活中，将伊斯兰教宗教仪式通过世俗性仪式表达的一种宗教行为实践”②。对于张家川回族穆斯林民众而言，干“尔曼里”是他们虔诚信仰

① 杨文笔、马泽梅：《回族穆斯林“尔曼里”文化解析》，载《世界宗教研究》2010 年第 2 期。

② 沙彦奋：《西北回族社区“尔麦里”研究》，载《青海民族大学学报》（哲学社会科学版）2010 年第 1 期。

的一种外在表现，通过这种宗教仪式，信教民众得到心灵慰藉的同时也增加了他们集体的民族自豪感和凝聚力。“尔曼里”仪式的规模和程序有一定的规则，一般有大、中、小三种类型（按照规模、参与人数和主持者的身份来分）。小型“尔曼里”，一般只进行诵经仪式，通常在普通穆斯林家中举行，任何阿訇都可以参与该仪式。中型“尔曼里”除了诵经外，还要宰牲，招待来客，离拱北较近的穆斯林民众和清真寺的阿訇、满拉等前来参加，通常在一般先贤的祭日举行。大型“尔曼里”参加的人数多，不仅当地的穆斯林民众，许多外地的穆斯林民众也赶来参加。正如马平在《中国回族穆斯林的社会网络结构》一文中所描述的：“平日里，拱北大片的建筑群大多处在沉寂中。然而在其干大型‘尔曼里’时，却可以迅速集结起数万人。当仪式结束后，数万人又神奇般的迅速消失。”① 大型“尔曼里”一般是在历代穆勒什德或哲赫忍耶历史上非常重要的人物的生辰祭日举行，如在马明心、马化龙、马元章等教主的祭日，拱北就会举行“尔曼里”纪念仪式，届时各地穆斯林民众自愿前来参加，朝拜拱北、道堂，上坟、出“海吉”，参加的人成千上万，规模甚是宏大。

“尔曼里”仪式除了有大小规模区别，由于地域和教派的不同，该仪式也会在不同场合、不同状态下呈现出不同的类型和特征。

1. 纪念类“尔曼里”

广义上的“尔曼里”包括一切有利于社会群体的慈善事业和行为。西北地区回族伊斯兰教门宦形成后，“尔曼里”又引申为一种特殊的宗教功修形式和纪念仪式。在宗教节日里，张家川的穆斯林民众会参加清真寺举行的“尔曼里”赞念仪式，有的

① 马平：《中国回族穆斯林的社会网络结构》，载《回族研究》2008 年第 2 期。

穆斯林将钱物出散给清真寺，有的出散给穷人。以这种出"乜贴"的形式来表达自己的诚心，完成自己的宗教功修。在张家川，一般会在亡人的祭日请阿訇为亡人上坟、在家里干"尔曼里"，遇到重要祭日还会请亲朋好友一起参加，纪念亲人，赞念真主。每逢宗教先知和门宦导师、教主等的生辰纪念或死亡祭日，张家川穆斯林民众一般会去拱北上坟，参加拱北举行的"尔曼里"。届时，拱北和各清真寺的阿訇代表会聚集在一起，用特定的音调念诵《古兰经》章节来赞念真主、赞颂圣人、纪念先贤教主。前来上坟的教众一般会跪拜教主，聆听阿訇念诵，有的也会出"算得各"请阿訇单独念诵，表达自己和家人对亡人的赞念，同时也替自己和家人赎罪。因为作为有信仰的穆斯林，必须严格按照教规做好自己的宗教功课，包括一日五次的拜功、封斋等，但在平日里很难完全做到，难免有疏忽和不周之处，而且有时还会违规。因此，穆斯林会借着干"尔曼里"、上坟等宗教形式出散财物，以弥补自己平日里在宗教规定上的过失，求得真主的宽恕。以上各种无论是在穆斯林家庭中还是在拱北举行的"尔曼里"，都是回族穆斯林在宗教节日和宗教先贤、教主生辰祭日所举行的纪念仪式，称为纪念类"尔曼里"。对这种纪念类"尔曼里"仪式，笔者将会在下文中通过对大型"尔曼里"仪式过程的介绍加以深层的描述。

2. 祈求平安的"尔曼里"

在张家川，回族穆斯林外出经商或出远门前一般会选日子（如主麻日或赶上家中亡故人的祭日等），请阿訇到家中念"苏勒"，为自己和家人做平安祈祷，念完后为每位阿訇出散一定数额的钱作为酬劳，表示自己的诚意。有的也会请亲朋好友来参加，还为来家里的小孩每人出散小额钱，让孩子们感受念"苏勒"的气氛和"好处"。阿訇念时，其余人在旁站着或坐着聆听，大人还会安排孩子们跪在地上安静地听阿訇念诵。《古兰经》中告诫人们："当别人诵读《古兰经》的时候，你们当侧耳细听，严守缄默，以便你们蒙受真主的怜悯。"念诵结束后大家一起接"都哇"，作为对该次"尔曼里"平安"举意"（仪式前从内心或口头表达的意愿）的总结。也有穆斯林在外出前会去该门宦道祖、先贤的拱北请阿訇上坟念"苏勒"，有会念的也会自己上坟，跪拜先贤，为自己祈求平安。举行这样的"尔曼里"仪式，是穆斯林希望通过祈祷让自己受到真主的保护，祈求平安、生意兴隆等。另外，有些新建的清真寺在举行庆典时也举行祈求平安的"尔曼里"仪式。有些穆斯林家庭在盖新房前后也会举行此类"尔曼里"以求在盖房过程中人身安全和财产安全，免除意外的发生。总之，举行该类"尔曼里"仪式，旨在通过赞念祈求平安，达到一种心里的暗示。事实上，天灾人祸是人的意愿左右不了的，只是有了这种对平安、安全的祈求和向往，人们在做事的过程中会更加小心，以此来达到平安顺利的目的。

3. 庆贺型"尔曼里"

庆贺型"尔曼里"在张家川回族地区最为典型的就体现在婚俗礼仪和喜迎朝觐者归来等方面。张家川回族穆斯林家庭在子女婚礼当日，双方家庭一般在晨礼结束后请阿訇到家里干"尔曼里"，诵读《古兰经》有关章节，其余人聆听，主要是祈求身体健康平安、婚姻幸福和谐、感赞真主的恩典等。另外，朝觐是穆斯林一生中重要的宗教功课之一。作为一个有信仰的穆斯林要参加朝觐，并不是一件很容易的事，路途遥远不说，而且参加朝觐的人多为年长者，身体因素也会让人力不从心，途中发生的事情更是难以预料。对于朝觐者本人和家人来说是既喜又忧，能够完成宗教功课之一当然是好事，但是否能顺利返回确实令人担忧，如果能够顺利归来就要感赞真主的护佑，感谢一路曾经帮助过自己的人等。因此，在张家川回族地区，朝觐者临行前亲人朋友会前去探望，有些家中也会念"苏勒"以求一切平安顺利。

待朝觐者平安归来后，其家人、亲属等都会去机场、车站迎接，在家干“尔曼里”，感赞真主赐予平安，祈求真主护佑家人与亲友，同时亲戚朋友也借此来“占吉”，朝觐者还会为前来探望的亲友送自己在朝觐地麦加所买的礼物，一般为穆斯林妇女戴的头巾、首饰，礼拜用的拜单等。因为朝觐并不是每个穆斯林都能实现的，当有朝觐者归来后，亲友前去探望，和朝觐者接触并接受其为自己赠送的礼物，聆听朝觐者的旅途见闻感受以及接触到的不同的宗教理念等，就相当自己也经历了朝觐，完成了自己的宗教功课之一。

此外，张家川回族地区，一些穆斯林家庭在迁入新居、孩子满月或百天等都要干“尔曼里”，其程序大致相同，都要请阿訇诵经、聚餐，庆贺乔迁、喜得贵子等，以庆贺形式的“尔曼里”仪式来感恩。

4. 搭救型“尔曼里”

回族穆斯林讲究两世吉庆，在张家川回族穆斯林家庭中若有亲人“无常”（去世），送走亡人的当天晚上开始，家属就要早晚在该亲人生前居住和亡后停放“埋体”（尸体）的屋内点香诵经礼拜并请阿訇为亡人“开经”（诵读《古兰经》，为亡故的人做祈祷）。刘大成在《陕西回民风俗概括》一书中写道：“如遇丧事，亡人的子孙就散许多财帛给穷人；到了七天，亡者的家中做油香，预备筵席，请阿訇、戚友及帮忙的人到家诵经、聚餐；又从埋葬日起，每日晨礼毕，请阿訇到亡者的坟前诵《古兰经》，如此整整四十日。”《古兰经》云：“的确，亡人渴望家属的搭救，就像海中的人渴望打捞营救一样。真主是多恕饶的，是应答仆人的祈求而解除亡人的刑罚的。”[①] 圣人说：“若一个人亡了，他生前对主命有所欠损的话，他的儿子应在亡后前七日晚

① 《古兰经》，马坚译，中国社会科学出版社 1981 年版，第 84 页。

间、四十日、百日、周年祭日、生日散‘乜贴’，聚人念《古兰经》、施散食物。”张家川回族穆斯林家庭一般在亲人无常的“头七”（第一个七日）、四十日、百日、周年请阿訇在家干“尔曼里”念《古兰经》，并将亡人生前的财物出散给需要的人，为求真主恕饶亡人生前缺斋少拜等罪过。亡人家属通过诵经、待客、施舍等善行来获得真主的喜悦，纪念亡人、慈悯活人。总之，这种搭救型“尔曼里”是活着的人为逝去的亲人举行的赎罪仪式，也是为着自己和家人生前和亡后赎罪。

三、张家川宣化冈拱北“尔曼里”仪式及其俗民信仰分析

（一）张家川宣化冈拱北及其历史渊源

拱北，是阿拉伯语的音译，原意为圆顶建筑，现指为中国伊斯兰教先贤所建的陵墓。拱北既是除清真寺以外回族教众传教、管理教坊、行教及举行重大宗教活动的中心，也是纪念先贤的拜谒之地。

修建拱北是伊斯兰教苏非学派的特征之一。中国伊斯兰教苏非学派修建拱北有比较悠久的历史，出现了一些著名的拱北。哲赫忍耶学派的拱北数量比较多，但最著名的就是宣化冈拱北。宣化冈拱北（又名北山拱北），位于甘肃省张家川回族自治县城北约7.5公里北山查湾村，是中国伊斯兰教“哲赫忍耶”学派北山门宦的纪念地，为我国伊斯兰教“哲赫忍耶”门宦最大的拱北之一，始建于光绪十五年（1889），兴建于民国四年（1915），是张家川回族自治县的名胜古迹之一，也是全国哲赫忍耶教众朝拜向往的圣地。

清代同治年间西北回民大起义失败以后，哲赫忍耶学派遭受

了空前的劫难，参与回民起义的哲赫忍耶学派教众，或被残杀，或被发配流放，或被强制迁徙，哲赫忍耶学派遭遇了自传入中国以来最低潮的时期。恢复和振兴哲赫忍耶学派，“继承道统，复兴哲派”的责任，历史地落在了马元章、马元超等人的身上。

清同治九年（1870），云南回民反清起义领袖之一的马世麟（马明心之孙，马化龙在云南的“热依斯”，曾以巨额黄金、白银资助过杜文秀起义军），由于叛徒出卖，遭清军重兵围剿，马世麟为保存哲赫忍耶学派的血脉和根苗，于危急中令其长子马元章率领其弟元坤、元超等从事先修筑的暗道潜逃，并嘱托马元章出逃后设法营救马化龙的后代。马世麟及义军千余人尽遭血洗，于同治十年（1871）古历二月二十三日遇难牺牲，造成著名的大东沟惨案，时值马化龙牺牲后的四十天。马世麟被害后，清廷便向全国悬赏拘捕马元章兄弟等人，年仅18岁的马元章率弟元坤、元超及侄儿等化装成茶商，历尽千辛万苦，在老何爷（即马寅武）等的保护下，九死一生逃出虎口，辗转数省，隐居于四川成都，同治末年（1876）来到甘肃张家川。先住城北董家沟李麻子家，后又迁居原南八营首领李德仓（此时李得仓已接受招安，被钦封武翼都尉，掌管张家川地区的军政大事）府上。马元章之三弟马元超也于光绪年间离开成都来到甘肃，初居天水杨姓人家，后迁居张家川北山，购得刘姓小片土地，过着农耕生活。从此马元章兄弟三人立足甘肃张家川，落户北山，以农耕为掩护，惨淡经营，开始了“继承道统，复兴哲派”的活动。

从同治十二年（1873）到光绪二十二年（1896），马元章一方面在张家川县北山秘密讲经传教，一方面又走遍全国十三个省市，秘密宣扬哲赫忍耶学派的教义和修持，深得各地阿訇和教民的拥戴与支持，逐步确立了他作为哲赫忍耶学派领袖的身份和地位。马元章立足张家川后，在复教活动中所做的第一件大事，就是于光绪八年（1882）委派甘肃河州（今临夏市）妥阿訇，用重金买回被清廷示众多年的回民反清起义领袖、哲派第五代穆勒什德马化龙，及其三弟马成龙、长子马耀帮、军师谭生成四人的颅骨，并将其秘密掩埋在张家川北山。以后清政府逐渐放松了对“哲派”的监控，北山遂成为马元章、马元超二人公开讲经、传教、静修的基地。同时，马元章吸取历史经验和教训，主动改善与执政当局的关系，完成了哲赫忍耶学派由秘密传播到公开传播的艰难过程。

光绪十五年（1889），马元章在马化龙的墓地上建起了八卦圆顶屋，始称“北山拱北”，民国四年（1915），马元章将此地取名为“宣化冈”（“宣化”即宣扬、教化之意），并修建了观光楼。民国九年（1920）夏历十一月初八日，海原发生大地震，马元章于西吉滩遇难，遗体被运回张家川，葬于宣化冈。民国十年（1921），马元超又将马化龙之长孙马进成的遗骨从河南汴梁（今开封）搬回张家川，安葬于宣化冈。民国十八年（1920）农历九月二十日，马元超归真，亦安葬于宣化冈。宣化冈陆续建有马化龙、马进城、马元章三位穆勒什德和马元超等先哲的墓庐，故宣化冈拱北成为中国伊斯兰教哲赫忍耶学派最有影响的拱北和重要的宗教活动中心。① 1985 年中央统字 114 号通知指出：“宣化岗是我国伊斯兰教哲合忍耶派信教群众朝拜的中心。在甘肃、宁夏、青海、新疆、陕西、云南、河北、黑龙江、吉林、山东等区哲派中很有影响。”

宣化冈拱北是哲赫忍耶学派的中心，尽管昔日“金碧参差宣化冈”的辉煌已不复存在，但宣化冈在哲赫忍耶学派的发展历史，在中国伊斯兰教的发展历史，甚至在回族的发展历史上都占有非常重要的地位。宣化冈拱北的建立，改变了哲赫忍耶学派

① 马国瑸：《宣化冈志》甘肃人民出版社 2005 年版，第 64—66 页；虎有泽：《张家川回族研究》，兰州大学出版社 2007 年版，第 122—123 页。

传播与发展的格局。在宣化冈拱北建立以前，哲赫忍耶学派的传播与发展地区主要在青海循化、甘肃会宁、平凉、河州（临夏）、伏羌（甘谷）、宁夏灵州（吴忠）等地，但在清朝政府的清剿之下，这些地方成为重点“受灾区”，哲赫忍耶学派已经没有了真正意义上的中心。而宣化冈拱北的建立使哲赫忍耶学派又有了新的中心，使“劫后余生”的哲赫忍耶学派教众，包括当时流离失所的回族穆斯林看到了重新振兴哲赫忍耶学派以及整个回族的希望。使伊斯兰文化与汉文化的交流、融合在一定范围内达到了高峰，无论是建筑艺术的发扬，还是汉文典籍的产生与流传，都给后人留下了珍贵的文化遗产。

（二）张家川宣化冈拱北“尔曼里”仪式解读

张家川宣化冈拱北是我国西北地区影响较大的伊斯兰教活动场所之一，每年要举行多次大小不等的“尔曼里”纪念仪式，每逢哲赫忍耶教主及先辈纪念日、生辰日等，宣化冈拱北都要宰牲、炸油香，诵《古兰经》敬主赞圣，做祈祷，整个活动具有浓厚的宗教色彩。其中规模最大的是农历正月十三马化龙遇难纪念日。届时，将有全国多个省区的信教群众怀着虔诚和敬意来宣化冈拱北，在寒风中祭祀、朝拜，悼念先烈，为亡灵祈祷，参加者多则上万人，少则数千人。各清真寺也收送“海吉”（阿拉伯语，汉意为“礼物”）表示对该仪式活动的支持与重视。

在中国伊斯兰教研究中，关于“尔曼里”宗教仪式的研究依然是一个尚待开拓的领域，由于这方面研究的缺乏，使我们很难深入细致地了解信仰民众的社会生活，也很难体会和理解民众在宗教生活中的情感和认同表达。如果不深入哲赫忍耶民众的生活，就无法体会“尔曼里”宗教纪念仪式对信教民众的重要程度，也无法感知他们对待这种宗教纪念仪式的态度、行为和情感，更无法体会其对哲赫忍耶集体和个体生命的意义。为了更为细致、准确、忠实地记录整个仪式过程，体会穆斯林民众在该仪式中的信仰心理，笔者赶在2012年正月十三之前一周到达宣化岗拱北，并且参与到“尔曼里”的准备过程当中，从前期准备到仪式当天的活动都做了记录，并对拱北阿訇和前来上坟的教众等进行了随意访谈。通过参与观察，笔者了解到，“尔曼里”的过程主要包括：前期准备阶段炸油香、宰牲等，和当日举行“尔曼里”仪式阶段，包括上坟、领油香等。

1. “尔曼里”的前期准备阶段

离正月十三“尔曼里”仪式活动还有一周时间，正月初七一大早爷爷就开车和我一起去宣化冈拱北，并且带了一桶菜籽油，说是炸油香的时候就能用上。在张家川回族地区，每逢宗教节日如开斋节、圣纪节等，清真寺或者拱北干“尔曼里”时，都会有教民出散粮食油面等为自己和家人举意平安“乜贴”。路上，爷爷告诉我，每年正月十三的“尔曼里”提前十天或一周就开始准备了，定日子开经（“尔曼里”的第一道仪式。在“尔曼里”之前，阿訇诵读《古兰经》，参加者一起分头诵读）后就有穆斯林民众前来出“海吉”（捐钱或面、米、油等）、帮忙炸油香、宰牲等。有穆斯林民众自发来到拱北帮忙，在临时机构的安排下开始分工劳作。经爷爷这么一说我才知道纪念仪式不仅仅是一天的事，而是一段日子，一个全面的过程。

到了拱北院子，帮忙的人还真不少，都各自忙着自己手中的事情。看有车开进来他们中也有人抬头张望，但并没有停下手中的活儿。下了车爷爷先将油交给了寺师傅，并且向他说明了我的来意。寺师傅显然也很高兴，让我自己到炸油香的房里去。遗憾的是我迟来了一天，没有见到宰牛的情景。寺师傅告诉我昨天牛就已经宰好了，现在正在油香房剃肉。

走进炸油香的厨房，一股香气扑鼻而来。在厨房帮忙的人都戴着口罩，系着围裙不断地来回忙活着。门口放着一台压面机，由一位男师傅将揉好的大面团放到压面机上来回翻动几次压成光面片状，然后放到厨房中间的案板上，由一位阿姨用固定的模子压出油香片，再在压好的油香片中间划两条不透底的刀印，最后交给一位奶奶下锅。厨房靠近后窗户支着两口大锅，每口锅旁有两个人帮忙，她们手里拿着火剪不断翻着锅内的油香，等油香上色、熟透之后用火剪夹到旁边的盆子里，然后有人会端到隔壁放油香的房子里倒下。大概看了一下他们的工作程序并拍了些照片之后，我提出要加入他们的行列给他们帮忙。他们倒是很乐意让我帮忙，不过条件是：必须有大小净。我来之前是洗了大净的，可是已经没了小净。于是一位阿姨领我去水房洗小净之后才回来加入了他们中间。在帮忙的过程中我了解到就油香要炸大概五到六天，每天要炸两千多个油香，预计要炸将近三万个油香。

帮忙的人逐渐多了，蔡阿姨让我在一旁歇着，有什么不懂的可以问，我就恭敬不如从命，在一旁的火炉边和歇息的人聊起来。他们当中有些是附近的村民，还有几位年纪稍大点儿的是来自龙山镇梁山乡和木河乡的。据他们说是每年都自愿前来义务帮忙，揽“散瓦布”（真主的恩惠，好处）。他们觉得能为盛大的“尔曼里”做件善事，也会得到老人家的眷顾和保佑。在整个过程中，所有帮忙的人都配备一件工作衣和一条毛巾，自带口罩，没有大声喧哗、嬉戏。

当我问到咱们张家川的回族穆斯林炸油香有什么讲究时，有人说油香在回族穆斯林的生活中被视为象征真诚信仰的美食，其种类多，讲究也不少。张家川人的油香有发酵面原味油香、甜味油香、咸味油香、烫面油香等。张家川回族人在炸油香时，一般要在发酵面里调入适量清油（植物油）、鸡蛋，如果要炸甜油香还要掺入红糖和蜂蜜，将面揉好后切成同样大小的面团，再擀成厚薄均匀的圆饼状，用刀在中间划两条口，面饼大的话还要划上三条口，据说是为了让油香中间熟透。但是干“尔曼里”用的油香中间的刀口是不能划透的，只是划两条刀印就行，有人说是为了区别于市面上买的油香，也有师傅解释说是为了区别于其他民族的油饼。但就笔者了解，传说是在穆罕默德创教时期，为了顶替宰一峰有功劳的骆驼而在油香上划两个刀口。

至于“油香”的由来，无从考证，但就笔者了解到的：传说是穆罕默德传教时到一位非常贫困的穆斯林家。这位人家做了一盘油炸的面饼端上来。穆圣便拿起掰了一块，剩余的分给了其他人。从此，这种油炸面饼便在阿拉伯地区兴起，后来，一些经商的穆斯林把这种习俗带到了中国。据说由于其是用油炸的，而且香气四溢，就取名“油香”。

在拱北的这几日，一直都在帮忙炸油香，油香房里已经摆满了一层层金黄的油香，所剩的发面已经不多，再有半天就能完工。连日里了解到的关于炸油香、吃油香等习俗还真不少。比如在丧葬礼俗中，它象征着功德圆满，表示纪念。张家川回族穆斯林家中亲人无常（过世）后，逢头七、四十、百天、周年等祭日，要请阿訇念经，并邀请打坟的人、亲友邻舍到家中念“苏勒”、吃油香，以此种形式来搭救亡人、赞念亡人。

农历正月十一，马师傅开始准备煮牛肉了，他先将两口大锅洗干净支好，然后锅里放肉、加凉水，锅口用干净的塑料蒙上并用带子绕锅绑起来，这样蒸汽不容易散发，肉易熟，而且便于观察锅内的情况。马师傅一边忙活一边给我讲一些回族穆斯林宰牛、煮牛肉的禁忌与技巧。

伊斯兰教信仰独一的真主，在进行宰牲时，必须事先洗“大净”（净全身）。宰时，一边下刀，一边念：“比斯敏俩希……安拉乎艾克白尔！”意即“以真主之名，真主至大！”然后一并割断牲畜的食管、气管、血管，并将血液控净，但不能将头割掉。宰牲时要用锋利的刀，最大限度地减少牲畜的痛苦。在宰牛、羊、骆驼时，只捆绑其两条前腿和一条后腿，否则就是非礼之食。剃肉的师傅边忙边介绍说：“非穆斯林宰牛，手里提一把刀子，牛看见这刀子就知道要宰它，非常紧张，肉一痉挛就不好吃了。而咱们穆斯林宰牛是有讲究的：把牛绑倒以后，阿訇先念（经文），念着让这牛情绪平稳下来以后，从袖子里面把刀子拿出来，一刀宰下去，血管气管一起宰，所以宰的这个牛肉就好吃。”遗憾的是我去迟了一天，没有见到宰牛时的情景。据马师傅介绍，按照哲派的规定，第一头牛应该由穆勒师德或教务管理的人来宰，其余的由管理拱北宗教活动的阿訇来宰。负责此次宰牲的主要是拱北的主持马阿訇。旁边的杨师傅还补充说，干“尔曼里”用的牛一般都是几个月前选好，每天用干净的草料喂养，还要及时将牛圈中的粪便清除出去，在饲养期间不能坐骑，也不能用鞭子抽打。据说，这样的牛是被赋予了圣行的，宰了之后是可以进天堂的。同时牛羊宰了以后要先把16处胰腺都割掉扔掉，这些胰腺是不好的，是不能吃的。

中国伊斯兰教学者刘智解释说：“自死物不可食的原因有二：一是凡物自死有毒。二是一切生物均有二性：本然之性和气质之性。所以生物必宰而后食，这是为了去其血气，嗜欲之性全消，只剩下纯净的本然之性，食之才有益于人的身心健康。”这也是穆斯林禁食血液的基本原因。但鱼类可以不宰而食，因为鱼的血气在水，离开水，鱼的血气之性即无。如果鱼死于水中后漂浮于水面，则血气之性仍在体中，故浮水鱼亦不可食。因此，回族穆斯林要“审物之形象、察物之义理”而选择饮食。在动物可食性的选择上，一般以“禽食谷，兽食草”，且貌不丑陋、性不贪婪懒惰、蹄分两瓣能反刍者为可食物。对上述可食动物，除鱼类外，其余必须念“太思米”，用断喉法屠宰放血后才可食。可食动物宰后，皮毛类动物要立即剥皮（皮不可食），羽毛类动物要拔毛，不可用水烫法去毛、燎羽，洗干净后方可烹饪。另外，“吃完肉，骨头不能扔给狗吃，要用黄土覆盖”。这在回族穆斯林当中也是一种讲究，因为肉和骨头都是念过的，不能让狗吃或扔在不干净的地方。总之，无论是炸油香、吃油香，还是宰牲等禁忌习俗都体现了其宗教性特点。

油香炸结束了，牛肉也煮好了。剩余的任务就是切牛肉、搭份子分装油香。搭份子就是将煮好的熟肉切成小片，在每个油香的表层中间放2—4片不等，然后再一个个装到方便袋里。切肉的人每下刀都要念“太思米”。另外还需要准备做烩菜用的萝卜条和泡粉条。烩菜，俗称碗儿菜，在张家川回族的“尔曼里”中不可缺少的食物，是将肉片、豆腐干、粉条、红白萝卜条烩在一起，吃时用碗盛，同时佐以米饭、油香、花卷、边端边吃，吃饱为止。任务定好后，帮忙的人分头干活。搭份子的一拨人放肉片、装袋，切萝卜的一拨人将白萝卜和胡萝卜（少许）切成均匀的细条，然后放在开水锅里，等锅开煮到鲜嫩就可以捞出来放在凉水锅里。由于萝卜需求量大，切萝卜的人顾不过来，也可以用专用的搽子搽成萝卜条。

最后还有最重要的一项就是摆果碟。哲赫忍耶门宦在各类宗教活动仪式上要定5、7、9种以上不同果品种类单数果碟。在中国源于道祖太爷马明心，哲赫忍耶教派称为穷人的宗教，穷人为纪念亡人、圣人干“尔曼里”，因能力有限以果碟、麻食饭等招待亲友和阿訇。在该教内果碟十分尊贵，大小尔曼里都必须有果碟。摆果碟也是有一定规矩的：首先，摆果碟前必须洗大小净，面向西举意：“哎主啊！我全心全意为某个尔曼里摆果碟，求你为主把今生的纯洁和后世的牢靠，赐给我们吧！在后世，求你为主把天堂中的仙果任我们摘吃吧！主啊！你是慈悯中至慈悯的！”然后念“太思米”开始摆。其中每样果子都有各自的含义，摆的果子必须要单数，比如1、3、5、7、9。摆放的顺序是顺时针方向：枣子居中间，然后顺盘子边摆柿子、桃子、葡萄、核桃、蜜饯、大果子等，最后撒上白糖。

总之，宣化冈拱北的大型“尔曼里”仪式，是要经过数日的充分准备才能得以举行的。其准备阶段的各项任务都有其特定的规定和习俗，充分体现了回族穆斯林的宗教信仰和宗教习俗。

2. 宣化冈拱北“尔曼里”仪式体现的民俗文化和俗民信仰心理

“尔曼里”是中国回族穆斯林社会生活中具有鲜明特征的宗教文化现象，是一个富有深刻含义的宗教文化符号，张家川回族穆斯林的宗教归属心理就集中体现在参与“尔曼里”时的高度热忱上。2012 年农历正月十三日，是哲赫忍耶第五代宗师马化龙归真（去世）141 周年纪念日。张家川宣化冈拱北的筹备工作从正月初五开始，由拱北管委会的马阿訇等安排。在前期准备阶段陆续赶来的有龙山镇梁山、木河、连五等地的穆斯林民众，还有多年坚持参与“尔曼里”前期准备工作的当地村民，他们干起活来轻车熟路，很有秩序。下面就“尔曼里”仪式和当日的情况做一描述。

每年的农历正月十三，是纪念十三太爷马化龙的日子，也是张家川宣化冈拱北举行最大“尔曼里”的日子，按常理在当天的早晨各寺坊阿訇聚集在拱北干“尔曼里”。但今年和往年有所不同的是，经过阿訇们的商量决定在正月十二的晚上提前干“尔曼里”，避免当日早晨时间紧迫，人多拥挤。当蔡阿姨告知我这一消息时，我又坐车赶往拱北，期待这一盛大仪式的开始。阿訇们围成一圈开始赞念，按照程序，先由大阿訇主持念诵《古兰经》，再念《麦达伊哈》。庄重的拱北大殿里诵经声悠扬回荡，非穆斯林或对伊斯兰经典不熟悉者，虽然无法明白其中的词义，但从众人的念诵中，依然能够领略到如醍醐灌顶和令人陶醉的宗教音乐魅力来。大殿内的桌子上堆放着教民们早就准备好的红糖、白糖等用来吹“都哇”的东西。大殿外许多知情的教民早早就跪在台阶上，有的就干脆拿着铺单之类的东西垫在地上跪着。诵经声此起彼伏，有的闭目沉思，像是深陷于回忆之中，又像是与亡灵们相识谋面，念故之情油然而生。从开始的几个阿訇领念小赞到大阿訇独念再到大家一起念的大赞，声音越来越洪亮，语速也越来越快，整个赞念进入到高潮阶段——“则克勒”。会念的教民们跟随着大殿传出的诵经声小声念着经文。殿外的人群中甚至有轻声抽泣的声音，或许是他们身临其境，思念已故的亡人。在大约一个多小时后诵经声停止，大家一同接“都哇”，之后齐声说“赛俩目”，赞念完毕。有教民起身进大殿取回“都哇”。

农历正月十三，早上不到7点钟我就出门了，天空飘着雪花，寒气逼人，一路小跑到了双城门坐车的地方，已经有不少人争先恐后地“挤车”……冬天穿得厚，有人只能蜷着腰站在车内，都想着能趁早到拱北。路上，在与开车的年轻人的谈话中笔者了解到这已经是他第二趟拉人了……

笔者：你平时专门跑车拉人吗？

年轻人：么（没有）。我在乡里上班，房子买在县城里了，有车上班方便，顺路捎着拉人，挣个油钱。

笔者：那你今天是专门挣钱来的吧！（我半开玩笑地问）

年轻人：也不是。我达（爸）、我妈要去拱北上坟，我把他们拉上去。有上完坟哈（下）拱北的人，我就又哈来了。

（年轻人沉默了一会儿）接着说，本来想着不收钱，这么好的日子，也算是做好事，“三瓦不”（吉庆、好处）大得很。嗨，生活把人也逼着，不得已啊（没办法），要还房贷……

从年轻人无奈的语气当中也能看出他内心的矛盾：作为一个有信仰的人，在这样一个特殊的日子，想把自己内心深处最纯真、最善良的一面展现出来。可是面对生活、面对现实，也有自已无奈的一面。

谈话间十几分钟后，车子就已经停在岔路口了，晨暮中已经有交警在那里指挥着过往的车辆。路边已有好几家穆斯林用品的摊点，前来上坟的人一般都会买上1—2包香，以便上坟用。我也随着去买香，卖香的是个小姑娘。

笔者：女子（当地对姑娘的称呼），你家在这达（这里）吗？

小姑娘：嗯。在那边（姑娘说着给我指了一下她家的方位）。

笔者：你家里是卖香的吗？

小姑娘：么（不是的）。今儿个上坟的人多，我奶（奶）取（批发）了些香，卖哈的钱给我买本子哩……

听到小姑娘质朴的回答，看她那双冻红的双手，我又多买了几包香……在这个盛大的“尔曼里”节下，做点小买卖，一来为上坟的人提供方便，也为自己的生活添点微薄的收入。另外值得我们思考的一点是：在经济发达的现代社会，人们的生活水平在逐渐提高，但是贫富差距也在逐渐拉大。即使是在农村，在盛大的节日里，有人千里迢迢赶来出“乜贴”（钱物等），也有人为了生计还要做点小买卖以贴补家用。

来拱北上坟的民众有的独自一人，有的带着家人，还有老人、小孩。不到8点钟，上坟早的教众已经开始下山了，不少远途而来的教众陆续乘着各种交通工具从各地赶来。我随着人流往里走，在离拱北后门不远的地方，便看到有几个人打着旗子“安沟清真寺求助众穆斯林教胞共建水房”，一旁还有四人拉着一块床单布，里面零星有前来上坟的教众出（捐）的“算德格”。我也虔诚地举意并出了乜贴，顺便了解了一些情况：

笔者：扭（你们）是阿达（哪里）的？

小伙子：安沟的，晓得不（知道不）？

笔者：哦（其实我也不清楚具体是什么地方）。扭（你们）修水房，当地的乡镇和群众提供帮助吗？

小伙子：乡镇上人家不提供资金。就靠跟老百姓收几个钱，每家每户按人收着哩，有些（经济）情况不好的交不上也没办法。

笔者：哦。扭这么个（这样的）形式能收哈钱不？

小伙子：收几个是几个。这也是寺里没办法的安排么……

穆斯林在礼拜和斋戒前都要做净礼，水房为净身（大净或小净）之处。因此，水房是清真寺必不可少的设施。每个清真寺都具备足够的流动水让穆斯林清洗身体。“水不但给人们身体带来干净清爽的感受，而且每一次的清洗都使人们对安拉的信奉更进一步，漫过身体的水带走了那些杂念和不恭，使灵魂也随之得到洗涤和净化。在实施了从身体到心灵的沐浴之后，所有的祝祷和赞颂都会随着仪式的进行到达安拉的视听，人们在安拉的注视里获得了灵魂的安宁和生活的幸福。”① 足见清真寺非常重视水房的修建。在和他们的交谈中可以看出该地教民对修建清真寺水房缺少资金而感到无奈。一方面，随着人们生活条件的提高，对于清真寺水房的要求也会有所提高，为了改善水房条件，不得不想办法筹集资金修建水房。另一方面，修建水房又没有资金来源，只能靠村民按人头征收，有外出做生意的村民也愿意多出“乜贴”，以求生意兴隆。这无疑也给一些经济困难的村民带来

① 张辉：《试论宗教仪式中水的象征意义》，载《河北省社会主义学院学报》2010 年第 4 期。

了难处，加重了他们的经济负担。

我随着人流往里走，身旁不时有互相说“赛俩目”（穆斯林见面问候语，“安赛俩目来以库目”，回答“卧尔赖以库目散俩目”）问候的穆斯林，听着很亲切。这是我第一次参加这样盛大的“尔曼里”，进了拱北的院子，眼前的情景确实让我震撼，用“白帽子的海洋”形容一点儿也不夸张，也有不少戴六角帽的穆斯林，别有一番景致。早到的教民也有上完坟，出了乜贴，领上油香返回的，但大多远途而来的教民，有些还领着家人，跪在老人家的坟前。路边和院子的空旷处已经停着不少各式各样的车辆，有些车窗上清晰地挂着“上坟”字样的牌子。很多远途而来的教民虽然满身风尘，一脸倦意，但也藏不住他们心中的那份虔诚敬意，下了车就不顾疲劳，直接赶着去上坟。上完坟的教民去账桌那里出“乜贴”。穆斯林既可以用粮油、牛羊等，也可以用钱财等形式为拱北施散“乜贴”，进行捐赠。一位老者告诉笔者：随着民众生活水平的不断提高，也为了方便，现在多数人来上坟都出的是钱。施散“乜贴”会得到安拉（真主）加倍的赏赐，揽得更大的“三瓦布”（好处）。散“乜贴”的时候都要举意，即在心里或口头表达心愿，又称“举乜贴”。乜贴的施散，从人类学的角度看，也是一种礼物的单向流动。凡出“乜贴”的教民都会领到数量不等的油香票，然后去领油香处领油香。

我被人群簇拥着，到账桌前为自己和家人举意出了“乜贴”，领了油香票。来到领油香的地方，那里已经拥挤了不少人。由于管理油香的人在前期的帮忙中就已经认识我，便开后门让我进了油香房。油香房里好几张桌子拼在一起，上面堆放着前日已经打好份子装袋的油香。领油香的窗口挤满了拿票领油香的人，里面的师傅不停地忙着往外接油香。梁山的杨师傅为我装好了油香，我随手带着不方便，就让他帮我放在油香房的一角，等我离开的时候再来取。

出了油香房，我便跟随着人流去上坟的地方。途中有好几处放着火盆以便来人点香，也可以取暖。偌大的陵园，空气中飘溢着缕缕清香烟气。我将手中的几包香随手给了行人中手里无香的人，让他们替我点香插入香炉。来来往往的人群互相簇拥着，跟平日的宗教活动不同的是有好多妇女和孩子。其中有一位妇女边摸苦单边搓手念，最后接"都哇"，神情有几份悲伤，看她起身离开，我便上前和她聊了几句。

笔者：阿姨，你是和家人一达（一起）来的吗？

妇女：不是。我跟庄里人一达来的，挤着坐了一个三马子（三个轮子的车子）。

笔者：你刚才摸苫单组撒（干什么）？

妇女：哎，就是为了占吉么。

笔者：那你摸苫单念的撒（什么）？

妇女：我也就念个都哇，请求老人家护佑家下平安……

可见，在"尔曼里"活动中，女性穆斯林不仅成群结队来参加赞念仪式、上坟、点香拜见教主、与教主进行心理对话等。还可以亲自体验仪式气氛并虔诚地为家人和自己祈祷平安。这也是女性的一种心理寄托，因为心理存留着那份感念，为的只是赞念真主，托靠主的祈盼。通过这样的行为来接近教主的灵魂，祈求自己和家人现世的平安和后世的吉祥。也体现出了"尔曼里"仪式是穆斯林民众的一项全民活动。

笔者跟随上完坟的民众下来，在台阶处行人较少的地方，有几位乞讨者，他们有手拿拐杖站着的，有依靠着坐在台阶上的，口中说着"散个乜贴"。但行人似乎很少有人理睬，其中有位年轻妇女掏出 1 元钱让自己的小孩去给一位身有残疾者散"乜贴"，同时告诉孩子要用右手散。我也走向那位讨要者，散出了自己准备的零钱，并询问了一些情况。

笔者：这么冷的，受罪的很。你家里其他人哩？

讨要者：我家里再没人，我无儿无女，就一个人，也没结婚么。

笔者：哦，那你平时生活咋办？

讨要者：我走着阿达要着阿达。

笔者：你今儿个咋的（怎么）来的？

讨要者：跟捏都一大来的（跟其他的讨要者一起来的）。

笔者：哦，那你们平时有撒事也一大去吗？

讨要者：捏有的有手机里，都联系着里，我就跟上走。

笔者：呵呵，还有手机联系啊！

看来，在这样盛大的宗教节日里，这些乞讨者有些是由于生活所迫集中于此，把这一天看成是善心人进行施舍的一天，也是他们期盼的一天。可是也有的乞讨者把乞讨当成了他们的一种“职业”。每当有宗教节日或是念素之类的事，他们就会互相联系，结伴前往。这无疑让人产生厌恶之情，但是在这样的日子，人们一般都不会去计较，而是平等地给他们舍散钱物。

巴勒斯坦故都斯大学教授哈萨姆·阿凡尼博士曾说：“乞讨是在公共场所、清真寺向人们索取施济，乞讨者中有些人将其作为一种职业，一生都在乞讨，有的人在死后留下了大笔钱财。”乞讨不对他人造成伤害，但乞讨损害乞讨者本人的尊严，尤其是个别身体健康专以乞讨为生，不劳而获的乞讨者，放弃了个人的尊严，使自己成了物欲的奴隶，对施舍者也是一种欺骗，因而会受到道德的谴责。因此，不少穆斯林民众也不去理睬那些身体健康年轻的乞讨者，而对于年迈体弱的老人的乞讨行为，大多会给予同情。

下了台阶，我便朝近年修建好的宣化冈楼走去。平日空旷的院子周围停满了各种车辆，也有上完坟乘车往出走的，还有往进走的车辆。也有带着家人孩子在院子拍照的，他们不顾天气的寒冷，个个脸上洋溢着轻松的笑容，气氛甚是融洽，就像是在旅行途中一样。看有一家老小在拍照，我过去便给他们拍了一张全家合影，顺便聊了几句。

笔者：你们像是一家四代哦？

媳妇：就是的。我阿家奶（婆婆家的奶奶）、阿家（婆婆）、我们两个媳妇子（儿媳妇）、这个是我的娃（大约4岁的姑娘），那是我嫂子的两个娃（一儿一女）。

笔者：哦。看奶奶也年纪大了，身体还好啊！

媳妇：这次主要是陪我奶来的。她身体也不硬朗了，想来拱北上个坟。平时也没机会出来。

奶奶：娃娃，趁年轻多干些好。我的两个孙媳妇都乖得很，在家里拉娃娃（照顾孩子）干家务，还礼拜着，五凡乃麻子不撇。（听奶奶称赞，俩孙媳妇有些不好意思）

笔者：嗯，对的。你老人家好福气！

在老奶奶看来，能够坚持礼拜，照顾老人、孩子，做家务就是“干好”。这样盛大的“尔曼里”仪式也是很多家庭聚会的机会，因为平日有很多在外地做生意或工作的家人，每逢这样的时刻才能尽量赶回老家和家人团聚，进行一次心灵的洗礼。

从院子出来就到了宣化冈楼正门，这里更是热闹非凡，别有一番景象。路旁摆满了各种临时小摊点，除了买香的之外，还有穆斯林书籍、香炉等日用品以及各色的六角帽和盖头等，甚至还有买老虎枕头的（现在这种枕头平日里倒是很少见）。每个摊点前都攒着不少人，有看的也有讨价还价买的，还有中间平价的人，看着还真有点意思，他们甚至在毛巾或是衣角下捏手商谈价格。还有一家卖都哇糖（红糖、白糖）的，压着一张白纸，上面写着：“各位穆斯林观看，都哇医治各种疾病。”

笔者：这都哇糖咋卖？

买主：5元一包。

笔者：这么贵啊，有半斤么？

买主：这是“都哇”糖，阿訇吹哈的，治病哩，再处（别的地方）还么（没有）。

笔者：哦。

在过道处和楼门口有好几个撑着被面、布单子等的民众，声称募捐钱粮来修建清真寺的，里面也有不少1元、5元、10元不等的钱币，但也有路人似乎对这种现象很漠视，甚至觉得他们是在借着收“乜贴”的名义来为自己敛财。这种行为的确让路过的人真假难辨。

其中有两人是来自西吉县兴隆镇下堡村的，他们手中还拿着打印盖章的捐献存根和存根收据。

看这张单据时间是2011年的，而且已经有些发旧，想必他们也是去过很多地方了。

笔者：看样子你们收“乜贴”时间也长了啊？

两位：是啊，我们是从西吉来的。村里修寺哩，钱不够，穷地方，各家收钱也不够，只能到各处转着收些“乜贴”。

笔者：那你们收了多少“乜贴”了？

两位：我们来这两天了，收了五六百块钱。今天过“尔曼里”人多，看再能凑些不……

看来，各地各社区的穆斯林对清真寺的修建是非常重视的。清真寺是伊斯兰教文化的具体体现与象征，“在《古兰经》、《圣训集》里不少地方都鼓励穆斯林兴建清真寺，并规定所有清真寺都是‘安拉的宅第’。于是虔诚的穆斯林深信宗教的诺言，认为今生为安拉出资出力修建清真寺，后世安拉将在乐园中为其加倍修建许多宫殿和别墅。”① 因此，许多“大分散、小聚居”的回族穆斯林社区不顾一切困难修建、重建清真寺。但由于西北地区，尤其农村穆斯林民众收入较低，给清真寺捐赠的“乜贴”，上交的天课非常有限，致使部分清真寺修建陷入困境。一些地方实行强制性按人收费，甚至有的地方让村里有正式工作的每人上交三千至五千不等的修寺费，这无疑加重了教民的经济负担，也让很多人陷入难堪的境地。

10 点刚过，前来拱北上坟的人已经挤不开身，在如此冷的天气下，我竟然被挤得浑身发热，只有拿相机的手被冻得失去了知觉……我随后到了后厨，远道而来疲惫的人们，上完坟、领了油香（来迟的已经没有油香了）便到后厨三五成群地坐下来，要一碗萝卜菜、两个馒头坐下来吃，没地方坐的甚至站在院子吃，也算是“占吉”了。

当我再次回到领油香的地方时，那里已经人山人海，尤其领油香的窗口前更是头挤头，甚至有人没站稳从走廊上跌下来。正当我无奈之时，看到杨师傅要进油香房，就让他进去帮我把寄放的油香拿出来。杨师傅挤进去后高举着油香从窗口把油香拖出来才接到我的手里。听油香房的师傅们在喊：“没油香了，你们不要挤了，剩下还有几个坊上的油香没领走。”有人叹息着离开了，有人还在挤着、等待着……

① 罗惠翾著：《伊斯兰教社会功能研究——以几个穆斯林社区的对比调查为例》，中央民族大学出版社 2008 年版。

从时间上看，每年农历正月十三“尔曼里”的日子，从前期的准备到结束是一个较长的过程，这个过程至少需要一周时间，而“尔曼里”的高潮也就只有短短的半天。在这么短的时间里，各地的哲赫忍耶教民，大部分放下手中的事情，及时赶往拱北，完成了拜谒拱北、集体赞念、上坟、礼拜等宗教义务，最后接一个“都哇”（阿拉伯语的音译，意为“祈求、祈祷”）结束这次行程，并期盼和准备下次的宗教纪念活动。

从张家川宣化冈拱北举行的这次“尔曼里”仪式过程来看，哲赫忍耶门宦对“尔曼里”的重视程度在各大门宦中具有代表性。在举行仪式时，很多家庭团聚、亲朋故友相逢，认识的、不认识的穆斯林聚集在一起，互道“色兰”，体现“天下穆斯林皆兄弟”的精神风貌，也体现了“尔曼里”集体性的特点，强化了群体内成员之间的联系。

（三）宣化冈拱北“尔曼里”仪式特征

哲赫忍耶的“尔曼里”有两种形式：一种是教主坐静修功德“尔曼里”，每周两次，是教主独有的。另外，教主认为对哲派有功德的人也特许干此“尔曼里”。另外一种是哲派功臣的纪念日，每年大小举行20多次，其中最大的如马明心、马化龙、马元章等教主的纪念日，届时信教徒都要以教坊为单位，提供需要的牛羊和钱粮等。

在哲派教众心目中，清真寺、拱北占有非常重要的位置。从笔者选取的张家川宣化冈拱北“尔曼里”仪式过程来看，其特点主要体现在以下方面：

在经典的使用上，除了非常受重的《古兰经》和圣训外，哲赫忍耶还经常使用《麦达伊哈》（是赞颂穆圣光辉业绩的经典，由哲赫忍耶创始人马明心从国外带回来并传下来的）和《穆罕麦斯》（关于穆圣的赞美诗，又称为“白拉提”也是哲赫忍耶传下来的经典）。这些经典主要以大赞为主，拱北的马阿訇说："大赞就是赞主，小赞是赞圣，小赞是由几个阿訇念，大赞是大家一起念，内容有《古兰经》篇章，也有圣训的内容，一般是小赞起头，大赞应和。"哲赫忍耶教徒聚众干"尔曼里"时，一般先念《古兰经》，再念《麦达伊哈》。念经的前一天，要打扫卫生、布置经房。无论大、小型的"尔曼里"，所有参加干"尔曼里"的阿訇、满拉等都要洗大净，围绕设置工整的经桌，跪成一个圈子，室内严肃静穆，任何人不能随便说话。念时先低头默念，朝向教主。然后由一人念，其余人附和着高声诵念，秩序严整，有条不紊。有时念到重要节段，闭眼摇头，情绪热烈，加快节奏。

念"苏勒"。哲赫忍耶门宦干大小各种"尔曼里"，念"苏勒"是必不可少的礼仪。主要是诵读《古兰经》若干章节，赞圣，接"都哇"，祈求真主饶恕亡人罪过，并表达生者对亡人的纪念。哲派教众从亡人归真的第一天起，亡人的直系亲属中的男性必须亲自走坟，或请阿訇、满拉走坟，念"苏勒"，直到过了四十日。

"吃"和"念"的顺序。哲赫忍耶门宦主张先念后吃，吃念并行的"尔曼里"方式，不能未念就先吃，必须念后再吃。在没有敬主赞圣之前，任何人不能食用"尔曼里"的食物，以示尊重。

点香。点香在西北穆斯林家庭中，是一种常见的习俗。通常每一家都摆设香炉，时常点香，每逢节日、亡人的忌日或干"尔曼里"时，必须点香；平日点香主要是调节净化室内空气。在哲派教众中，点香是一种很重要的礼仪。干大小"尔曼里"时要点香，平时念诵《古兰经》时要点香，在静修功干中也要点香，拜谒拱北时更要点香。在哲派拱北内，陈设有许多大小不等的香炉，每个前来拜谒的教众，都必须点香敬香，以示对教主的敬意。

卜苫单。卜苫单指拜谒拱北的人，凭举意购买一条或多条布单，将其覆盖在拱北内“老人家”们的墓庐上。苫单大多为布制单子，也有绸缎的（俗称“被面子”），各色苫单，长短不一，少则数尺，多则三四十尺。覆盖在墓庐上，过段时日后，由拱北的看管人负责收回。上苫单的目的是表达教众对“老人家”的敬重，同时也是给拱北舍散“算得格”（施舍）的一种方式。笔者在农历正月十三纪念哲赫忍耶第五辈教主马化龙举行的“尔曼里”仪式中看到，很多前来拱北上坟的教民，尤其年迈体弱者，拿起墓庐上盖着的苫单边念边摸，有的甚至拿起来接触身体的一些部位，据说这样是为了占“老人家”的福气，还能祛除身上的疾病，寻求心理安慰。

在规模盛大的“尔曼里”仪式中，各项活动都有条不紊地进行着，这除了相关机构、寺管委及许多默认规则等有关外，还与人们默认的“精神导师”的权威有密不可分的关系。这种默认是一种社会尺度和心理尺度。社会尺度是一种行为文化和制度文化符号，在教派门宦中，教派门宦制度具体影响着信仰民众的思维模式和行为方式。比如哲赫忍耶门宦“尔曼里”仪式特点中的点香、卜苫单等行为，人们总是有意无意地遵守着。心理尺度对于穆斯林来说，就是对伊斯兰教的信仰，教民遵守着伊斯兰教的教规，是人们的心理信仰在行为上的体现。正是这种虔诚的信仰塑造了穆斯林的心理归属和集体认同感。

四、“尔曼里”仪式的文化内涵及其社会功能分析

伊斯兰文化作为回族穆斯林地区特定的社会化“存在”，以“尔曼里”仪式为特殊的“文化文本”流传于世，为解读和理解

回族社会文化提供了新的视角。杨文笔、马泽梅在《回族穆斯林“尔曼里”文化解析》一文中认为：“‘尔曼里’文化的形成是‘伊里汉表’的文化整合的产物，它以伊斯兰文化为内在特质，借助中国汉文化中的一些民俗表达形式以形成回族自己的具有二元特征的‘祭祀’文化。”①

在笔者看来，定期举行的“尔曼里”仪式，是回族穆斯林的集体实践，是一种具有规定性的集体行为，这种集体活动体现了人与真主（神）、人与信仰之间的关系，并展示了回族穆斯林伊斯兰文化的特殊内容。在普遍接受国民教育的现代社会，回族穆斯林接受伊斯兰文化教育的机会相对减少，他们除了受家庭长辈们的耳濡目染之外，只有通过独特的“尔曼里”宗教仪式来体会本族民俗文化，起到传承和教育的功能。另外，回族是一个具有很强族群意识和族群认同感的共同体，而伊斯兰文化正是这种族群意识和族群认同的核心。在“尔曼里”宗教仪式中，回族穆斯林形成了以伊斯兰文化为核心的“话语圈”。“尔曼里”仪式中，认识与不认识的穆斯林之间的一声“赛俩目”，就使其进入了共同的话语圈，并拉近了不同教派、门宦之间的距离，消除了他们之间的隔阂。

从文化深描的角度看，张家川回族穆斯林在“尔曼里”仪式上的行为所体现出的是“尔曼里”原旨含义中“祈祷”的文化内涵。只不过在这种宗教仪式的具体场景中借用了中国民间的文化表达形式，体现宗教对于人类心灵的慰藉和治疗。

“社会功能是指某一社会子系统或社会现象在维持社会秩序、保证社会系统正常运作方面所具有的影响力。”② 马平和高

---

① 杨文笔、马泽梅：《回族穆斯林“尔曼里”文化解析》，载《世界宗教研究》2010 年第 2 期。

② 戴康生、彭耀：《宗教社会学》，社会科学文献出版社 2000 年版，第 162 页。

桥健太郎从社会人类学的角度对“尔曼里”进行了学术梳理，认为“‘尔曼里’是中国西北门宦教派的一个文化符号，是族群凝聚的重要手段，具有社会整合的作用和文化分隔的意义”。通过“尔曼里”这样一个宗教文化符号，信教民众维系了自己的族群边界，为族群成员提供了宗教归属感，以传统的文化和生活方式抵抗着外来文化的渗入，建构起了维护民族传统及文化的完整性的文化隔离机制，给教众提供了一个强化身份认同的场所和机会。同时，拱北赋予因经济或其他各种原因无法前往麦加圣地朝觐的穆斯林以心灵的慰藉，与参加朝觐有异曲同工之处。总之，“尔曼里”作为一种宗教仪式，属于穆斯林民众集体参与的宗教活动，具有其特定的社会功能才能得以反复延续。

首先，定期举行的“尔曼里”仪式，能够增强穆斯林民众的群体凝聚力。“所谓群体凝聚力也称群体内聚力，指群体吸引其成员，把成员聚集于群体中并整合为一体的力量。”① “群体是在一个相当有规律的基础之上相互影响的人和有共同特点意识的人的集合体。从社会学的角度看，人是群居的动物，围拢在一起，人通常会感到温暖、安全。就人的本性而言，人有聚集、结社的天然本能。”② 一个穆斯林能够积极地参与定期举行的“尔曼里”这种集体的宗教仪式活动，不仅可以简单地视作他已按照教规履行了宗教义务，还可以“为个人提供明确的定位，从而在集体中获得一种安全感和一体感，不会被视为外人”。③ 定期的“尔曼里”仪式，“将穆斯林不时地聚拢在一起，宗教群体

① 郑杭生：《社会学概论新修》第一版，人民大学出版社 2004 年版，第 151 页。

② 马平、高桥健太郎：《关于“尔曼里”的社会人类学思考》，载《宁夏社会科学》2002 年第 4 期。

③ 庄明哲：《全球化过程中的民族主义》，载《世界民族》2001 年第 5 期。

的归属感会油然而生”[1]，这不仅成了联系穆斯林群体的纽带，强化巩固了内部的团结和认同，同时也起到了社会整合的作用。作为个体的穆斯林融合于集体时会产生一种心理上的集体归宿感，这种归宿感会使他们产生一种精神动力和安全感，给他们一种心灵上的安定，防止失落感以及被遗弃现象的出现。就像社会学家迪尔凯姆所说：“在为社会团体提供功能方面，发达的劳动分工并不能完全取代集体良知。相反，必须保留一个统领性的宗教系统，为社会中那些互不相连的元素提供一个认同的中心。”[2]从众心理是容易发生在一个人团体或一个共同体中的社会心理。在某些时候，在某种程度上从众心理可以增强民族意识，同时从众心理可以增强民族共同体的凝聚力。[3] 这种经常性的宗教集体活动，培养了回族穆斯林的群体意识，巩固了回族穆斯林的群体凝聚力。

其次，参加“尔曼里”这种集体的宗教仪式活动，能够让穆斯林民众得到精神与情感的安慰与寄托。在哲派穆斯林心中，宗教领袖具有神圣的地位。他们认为不管是在教主生前还是归真（去世）后，其言语及行为、住所及修行场所、亲笔写的“皮拉罕”（道通谱系，一般为亡故的人写的）以及亡者坟上的土木等的都具有驱邪降福的作用，能得到或沾到其中的一项，都会得到教主的护佑和吉庆。在“尔曼里”仪式活动中，笔者看到有教众获取拱北上的坟土，摘采教主坟墓上的枯草等，据笔者的访问了解到这是为了沾吉和避除疾病。

个案 1：杨奶奶，女，68 岁，张家川木河乡人。她告诉

---

① 马平、高桥健太郎：《关于“尔曼里”的社会人类学思考》，载《宁夏社会科学》2002 年第 4 期。

② ［澳］马尔科姆·沃特斯著：《现代社会学理论》，杨善华等译，华夏出版社 2000 年版，第 147 页。

③ 李静：《民族心理学教程》，民族出版社 2006 年版，第 187—188 页

笔者：

我年纪大了，土都掩到半脖子了，身体也不行，来一趟不容易，装些拱北的坟土回去，不行（方言"有病"）了喝上些，身上阿达（哪里）疼了用坟土擦一哈就好了，药吃上也不算撇（不顶用）……哎（看老人有些难过，我再没有问下去）。

对于这样的说法，可能我们大多数旁观者会觉得有些离谱，但是对于一个有着虔诚信仰的老人来说，这也是他们的一种心理安慰。面对年老时的疾病和身体的疼痛，科学的药物对他们来说是"无用"的，或者说是暂时的缓解疼痛，于是他们会将希望寄托于信仰的力量。因此，对于虔诚的信仰者来说，"宗教是生活中的盐"，借着不管是先辈祭日举行的"尔曼里"宗教仪式，还是平日到拱北上坟，都是信教民众实现宗教愿望，获得心灵慰藉的一种有效方式。也有教众会在上拱北之前准备好糖、茶叶等物品，让拱北的阿訇吹"都哇"。

雷蒙德·费斯（W. Raymond Firth）指出："人的信仰并不是凭空存在的，而是为人的利益服务，使他达到目的……经济利益，获得个人名望和希望，要求保护自己的身体健康，避免疾病和灾祸，这些都是行为的动机。"①

个案2：马XX，男，33，张家川县龙山镇郑家人。他告诉笔者：

我是带着娃（孩子）来的，娃今年5岁了，自2岁多时突发病，经检查是癫痫病，好多大医院都看了，就是不见好转。我

① ［英］雷蒙德·费斯著：《人文类型》，费孝通译，华夏出版社2002年版，第144页。

一直相信科学，但听人说这病治不了根，每次看着娃犯病时口吐白沫，不断抽搐，我的心都被撕碎了，也无数次偷偷掉过眼泪，没经历过的人是体会不到的啊！今儿个是庄里（村里）老人劝我来的，一来是跟“尔曼里”沾沾老人家的吉，散出“乜贴”，看娃的病能好转些不；二来是让拱北的阿訇给娃看，吹些都哇回去，着（让）娃喝上看能减轻娃的痛苦不。这也就是我心上的寄托么，也没啥坏处，就是借着这么大的“尔曼里”来沾吉。

从他的话语中我们也能看到，在前往拱北跟“尔曼里”的穆斯林教众当中，也有人清楚地认识到这只是得到心理慰藉的一种途径。即使这样，人们还是频繁地干“尔曼里”，无论是参加这种大型的仪式也好，还是在家中举行的小型“尔曼里”，都是为自己和家人得到心理的平静，散出去的“乜贴”也是对他人必要的一种帮助。可见，“尔曼里”作为穆斯林民众群体拜见教主的一个途径，是他们获得精神慰藉的力量源泉之一。“尔曼里”结束后，人们心里多了一份安慰，即使没有达到什么效果，但由于在整个过程中，信赖与被信赖的心理机制的建构，还是能给人一种近乎“自欺欺人”的心理安慰效应。

第三，举行“尔曼里”仪式具有文化儒化与巩固教权的作用。每种仪式都有文化儒化的作用，“通过参加仪式活动，共有的社会记忆得以传承，过去的历史得以重置于人们心中，一个群体内的人由此拥有了一个共同的集体记忆，因而能够维持一个相对稳定的社会秩序”。[①] 在“尔曼里”这种仪式中，“过去的一切记忆将被唤起，民众聚在一起追忆往昔，未接触过曾经历史的

① 罗惠翾著：《伊斯兰教社会功能研究——以几个穆斯林社区的对比调查为例》，中央民族大学出版社 2008 年版。

人便有机会吸收这些文化基因，并合成整体形象”。①

个案3：马XX，男，22，某大学学生。

笔者：你每年都来拱北吗？

大学生：（摸摸头，有些不好意思）我是第一次参加拱北的“尔曼里”。跟爷爷一起来的。

笔者：那你对“尔曼里”了解多少？

大学生：以前只是听我爷爷讲关于咱们回族的历史，还有哲赫忍耶之类的，还让我看张承志的《心灵史》。

笔者：那《心灵史》你读过没？有什么感受？

大学生：大概看过，没有细读。有很多关于哲赫忍耶的历史事件。今儿个参加“尔曼里”，让我想起书中描述的历史，想起那些为教门逝去的伟大的老人家，也让我体会到作为哲赫忍耶后人的一种荣耀感和使命感。

看来，年轻的哲赫忍耶后人中也有受家中长辈影响的青年，他们参与到集体仪式当中，感受宗教仪式的氛围，唤起对历史的记忆，让历史中的文化记忆得以传承。通过举行“尔曼里”仪式，实现穆斯林社会的文化儒化作用，让参与仪式的穆斯林民众享有共同的集体记忆，同时也有助于维持稳定的社会秩序。

另外，“传统的中国伊斯兰教门宦造就了一批具有号召力的宗教领袖，他们的宗教权威体现在多方面。教主在穆斯林民众的生活中具有无比神圣的意义。而门宦制度具有相对的封闭性，与现代社会的开放性形成鲜明的反差。信息时代的发展势必对门宦传统的封闭性产生冲击，对于教主（老人家）的教权和神圣地

① 罗惠翾著：《伊斯兰教社会功能研究——以几个穆斯林社区的对比调查为例》，中央民族大学出版社2008年版。

位的稳固性产生冲击”。① “每一个以虔诚的心理参加‘尔曼里’的穆斯林，则以自身积极踊跃的热情态度和实际行动无声地发出对于教主和教权的认同信号。”②

五、结　语

保罗·康纳顿认为：“宗教表述的精髓在于，它们要在起源之后，把变化保持在最低限度。他们的效用在于重复表述。”③宣化冈拱北举行的一年一度的大型“尔曼里”仪式，既是哲赫忍耶在空间上的聚合，又是他们在时间上的恒定重复。由于这种不断的聚合与重复，哲赫忍耶的宗教得到强化与巩固。文化空间，“是体现意义、价值的场所、场景、景观，由场所与意义的符号、价值的载体共同构成”④。宣化冈拱北，无疑已经作为一种典型的宗教文化的空间而存在。通过近些年对宣化冈拱北的重建和有效的守护，保存了哲赫忍耶的宗教历史，其宗教场所也有了保障。

“在世界经济一体化的时代，文化多元化的呼声也日趋高涨。世界上的许多民族群体，都不约而同地在全球化的构架下，以自身的特定文化、历史和传统为前提，逐渐通过一种带有选择性的生活方式来吸收和转化全球化模式的社会体系，用以增强、巩固他们自认为独特的、良好的民族社会现象，从而提升他们自

---

① 罗惠翾著：《伊斯兰教社会功能研究——以几个穆斯林社区的对比调查为例》，中央民族大学出版社 2008 年版。

② 马平、高桥健太郎：《关于“尔曼里”的社会人类学思考》，载《宁夏社会科学》2002 年第 4 期。

③ ［美］保罗·康纳顿：《社会如何记忆》（第一版），纳日碧力戈译，上海人民出版社 2000 年版，第 77 页。

④ 高丙中著：《民间文化与公民社会：中国现代历史的文化研究》，北京大学出版社 2008 年版，第 3 页。

身的民族认同。中国西北地区的穆斯林也密切关注着时代的发展与进步，他们的文化自觉性也日渐突出，民族意识也在逐步提升。”① 在人类对物质生活越来越向往的时代，信仰伊斯兰教的回族穆斯林们也以独特的方式，自愿聚集在一起，频繁、有序地干着各种名目的“尔曼里”，固守着自己的精神家园，向世人展示他们与众不同的宗教民俗文化。然而，任何事物的形成和发展都有其与本身意志相悖的一面，在这种频繁的宗教仪式背后也有许多值得我们思考的因素：首先，一些教众沉浸在对“老人家”及一代代跟随者所创造的惊天动地的历史荣耀的怀念当中，沉浸在代代相传的重复口传之中，对哲赫忍耶的历史荣耀无限放大，却虚化了自身的宗教修养和宗教素质。甚至个别的哲赫忍耶青年只是盲从地参与在对哲赫忍耶先贤导师的纪念活动中。在一年一度纪念先贤的“尔曼里”盛会上，拥挤的拱北、满屋香气的油香，将这样一个盛大的宗教祭日变成了一种习惯和形式，成了这样一个传统的延续。因此，仅有阿訇在“尔曼里”仪式上宣讲是不够的，还需要我们以史为鉴进行反思。仅靠重复举行的“尔曼里”来纪念先贤是不够的，要在继承历史传统的基础上返古开新，不要让历史在我们这一代形成一个断裂。很多人盲目地跟随大众参加拱北举行的“尔曼里”，将此作为完成自己的宗教功修之一，对于“尔曼里”的意义和哲赫忍耶的历史却一无所知。在张家川回族地区，伊斯兰文化教育处于薄弱状态，全县仅有一所民办伊斯兰文化学校，而其中生源多来自外地。因此，要重视培养、发展和引进适应社会发展的高素质宗教文化人才，充分利用清真寺、拱北等宗教活动场所进行伊斯兰文化的传播和学习。

---

① 马平、高桥健太郎：《关于“尔曼里”的社会人类学思考》，载《宁夏社会科学》2002 年第 4 期。

其次，在张家川穆斯林地区，随着生活水平的不断提高，一些妇女脱离了农耕生活，利用闲暇时间“念经”（当地一些清真寺提供场地，常年义务为穆斯林教授伊斯兰教基本常识）、学习阿文和穆斯林信仰常识等，但这其中也不乏有个别人忽略了家庭，对孩子的饮食、学习等不过问，造成了一定的负面影响。还有民众在“尔曼里”仪式后言行就会失去自我约束。因此，阿訇在“尔曼里”时的宣讲内容也是非常重要的。要宣扬伊斯兰教教义，除了基本信仰（信真主、信天仙、信经典、信使者、信后世、信前定）、宗教义务（宗教功课：念、礼、斋、课、朝）外，还有善行、善举等。要家庭和睦、邻里友善和平相处，还要注意平日的言行道德等。

总之，任何宗教文化传统都不可能一成不变，而传统的现代变迁又必须是从过去继承下来的条件下创造。在阴历正月十三日这一天，我们依然能够看到，历史被延续着，并没有失传。

参考文献

［1］金宜久主编：《伊斯兰教小辞典》，上海辞书出版社 2001 年版。

［2］马国瑸著：《宣化冈志》，甘肃人民出版社 2004 年版。

［3］马平著：《人类学视野中的回族社会》，宁夏人民出版社 2004 年版。

［4］虎有泽著：《张家川回族的社会变迁研究》，民族出版社 2005 年版。

［5］李静著：《民族心理学研究》，民族出版社 2005 年版。

［6］虎有泽著：《张家川回族研究》，兰州大学出版社 2007 年版。

［7］罗惠翾著：《伊斯兰教社会功能研究——以几个穆斯林社区的对比调查为例》，中央民族大学出版社 2008 年版。

［8］马平、高桥健太郎：《关于“尔曼里”的社会人类学思考》，载《宁夏社会科学》2002 年第 4 期。

［9］马平：《中国回族穆斯林的社会网络结构》，载《回族研究》2008

年第 2 期。

[10] 杨文笔、马鑫:《论回族穆斯林的“接哈吉”仪式》,载《青海民族研究》2008 年第 1 期。

[11] 罗惠翾:《从人类学视野看宗教仪式的社会功能》,载《新疆师范大学学报》(哲学社会科学版) 2009 年第 1 期。

[12] 孙俊萍:《试论回族文化的内涵及其基本特征》,载《宁夏社会科学》2009 年第 1 期。

[13] 沙彦奋:《西北回族社区“尔麦里”研究》,载《青海民族大学学报(哲学社会科学版)》2010 年第 1 期。

[14] 杨文笔、马泽梅:《回族穆斯林“尔曼里”文化解析》,载《世界宗教研究》2010 年第 2 期。

[15] 马红艳:《新疆昌吉回族“搭救亡人”仪式的内涵与功能解析》,载《丝绸之路》2010 年第 8 期。

田野调查图片资料

安沟清真寺求助众穆斯林教胞共建水房

田野调查对象基本情况一览表

姓名	性别	年龄	家庭住址
YYS	男	67	张家川县龙山镇木河乡秋木村
YSL	男	53	张家川县龙山镇木河乡秋木村
MZY	男	33	张家川县龙山镇上郑家
LWY	男	52	张家川县龙山镇梁山乡
CZJ	男	49	张家川县张川镇北山查湾村
CAS	女	45	张家川县张川镇北山查湾村
YML	女	68	张家川县龙山镇木河乡麻崖村
ZYL	女	52	张家川县龙山镇南街
MMS	男	64	张家川县张川镇双城门十字
MAD	男	51	张家川县张川镇东街
MHL	男	58	张家川县张川镇瓦泉村

续表

姓名	性别	年龄	家庭住址
WWJ	男	50	张家川县张川镇水沟村
MJZ	男	42	张家川县张川镇刘堡村
CAD	男	40	张家川县张川镇西关
ZXL	女	68	张家川县龙山镇东街
MYB	男	32	张家川县龙山镇四方乡
MXL	男	22	张家川县龙山镇四方乡